Collection dirigée
par Jacques Lacarrière

Dans la même collection

Louis Roule, *La vie des rivières.*
Jacques Delamain, *Pourquoi les oiseaux chantent.*
Jean Rostand, *La vie des crapauds.*
Simone Jacquemard, *Des renards vivants.*
Marie Gevers, *L'herbier légendaire.*
Jo Brewer, *Des ailes sur la prairie.*

LA VIE DES LOUPS

Du même auteur

L'Aigle royal, 1972.
Les Animaux de montagne, Éditions Didier, Grenoble.
Le Coucou, en collaboration avec Chantelat, Éditions Payot/Lausanne.
La Bête du Gévaudan.

Journaliste animalier, Gérard Ménatory *vit en Lozère. Depuis des années, il élève et apprivoise des loups dans le parc du Gévaudan, où il accueille chaque année plus de soixante-dix mille visiteurs.*

Gérard Ménatory

La vie des loups

Du mythe à la réalité

Stock

Illustration n° 2 : L'auteur jouant avec un loup.

CONCEPTION GRAPHIQUE : MICHÈLE FRAUDREAU.

« Je pense que je pourrais vivre parmi les animaux tant ils sont paisibles et réservés. Je les observe depuis longtemps et ne les vois pas gémir sur leur condition, ni rester éveillés la nuit pleurant sur leurs péchés. Ils ne m'écœurent pas à discuter de leurs devoirs envers Dieu. Aucun n'est insatisfait, aucun n'est obsédé par la rage de posséder des choses. Aucun ne s'agenouille devant un autre, ni devant ceux de son espèce qui vécurent il y a des milliers d'années. Aucun sur toute la terre ne se veut respectable ni pitoyable. »

Walt WHITMAN.

Avant-propos

Je crois être très proche de Walt Whitman. Comment pourrait-il en être autrement après un quart de siècle passé en la compagnie des loups et autres bêtes dites sauvages?

Des loups, j'en ai vu un grand nombre, j'en ai élevé plusieurs douzaines; je me suis rendu dans la plupart des pays où Canis lupus est bien représenté. J'ai appris à connaître leur caractère, leurs réactions, je me suis efforcé de vivre comme eux, de leur inspirer confiance et toujours parce qu'ils m'ont considéré comme un animal vertical, j'ai été le sujet dominant dans leurs différents clans.

Il y a plus d'une quinzaine d'années, paraissait aux Éditions Stock, à Paris, l'ouvrage *La vie des loups* épuisé depuis longtemps. Un livre plus complet, dans lequel je pouvais faire part d'une expérience plus grande, d'une meilleure connaissance de cet animal merveilleux, s'imposait.

Mais avant de présenter le loup, je dois répondre à une question qui m'a souvent été posée. Pourquoi les loups? Eh bien, c'est une vieille histoire. Enfant, je jouais dans le froid, dans la neige avec les chiens de race berger allemand que mon père élevait en montagne. A l'âge de dix ans, les chiens ne me suffisaient plus, je rêvais de loups, je voulais des loups, des vrais. Et ainsi, j'ai été à même de constater que ce que l'on a ardemment désiré dans son jeune âge, on l'a en abondance dans son âge mûr.

Il y a eu d'autres raisons qui, comme autant d'étincelles, ont ravivé ma passion. Celle-ci par exemple. Un jour, au cours d'une opération de contrôle des populations de loups dans le Minnesota, un pilote officier abattait des loups depuis son petit avion. A un moment, il s'aperçut qu'il avait seulement brisé les membres antérieurs d'un animal. Il atterrit, s'approcha du loup à pied pour l'achever. Or, au lieu de trouver un tueur d'homme montrant les crocs et menaçant, le pilote découvrit une créature douce et docile remuant la queue à la façon amicale et soumise d'un chien battu.

On verra dans ce livre de multiples exemples montrant qu'un loup acculé, ou blessé n'est pas nécessairement agressif.

Aujourd'hui, mes relations avec les loups se poursuivent en Lozère, ce département considéré comme étant le plus pauvre de France. Le plus pauvre, économiquement parlant. Pour le reste, il est le premier. Pas d'usines, pas de pollution, une atmosphère limpide.

Dans leur secteur de montagne, les hurlements des loups ajoutent à l'impression que l'on a ici, de respirer un air d'éternité.

1

Le portrait du loup

Le loup ! De grandes oreilles, de grands yeux, de grandes dents. Une description succincte, mais qui suffit à des millions d'hommes imprégnés par les histoires qui leur ont été contées dans leur âge tendre. Des histoires, des contes, des fables, des légendes sont les responsables de la grande peur du loup.

Il est nécessaire de se montrer plus précis ; nous ne sommes plus au temps où l'on pouvait dire n'importe quoi, et le faire gober à des générations d'innocents.

Le loup appartient à la classe des mammifères. Une classe qui englobe environ 5 000 espèces de la musaraigne étrusque (*Suncus etruscus*) dont le poids varie entre deux et trois grammes, et le balénoptère bleu ou rorqual de Sibbad (*Baloenoptera musculus*), le géant des mers pesant 150 tonnes pour une longueur de 30 mètres.

Le loup fait partie des carnivores terrestres ou Fissipèdes et de la super-famille des Canidés, dont le plus petit représentant est le Fennec, ou renard des sables (*Fennecus zerda*) qui pèse à peine 1,500 kilo. L'histoire de la famille des canidés s'est déroulée, partie en Amérique, partie en Europe. L'Amérique du Nord aurait été le principal centre où les canidés se sont diversifiés. Ils ont donné lieu, au milieu du Tertiaire, au Cénozoïque (85 millions d'années), à une véritable explosion de formes. Remontons les millénaires pour dire que d'après François Delpech (*Les Faunes du Paléolithique supérieur dans le sud-ouest de la France*) chez le loup (*Canis lupus*) la taille des dents a varié au cours du temps, faiblement, mais de façon constante. Ainsi sur les canines supérieures et inférieures, les diamètres transversaux et antéro-postérieurs mesurés au collet, ainsi que la hauteur de la couronne s'accroissent progressivement du Riss (200 000 ans) à la période actuelle, alors que sur les incisives et prémolaires supérieures et inférieures, les mêmes diamètres diminuent constamment depuis le Riss. Quant à la carnassière inférieure, sa taille maximale est atteinte au cours du Würm (dernière glaciation du quaternaire, entre 80 000 et 10 000 ans avant notre ère, et divisée en quatre périodes). Il faut mentionner ici les différences qui séparent le loup du chien avec lequel on le compare souvent. Le loup possède une glande précaudale inexistante chez le chien. Les pattes arrière du loup se meuvent sur la même ligne que les pattes avant, alors que le chien place ses pattes arrière entre les traces laissées par les pattes avant. Mais les traits qui distinguent le plus le loup du chien sont les caractéristiques du crâne.

N.-A. Iljin a étudié les caractères génétiques du chien-loup. L'un de ces critères se base sur la valeur de l'angle orbital (angle compris entre une ligne horizontale tracée au plus haut du crâne et une autre tracée au plus bas niveau de la cavité orbitale). Chez les loups, cet angle mesure invariablement de 40 à 45 degrés alors que chez le chien, il prend pour valeur 53 à 60 degrés. Exemple chez le chien primitif deer hound 52 degrés; chez le berger allemand 50 degrés; chez le chien des tourbières, qui est le plus vieux chien connu, 48 degrés. Ces exemples sont les plus près du critère crânien du loup, mais ils diffèrent cependant de ce dernier. Une seconde différence consiste en la forme et la dimension du bulbe du tympan ou bulbe auditif, deux protubérances en forme de dôme à la base du crâne, juste derrière les emboîtures de la joue (maxillaire inférieur). Les loups et les coyotes ont de larges bulbes sphériques et convexes, tandis que ceux du chien sont plus petits, compressés et légèrement plissés.

Il faut souligner qu'il existe chez les loups de nombreuses sous-espèces qui se distinguent par la couleur du pelage, par la taille, le poids. Différences qui proviennent d'adaptations à la variété des biotopes et du climat. On ne connaît pas moins de six sous-espèces paléarctiques et plus de vingt sous-espèces néarctiques.

En Europe, le loup est différent selon qu'il vit en Espagne, en Italie (l'espèce est encore présente dans les Abruzzes), en Pologne ou en Laponie. Généralement, les loups qui vivent en Espagne (monts Cantabres, Sierra de Gredos, Sierra Morena), de même que ceux qui se trouvent dans le nord du Portugal, ont un pelage plus foncé, plus gris acier, que les loups du centre et du nord de l'Europe. Par ailleurs, ils sont plus petits, leur poids se situant entre 30 et 45 kilos.

Pour l'Europe, et probablement pour le monde, il semble que le record appartienne à un loup extraordinairement grand. Ce cas est rapporté par le comte Géza de Kiss de Nemesker qui fut grand veneur du royaume de Hongrie. Ce loup fut tué le 31 décembre 1942 dans les Carpathes par un garde. Il mesurait, du museau à la pointe de la queue, 2,13 mètres et son poids était de 96 kilos. Le procès-verbal précisant le poids et les mesures signé par les témoins est déposé à la section zoologique du Musée national Hongrois à Budapest.

Les deux loups qui furent tués au cours des battues organisées pour abattre cette fameuse Bête du Gévaudan pesaient respectivement 63 kilos (tué le 22 juin 1765) et 53 kilos (tué par Chastel le 19 juin 1767). Mais ces chiffres donnés par des historiens sont peut-être approximatifs; il leur manque pour le moins la rigueur scientifique. Je dirais qu'un loup qui atteint le poids de 60 kilos est déjà un animal qui impressionne. Il arrive cependant que l'on voie, à l'occasion d'expositions internationales de chasse, des loups de Pologne ou de Russie pesant 80 kilos; il s'agit de records, alors que le poids moyen des loups se situe entre 30 et 50 kilos.

En Amérique du Nord, les mâles ne dépassent que rarement les 120 livres (54 kilos) et les femelles 100 livres (45 kilos). Selon Young, dans la région centre-est de l'Alaska, un loup de 175 livres (79,300 kilos) a été tué. Un autre a été capturé dans l'ouest du Canada, il pesait

172 livres, soit 77,900 kilos, l'estomac plein. Les louves sont assez nettement plus petites.

Le pelage du loup d'Europe, hormis les loups d'Espagne, est d'une coloration générale fauve mêlée de gris et de noir surtout sur le dos; il devient plus clair en allant vers le ventre. A partir de la fin avril, les loups commencent à muer; un mois plus tard ils perdent leur belle fourrure; ils paraissent maigres, leur pelage présente alors une teinte plus roussâtre, notamment aux pattes. Quant aux louveteaux qui naissent en mai (en juin seulement en Alaska), ils sont protégés par un pelage d'aspect laineux très foncé qu'ils perdent à l'âge de deux mois, ils acquièrent ensuite le pelage gris fauve qu'ils conserveront jusqu'au printemps suivant. Dans le Sud, en Espagne, la mue commence dès le mois de mars.

Les loups d'Amérique du Nord présentent des différences sensibles tant du point de vue de leur poids que des teintes de leur pelage. Ainsi, dans le Mackenzie, on trouve bon nombre de loups noirs. Au sein d'une même portée de cinq louveteaux, il peut y avoir un, deux, voire trois louveteaux qui ont un pelage noir, les autres étant gris très clair, presque blanc... Ces loups noirs sont dits « loups de forêts ». Il s'agit d'un problème d'homochromie qui peut être un moyen de protection contre les prédateurs, ou un camouflage facilitant l'approche d'une proie. L'influence du milieu est ici prépondérante; elle est beaucoup plus importante qu'on ne l'imagine en général. Ce serait la sélection naturelle qui favoriserait les espèces à coloration protectrice et qui serait ainsi à l'origine de cette adaptation. Il y a homochromie lorsque l'animal a la même couleur générale que son milieu naturel. Les loups noirs sont mieux adaptés à leur habitat (forêt sombre) que les loups au pelage clair.

Dans les premières semaines de leur vie, les louveteaux ont une tête grosse et ronde, disproportionnée par rapport à leurs corps; ils ressemblent à des renardeaux. Chez le loup, la queue est naturellement pendante, elle est très touffue en hiver, de sorte que des personnes non averties peuvent confondre un louveteau de trois ou quatre mois avec un renard. Les oreilles des loups sont courtes et arrondies (contrairement au chien de race berger allemand, improprement appelé chien-loup, dont les oreilles sont longues et pointues). La tête du loup paraît plus large que celle d'un grand chien. En réalité, le crâne est plus étroit; c'est l'épaisseur du poil qui donne cette impression.

J'ai noté les dimensions de quelques crânes de loups. Le crâne d'un jeune loup de dix mois avait une longueur totale de 233 millimètres; un autre crâne mesurait 244 millimètres. Le maxillaire inférieur avait une longueur de 162 millimètres chez le jeune loup, et de 164 millimètres chez le second. La largeur du crâne 66 millimètres était la même pour les deux loups. Le crâne d'un loup du Canada qui fait partie de ma collection était plus long; la largeur de ce crâne est de 70 millimètres; la longueur du maxillaire inférieure est de 194 millimètres. Ce loup était âgé de 12 mois.

Toutefois, si le crâne du loup est effectivement plus étroit que celui d'un berger allemand par exemple, sa capacité crânienne est nettement supérieure, atteignant 170 centimètres contre 120 à 140 pour un chien de grande taille. Le poids du cerveau n'est chez le chien que les 69 p. cent de celui du loup. La vue, l'odorat, l'ouïe sont plus faibles; les chiens au flair le plus développé restent encore, sous ce rapport, inférieurs au loup. Il est vrai d'ailleurs que les animaux sauvages sont plus intelligents que les animaux domestiques. Darwin l'avait constaté dès 1868, chez le lapin. Il avait attiré l'attention sur le fait que même les races géantes du lapin domestique ont une capacité crânienne plus petite que celle de l'espèce sauvage. Le phénomène caractérise aussi bien des races domestiques tenues dans une captivité relativement étroite que celles qui vivent dans une certaine liberté tels le lama et l'alpaca des Andes. En 1955, Herre et ses collaborateurs ont précisé l'étendue de ces différences. C'est le cerveau antérieur qui subit sa réduction la plus frappante. Sa masse est diminuée de 60 à 55 p. cent de la masse cérébrale totale si l'on compare le lapin sauvage à la plupart de ses congénères domestiqués. Il a été démontré chez des ânes domestiques redevenus sauvages aux Andes, depuis environ cinquante ans, que leur cerveau présentait non seulement un poids relatif plus grand que celui de la forme domestique « ancestrale » mais encore une augmentation absolue de 15 p. cent ainsi qu'un rallongement des fissures cérébrales de 27 p. cent, signe d'une face corticale augmentée.

On a pu nier que l'importance du cerveau n'avait pas une influence sur l'intelligence. Or la croyance de l'influence du poids du cerveau sur les capacités intellectuelles repose sur des faits observés. Par exemple, le cerveau de Tourgueniev pesait 2 000 grammes, celui de Cuvier

1 830 grammes, celui de Byron 1 800 grammes. Pour ce qui concerne le loup, je dirais qu'il suffit de le connaître pour se rendre compte qu'il est plus intelligent que le chien.

Le loup a un cou très musclé ; il semble que sa force se concentre dans ce cou énorme, qui a sept vertèbres cervicales comme chez tous les mammifères. Ce cou paraît moins mobile que chez le chien, ce qui a fait croire à Aristote que deux de ses vertèbres étaient soudées. Une erreur qui est entrée dans la légende. En réalité, chez le loup l'omoplate est plus oblique que chez le chien, ce qui lui permet une grande aisance de mouvement.

A l'arrière des omoplates, le loup porte une crinière qui s'étend en touffe arrondie et se déploie quand il devient menaçant. En pelage d'hiver surtout, ses favoris sont très développés, ce qui, avec ses yeux plantés en oblique, lui donne cette physionomie particulière. Ceux qui n'ont jamais vu un loup de très près disent qu'il a un regard fourbe et cruel. Ils font de l'anthropomorphisme sans le savoir.

La nuit, les yeux du loup brillent étrangement. Il faut dire, d'après P.W. Gilhert, que les loups, ainsi que les autres canidés sauvages (renards, coyotes, lycaons, chacals) possèdent l'avantage de voir très bien la nuit. Ce phénomène est dû à un tissu particulier, le *tapetum lusidum*, qui est situé dans la couche choroïdienne de l'œil entre la rétine et la sclérotique. Le tapetum est constitué de plaquettes argentées et de cellules pigmentées appelées mélanoblastes, qui ont la capacité de migrer le long des plaquettes. Dans des conditions d'éclairement minimum, voire dans l'obscurité, les mélanoblastes sont rétractées, la lumière pénétrant dans l'œil stimule une première fois la rétine, puis se réfléchit sur les plaquettes du tapetum pour exciter les cellules visuelles une seconde fois. Par contre, dans des conditions d'éclairement normales, les mélanoblastes glissent le long des plaquettes du tapetum, évitant ainsi toute surexposition à la lumière. Les animaux qui ont la chance de posséder cette structure (outre les canidés, les lynx, les chats), ont les yeux qui brillent dans la nuit, on les qualifie de phosphorescents.

La gueule du loup est plus largement fendue que celle du chien; elle est aussi beaucoup plus solidement armée. Les canines notamment sont plus impressionnantes, à la fois plus longues et plus larges que chez le chien le mieux doté. Le loup a 32 dents lactéales qui tombent dès le quatrième mois, mais avant, il a déjà acquis ses premières prémolaires et ses incisives médianes. A l'âge de cinq mois, il a sa denture définitive de 42 dents. La formule dentaire s'inscrit ainsi : demi-mâchoire supérieure 2 molaires, 4 prémolaires, 1 canine, 3 incisives; soit 20 dents en tout pour la mâchoire supérieure. La mâchoire inférieure avec deux molaires de plus que la mâchoire supérieure, porte donc 22 dents. Une canine d'un jeune loup du Canada que j'ai eue en main mesurait 61 millimètres; il s'agissait de la canine de la mâchoire supérieure, la canine de la mâchoire inférieure mesurait 63 millimètres.

Un beau spécimen de loup atteint 80 centimètres au garrot, sa longueur du museau au bout de la queue varie de 1,40 mètre à 1,80 mètre. La queue mesure 35 à 40 centimètres.

Nombreuses sont les sous-espèces que je citerai en particulier à ceux qui sont intéressés par la systématique. Parmi celles qui concernent les loups asiatiques, le loup de Mongolie (*Canis lupus chanco*) très puissant. Le loup des Indes (*Canis lupus pallipes*) nettement plus petit. Au début du siècle vivait encore le loup du Japon (*Canis lupus hodophilax*). Cette sous-espèce, trop chassée, a disparu dans les années 1920. Mais en Europe même, en Hongrie, dans l'est de l'Autriche existait une sous-espèce très petite, le loup des roseaux (*Canis lupus minor*) dont il subsiste quelques dépouilles dans les musées. Il y a, tant en Europe qu'en Amérique du Nord, des loups noirs ainsi que nous l'avons vu plus haut, mais aussi des loups blancs qui se rencontrent dans l'Arctique.

Au Canada, se rencontrent encore plusieurs sous-espèces. Dans le nord, îles de la reine Elisabeth – Pocock 1935 – vit *Canis lupus arctos* au pelage soyeux d'un blanc presque pur. Dans le sud du Yukon, le centre de la Colombie britannique et le sud des Rocheuses en Alberta existe une grande sous-espèce (*Canis lupus columbianus*) – Goldman 1941. Dans l'île de Vancouver vit *Canis lupus crassodon* – Hall –, une race de taille moyenne au pelage gris sombre. Sur la côte de la Colombie britannique, on trouve une sous-espèce de couleur cannelle et de petite taille (*Canis lupus fuscus*) – Richardson 1839. Une autre sous-espèce habite dans le centre nord des provinces des prairies (*Canis lupus griseoalbus*) – Baird 1858. Une autre sous-espèce de taille moyenne, *Canis lupus hudsonicus* – Goldman 1941 – au pelage blanchâtre, se rencontre dans le nord du Manitoba; en hiver dans le district du Keewatin, et dans l'est du district du Mackenzie en été. Une sous-espèce de grande taille, devenue rare, au pelage clair, vit dans le sud de l'Alberta; il s'agit de *Canis lupus inemotus* – Goldman 1937. Une autre grande race de couleur claire (*Canis lupus labradorius*) – Goldman 1937 – vit dans le Labrador et le nord du Québec. Il faut citer encore *Canis lupus machenzii*) – Henderson 1940 – qui vit dans le nord du district de Mackenzie. Dans l'île de Baffin, on trouve une sous-espèce de petite taille (*Canis lupus manningi*) – Anderson 1943. Dans le sud du district de Mackenzie et au nord de l'Alberta existe une sous-espèce de grande taille chez qui la variété noire est plus répandue; il s'agit de *Canis lupus occidentalis* – Richarson 1829. Au centre de l'Alaska et au Yukon vit une sous-espèce au pelage souvent sombre, de très grande taille (*Canis lupus pambasileus*) – Elliot 1905. Enfin *Canis lupus tundrarum* – Miller 1912 – est une sous-espèce blanchâtre qui vit sur la côte arctique de l'Alaska et au Yukon. D'autres sous-espèces ont été exterminées. Les différentes sous-espèces énumérées sont justifiées. Elles ne tombent pas dans la manie, autrefois assez répandue, qui avait pour but d'accoler son nom, pour la postérité, à une sous-espèce qui ne le méritait pas, les caractères physiques ou morphologiques ne se différenciant en aucune façon de ceux de sous-espèces bien établies.

En ce qui concerne l'empreinte, on peut dire que le pied du loup ressemble à celui d'un très gros chien, mais en l'examinant avec un peu d'attention, on notera que le loup a le pied plus étroit et plus long que celui du chien ; le talon est plus gros, les ongles plus forts. Le pied du chien est moins régulier et les doigts du milieu sont ouverts. Le loup a le pied plus large que celui de la louve ; celle-ci l'a plus long, plus étroit et plus détaché ; ses ongles sont plus fins et son talon est plus petit. Le pied des louvarts (jeunes loups de six mois à un an) se distingue de celui d'un vieux loup par ses ongles plus pointus. Le loup ne possède que quatre doigts aux extrémités postérieures. A noter que chez les loups du Canada et de l'Alaska, le pied est plus long, plus large que chez les loups d'Europe centrale. Il y a, semble-t-il, une adaptation à la neige, le pied jouant un peu le rôle de raquette avec une plus grande surface portante.

On désigne sous le nom de griffes du loup les ongles que l'on trouve parfois aux pattes arrière des chiens. Certains amateurs déclarent volontiers que la présence de telles griffes chez le chien, est l'indice d'une parenté très proche avec le loup. Or c'est exactement le contraire. En effet, les griffes supplémentaires sont précisément un signe de grande race chez le chien, que ne présentent jamais les chiens sauvages. Il arrive que ces prétendues « griffes du loup » soient si gênantes que les propriétaires de chiens qui en sont affligés sont obligés de les faire ôter par le vétérinaire. La formation de doigts supplémentaires est précisément un signe de domestication, ou mieux de sélection d'une race.

Il faut savoir aussi qu'en observant la physionomie des loups et le port de leur queue, on connaît leur état d'âme du moment. Il est naturellement facile de lire l'expression de menace dans le regard du loup, d'autant qu'il peut être accompagné d'un froncement de museau qui laisse apparaître une partie de leur formidable denture. Mais, dans la plupart des cas, et toujours lorsqu'il s'agit d'un homme qui s'approche, c'est la timidité qui se lit dans le regard du loup. La queue donne des indications sur ce qu'éprouvent ces animaux. Par exemple, la queue repliée sur le côté exprime un sentiment de forte gêne; lorsque la queue est pendante et animée d'un frétillement latéral, il s'agit d'une attitude de soumission active. En revanche, si la queue est animée du même mouvement latéral, mais portée haut, c'est que l'animal cherche à intimider. La queue portée presque à l'horizontale du dos exprime la menace. Enfin, si la queue est bien repliée entre les jambes, c'est le signe de la crainte, de la peur.

Les oreilles jouent également un rôle dans le comportement du fauve : couchées, elles indiquent la soumission. Les sens du loup sont très développés; il lui ont permis de survivre en de nombreux pays malgré les persécutions dont l'espèce a été l'objet.

Une vue excellente, un odorat parfait qui le fait fuir lorsque l'odeur de l'homme lui parvient. C'est ce qui explique qu'il soit presque impossible d'apercevoir un loup dans la nature. Pourtant, si des loups n'ont jamais vu d'hommes, ils ne se montrent pas méfiants. Il est vrai que les régions d'où l'homme est absent sont rares. Le cas de l'île d'Ellesmere en est un exemple. C'est là que le naturaliste Parmelle a pu constater que les loups se conduisaient comme s'ils étaient apprivoisés. Les Crisler qui réalisaient un film au cœur de l'Alaska ont été surpris de voir une bande de loups qui les regardaient sans manifester de frayeur; ils n'avaient jamais vu des êtres humains. Farley Mowat, dans le district de Keewatin, au nord-ouest de la baie d'Hudson, vit un gros loup qui l'observait sans se montrer inquiet, mais simplement curieux. Dans cette région, comme dans les monts Brooks en Alaska, les hommes n'ont pas l'habitude de se promener...

Si l'odorat est le sens le plus développé chez les loups, l'ouïe joue également un rôle considérable, ce qui me conduit à parler du hurlement, cet extraordinaire langage de la gent lupine. Le loup peut entendre le hurlement de ses congénères à plusieurs kilomètres de distance. Le hurlement permet d'établir le contact entre plusieurs familles. Diverses interprétations ont été données au hurlement. Pour Théodore C. Stanwell Flechter, « le loup chante la beauté de la nuit mieux qu'aucune voix humaine ne l'a jamais fait et appelle sa compagne pour qu'elle jouisse avec lui de cette splendeur. Ce cri, tel le souffle du vent, s'étire avec lenteur doucement vers une note pleine de tristesse et d'attente, puis meurt sur deux tons différents si bas que l'oreille humaine a peine à le percevoir ». C'est très joli, c'est de la poésie, les loups y sont-ils sensibles?

Il se trouve que depuis un quart de siècle, j'ai la possibilité, plus précisément j'ai la chance de pouvoir entendre hurler les loups. J'ai si souvent entendu hurler ces fauves que, quoique n'ayant pas hélas l'oreille musicale, je parviens à faire la différence entre les hurlements des mâles adultes, des femelles, des jeunes et à différencier nettement les hurlements des loups d'Europe de ceux d'Amérique du Nord. Quand les loups ne se montrent pas décidés à hurler, j'imite assez bien les hurlements. Ils me répondent et c'est alors un concert extraordinaire qui n'a, la plupart du temps, que la forêt et ses hôtes pour témoins.

Je veux ouvrir une petite parenthèse, afin d'évoquer un souvenir à propos des hurlements. Un de mes amis, bien connu pour les nombreux disques qu'il a consacré aux animaux, aux oiseaux plus particulièrement, vint me voir pour enregistrer les hurlements de loups. Je lui montrais comment il fallait s'y prendre pour amener les loups à répondre, et après quelques essais qui me parurent satisfaisants, mon ami alla s'installer avec son matériel à quelques dizaines de mètres au-dessus du parc à loups. La nuit venue, tout étant réglé, il se mit à hurler. Il hurla une bonne partie de la nuit, sans qu'un seul loup ne daignât lui répondre. En revanche, il était terriblement enroué et il n'avait plus envie de recommencer.

Nous décidâmes que le soir j'irais hurler dans le bois voisin afin qu'il pût avoir son enregistrement. A peine avais-je émis un long hurlement que le concert commença. Une dizaine de loups de Pologne auxquels se joignirent trois loups du Canada hurlèrent à qui mieux mieux. Lorsqu'il y avait un petit temps d'arrêt, je reprenais et les loups enchaînaient de plus belle. Mon ami eut son disque; ma modestie dût-elle en souffrir, je dois dire que très peu de personnes seraient à même de faire la différence entre les hurlements des loups et les miens, car mon ami avait bien sûr tout enregistré.

Mais pourquoi les loups hurlent-ils? La vue

d'un homme passant à proximité d'un enclos dans lequel vivent des loups peut provoquer des hurlements, et il semble qu'il y ait une note d'inquiétude dans ces hurlements. Des cloches qui sonnent, une sirène peuvent également les déclencher, et je pense que dans ces cas, le bruit joue comme stimulant. Les chiens eux-mêmes se mettent parfois à hurler lorsqu'ils entendent une sirène.

On peut « voir » beaucoup de choses dans le hurlement selon le lieu, l'état d'âme et les conditions dans lesquelles il est émis. J'ai entendu en hiver, dans la neige, par une température de vingt degrés sous zéro, un grand mâle, assis, la tête levée vers les étoiles, lancer un appel musical, une supplication étrange vers on ne sait quel Dieu. Toute la détresse du monde semblait contenue dans cet appel de l'éternel pourchassé, comme s'il voulait se libérer de sa condition de loup.

Par une nuit claire, seul au milieu d'une bande de loups lorsque les hurlements vous entourent, on peut imaginer sans effort qu'ils émanent d'êtres extra-terrestres. Pour certains, les hurlements des loups sont inquiétants, lugubres, sinistres. Ils s'imaginent égarés dans la toundra, à moins que ce ne soit dans la taïga, et poursuivis par des hordes sauvages assoiffées de sang. Je n'ai jamais eu l'impression que les hurlements exprimaient la joie, mais il est incontestable qu'ils sont avant tout un moyen de communication. Un loup hurle, un autre répond et ils finissent par se retrouver. C'est un complément à leur flair très développé. Le hurlement est une invite à la chasse. Lorsqu'un loup, ou un couple avec ses jeunes, découvre la piste d'un gros gibier, élan ou grand cerf, il ne leur est pas possible d'en venir seuls à bout. Alors, le hurlement intervient et un autre groupe les rejoint ; la chasse peut commencer avec des chances de succès accrues.

Le loup est un animal social ; il n'est pas le vieux vagabond solitaire que l'on a trop souvent dépeint ; il aime la compagnie, ainsi que nous le verrons. Il y a eu dans notre pays, au siècle dernier, et vraisemblablement dans les siècles précédents, des chasseurs, des braconniers qui savaient « huer » les loups et les attiraient de cette façon à proximité de leur affût pour les abattre.

Les hurlements des loups ont fait l'objet d'études plus approfondies, plus scientifiques. Il faut se reporter aux travaux de chercheurs américains. John B. Theberge, professeur d'écologie à l'université de Waterloo dans l'Ontario, a démontré que lorsque les loups donnent de la voix, on peut sur les thèmes habituels mettre non seulement des notes de musique mais aussi des paroles. Les recherches ont été effectuées voici quelques années dans le parc Algonquin (province de l'Ontario, Canada). On s'est vite rendu compte que les loups localisaient les sons et, grâce à la diffusion par haut-parleur de leurs propres hurlements enregistrés sur bande magnétique, on s'est aperçu que les loups acceptaient les rendez-vous qui leur étaient fixés par les hommes. Le Pr Bressou a relaté les expériences faites à ce sujet. La faculté qu'ont les loups de localiser les sons joue sans doute un rôle essentiel dans leur survie. Elle permet aux individus isolés lors des migrations nocturnes ou lors des expéditions de chasse de rejoindre leur groupe. S'ils en étaient réduits à la vue ou à l'odorat sur de tels espaces, la cohésion d'un groupe deviendrait impossible, et l'existence des solitaires serait gravement menacée.

Mais le hurlement peut avoir d'autres causes que le rassemblement ou la capture d'une proie. Il semble bien que le hurlement extériorise une sensation, ou un sentiment dont on ignore la véritable nature. Bien des questions se sont posées : le hurlement d'un loup a-t-il des caractéristiques personnelles ? Les loups sont-ils, dès lors, capables de s'identifier réciproquement ? Est-ce que le hurlement ne constitue par une sorte de code informatique, un genre de langage élémentaire, et une partie d'un hurlement d'appel ne comporte-t-il pas une demande de dialogue que traduisent les hurlements simultanés de plusieurs loups ? Pour répondre à ces interrogations, la station de recherches sur la vie sauvage du parc Algonquin avait élevé dans un enclos spécial trois loups en captivité. A la mi-mai, une de ces bêtes, « Big Grey », fut amenée loin de la station d'essai, dans une zone isolée, à cinq kilomètres, où on ne pouvait entendre les loups que très rarement.

En faisant entendre les hurlements des deux loups avec lesquels Big Grey avait été élevé et d'autres qu'il ne connaissait pas, on espérait pouvoir découvrir des différences dans son comportement ou dans les sons qu'il émettait en retour. Big Grey refusa de hurler. Pendant deux mois, nuit après nuit, l'expérience fut poursuivie ; des hurlements enregistrés furent émis à des intervalles d'une demi-heure. Il n'y eut jamais de réponse. A la fin du mois de juin, la femme de John Theberge, Mary, l'ayant rejoint, l'idée lui vint dès la première nuit d'imiter un hurlement lointain. Surprise, Big Grey répondit immédiatement. Cette performance fut répétée toute la nuit avec succès, mais si l'homme se mettait lui-même à hurler, Big Grey restait silencieux. La nuit suivante, le hurlement imité par Mary fut enregistré et cet enregistrement diffusé de la fenêtre dissimulée habituelle. Big Grey ne répondit pas à ce son factice. Ainsi, ce loup qui n'avait jamais connu Mary et ne l'avait jamais entendue hurler auparavant parvenait à distinguer le véritable hurlement de la jeune femme et son enregistrement diffusé.

Quelle était donc la différence et pourquoi le sujet répondait-il au hurlement imité par une femme et non par un homme? Afin de pousser plus avant l'analyse de ce phénomène, le loup récepteur Big Grey fut remplacé par un appareil électronique captant et enregistrant tous les sons qui lui parvenaient et les transcrivant en une sorte de graphique, un sonogramme sur lequel on pouvait étudier scientifiquement les caractéristiques des hurlements, leur hauteur, leur intensité et surtout leur timbre dû, on le sait, à l'association d'un *sol* fondamental et d'un certain nombre d'harmonies diverses. On put ainsi contaster que les hurlements de Mary auxquels répondait avec tant de régularité Big Grey se situaient à la hauteur de l'*ut* de l'octave dite normale de la gamme ordinaire (c'est-à-dire celle dont le *la* répond aux 435 vibrations du diapason). Ce spectre sonore révéla que le hurlement de Mary différait de son enregistrement sur bande magnétique par une différence mineure des harmoniques ; celui-ci accentuait la seconde harmonique plutôt que la première alors que le hurlement naturel affectait de préférence la première harmonique que la seconde.

Certains hurlements peuvent être analysés encore plus subtilement par cette méthode. Une nuit, un des louveteaux captifs se blessa sérieusement la patte avec les fils de fer barbelés qui entourent l'enclos. Jugé invalide, ce mutilé devait être sacrifié. Pendant toute une nuit, un des loups adultes logé dans l'enclos adjacent hurla d'une manière continue, d'un hurlement très beau, mélancolique et empreint d'une tristesse poignante. Ce hurlement montait progressivement jusqu'à une note aiguë, le *ré* de l'octave placé au-dessus de la normale, gardait cette note pendant une seconde environ, puis descendait brusquement de quatre ou cinq notes au-dessous, procédait enfin à une nouvelle ascension vers une note aiguë.

Ce hurlement caractéristique peut être aussi entendu sur des loups sauvages, toujours solitaires, se trouvant privés de toute possibilité de réponse. Le Pr J.-B. Theberge a ainsi enregistré en une année plus de deux cent cinquante hurlements de Big Grey, et l'année suivante plus de quatre cents hurlements de loups sauvages, notant toutes les particularités biologiques des loups lorsqu'ils poussaient leurs cris. Et c'est de la confrontation de ces importants documents et de leur étude qu'est née l'appréciation que ce chercheur original porte sur le hurlement des loups.

Pour ce professeur, il apparaît certain que les hurlements des loups diffèrent les uns des autres, comme diffèrent les voix d'hommes qui chantent. En dehors de la grande variété de la hauteur du registre, de l'intensité et de la durée du son, chaque hurlement présente des caractéristiques fort distinctes ; comme pour le « timbre » de la voix humaine, les harmoniques qui s'ajoutent au son fondamental donnent au hurlement son caractère individuel. Les hurlements de Big Grey par exemple contenaient toujours au moins cinq harmoniques tandis que les hurlements de ses deux congénères de captivité n'en possédaient que deux à quatre au maximum. Les hurlements de deux autres loups enregistrés différaient surtout par la nature, la puissance et la persistance de la première harmonique.

Il lui semble acquis, d'autre part, que les loups connaissent parfaitement les différences de son qu'ils émettent ou entendent et qu'ils possèdent un répertoire de hurlements distincts les uns des autres. Il est probable aussi qu'ils sont capables de s'identifier mutuellement par l'usage de hurlements personnels et appropriés tout comme certains oiseaux, tel le moineau friquet, qui savent se reconnaître et se distinguer des voisins ou des étrangers et réagissent en conséquence en chantant d'une manière différente... Les loups sauraient se différencier par leurs hurlements et juger ainsi si le cri qu'ils perçoivent provient d'une troupe ou d'un individu étrangers à leur communauté.

Cette faculté a dû jouer un rôle dans la détermination et la défense de leur territoire vital avec un minimum de lutte nécessaire. Sans un moyen quelconque de reconnaissance, la délimitation du territoire propre à chaque bande ou à chaque famille aurait nécessité bien plus d'affrontements dramatiques et sanglants.

Les caractéristiques d'un hurlement peuvent varier suivant les conditions d'existence ou le comportement du sujet qui l'émet. Ainsi d'observations faites sur deux loups du même groupe ; il résulte que ces deux sujets émettaient des hurlements différents suivant qu'ils étaient stationnaires ou en marche. Lorsque l'un de ces animaux était en marche, ses hurlements ne comportaient jamais une élévation aiguë, alors que lorsqu'il était stationnaire, ses hurlements comportaient des sons élevés. L'autre loup présentait des particularités exactement opposées : hurlements aigus en action, plus graves au repos. D'autres différences furent relevées dans la nature du hurlement suivant que celui-ci était spontané ou provoqué par diverses sortes de stimulations.

Alors que les hurlements stimulés s'élevaient graduellement vers un maximum d'aigu, les hurlements spontanés débutaient par une sorte d'attaque, à l'aigu souvent, souvent composée de cinq notes formant une sorte de gamme ascendante, puis se terminaient par une chute brusque et un retour complet au grave.

Le Pr J.-B. Theberge dit que l'état émotionnel n'est pas sans avoir une influence sur le hurlement. « Big Grey haïssait se trouver seul. Il surveillait nos allées et venues lorsque nous nous absentions avec Mary pour faire nos provisions, et avait observé le chemin que nous prenions, lequel longeait le grillage de son enclos. Nos absences duraient quelques heures à peine, tous les quatre ou cinq jours. Il restait seul et isolé de ce fait. Un jour, pour aller visiter une allée voisine, nous prîmes une direction différente. Notre loup s'en aperçut. Il se mit à hurler et continua à hurler toutes les trente secondes, pendant une bonne heure. Nous rentrâmes à la station en longeant l'enclos avec d'infinies précautions, et nous trouvâmes Big Grey fort agité en train de marcher avec nervosité en rond dans son enclos. »

Voici donc un exemple qui montre que le loup craint la solitude. J'ai observé tous les jours pendant plusieurs mois un comportement similaire avec une louve, Taïga, dont je raconterai l'histoire dans ce livre. Je lui avais aménagé un enclos dans mon jardin et le soir j'allais l'enfermer pour la nuit. Taïga trouvait cela normal bien qu'elle eût préféré rester avec moi. Les fenêtres de mon bureau donnaient sur son enclos; elle voyait la lumière et pouvait même me voir travailler.

Aux environs de minuit je fermais les volets avant d'aller me coucher. Aussitôt la louve poussait un long hurlement, elle se savait seule pour plusieurs heures. Au matin, je la retrouvais débordante d'affection. Les hurlements dans ce cas expriment sans aucun doute une détresse morale et physique. Mais le problème se pose de savoir si cette acuité sensorielle et le fait que les hurlements spontanés appellent généralement des réponses, ne constituent pas les éléments d'un langage particulier et s'il n'existe pas, dans cette sorte de dialogue, un code d'information. Des spécialistes nous le diront peut-être un jour.

Le loup était connu pour son extraordinaire résistance. Il n'est à ce propos que de lire les anciens récits de chasse. Pour J. Oberthur, naturaliste chasseur, le loup était sans aucun doute la plus belle expression de la vénerie. Il déplorait d'ailleurs la disparition de ce canidé disant : « Nous ne sommes plus au temps où le loup était assez *commune beste* ! »

La chasse au loup était justement considérée comme la plus difficile de toutes les chasses et celle qui exigeait le plus de science et d'endurance pour les veneurs; le plus de qualités de nez, de bravoure pour les chiens. Un louvart était capable de vous emmener à plus de dix lieues de chez vous. Mais, quant à prendre un loup adulte, c'était un événement rarissime.

Coureur de fond, le loup n'est pas doué pour le sprint. Poursuivi, pressé par les chasseurs et leurs chiens, un loup est capable de maintenir une vitesse de trente kilomètres à l'heure environ. Des expériences ont été faites aux États-Unis et au Canada; il en résulte qu'un loup serré de près est susceptible d'atteindre une vitesse de 24 miles sur 200 yards; ce qui représente 38,616 kilomètres à l'heure. Au maximum, une vitesse de 45 kilomètres à l'heure peut être atteinte par un loup qui fuit pour sauver sa peau.

2

Le temps de la terreur

La grande peur du loup, mais elle existe encore à l'état latent, toujours prête à resurgir. Elle est là, viscérale chez le plus grand nombre. Pourtant il n'en a pas toujours été ainsi. On peut, à bon droit, se demander si au cours des premiers siècles de notre ère, les gens étaient vraiment terrorisés par les loups. Ils étaient cependant très loin de disposer des énormes moyens de destruction que le « progrès » a apportés aux hommes de ce XXe siècle finissant. Ce dont on peut se montrer plus certain, c'est qu'aux temps préhistoriques, cette peur panique du loup n'existait pas. A cette époque, disons au Paléolithique supérieur, les hommes avaient des ennemis plus redoutables à combattre.

Lorsqu'ils avaient par exemple à livrer bataille à un redoutable lion des cavernes, ou à un ours pour lui disputer son antre, ou encore à un machaïrodus, ce félin aux canines supérieures étonnamment développées, ces rencontres ne se traduisaient pas par une partie de plaisir. D'autant qu'ils ne possédaient guère que des massues, solides sans doute, mais leur mérite n'en était pas moins grand. A cette époque, la chasse était une nécessité vitale et un sport. On était loin alors d'avoir peur du loup.

Il est très probable que lorsque la chasse avait été bonne et que ces lointains ancêtres faisaient boucaner la viande, les loups s'approchaient espérant récolter quelques déchets. Mais l'attention des hommes ne diminuait pas, et quelques pierres adroitement et vigoureusement lancées mettaient les canidés en fuite.

Mieux encore, les loups ont probablement permis aux hommes de se nourrir. Les hommes de cette époque étaient charognards lorsque l'occasion se présentait. Les loups pouvaient leur fournir cette occasion lorsqu'ils avaient eux-mêmes abattu une grosse proie, élan, grand cerf, renne ou cheval sauvage. L'approche des bipèdes mettait les prédateurs en fuite.

Ce genre de situation a permis bien souvent aux hommes de survivre tant en Europe que partout ailleurs dans le monde en s'appropriant les proies, ou les restes de proies, victimes des carnivores. L'homme était alors le commensal du loup.

C'est l'avènement d'un confort relatif, une forme d'embourgeoisement qui a permis à la peur de s'installer. Quand les hommes eurent abandonné les cavernes pour se construire des huttes, et alors qu'ils avaient déjà éliminé les plus redoutables des prédateurs, ils connurent un sentiment de sécurité lorsqu'ils se barricadaient à l'intérieur avec un bon feu pour chasser les terreurs de la nuit. La peur restait audehors mais elle était présente et après les heures de sécurité, il fallait bien sortir affronter le danger.

Alors, comment voyait-on les choses? Reportons-nous aux vieux écrits, toujours empreints d'exagération. Dans le Gévaudan, cette province qui devait atteindre à la célébrité grâce aux exploits de la fameuse Bête, la plus ancienne mention des méfaits des loups remonte à l'an 1395. Les loups, est-il dit, faisaient d'étranges ravages dans ce pays, mangeaient les gens et attaquaient même les hommes les mieux armés. Vers la fin du XVIe siècle, pendant les guerres civiles et religieuses, les carnages des loups ont été maintes fois signalés.

En 1589, parlant de ce pays du Gévaudan, pays à loups par excellence, on pouvait lire dans un vieux manuscrit. « Ce n'est aujourd'huy qu'ung pays désert et inhabité où il ne se trouve par les champs que loups et bestes sauvaiges qui dévorent les gens là où ils peuvent les trouver. » Au siècle suivant, les méfaits s'amplifient, du moins possédons-nous davantage de documents. Au début de 1630 et durant huit années consécutives, les loups, dans le Gévaudan, égorgèrent dans la seule paroisse de Saint-Julien-du-Tournel vingt-cinq ou vingt-six personnes. Le nombre des victimes est consigné dans les registres mortuaires. On y découvre des annotations assez curieuses du genre de celle-ci : « Nous avons donné tel jour la sépulture ecclésiastique au bras, à la jambe, au crâne de tel ou telle; ce sont les restes de ceux que la male bête a dévorés. »

A cette époque, personne ne sortait de chez soi que bien armé ou bien escorté. Mais en 1630, les armes efficaces en Gévaudan étaient plutôt rares (les paysans ne possédaient pas de fusils). On inventa une arme propre à repousser le loup; on la nommait fourchine. Il s'agissait d'un long bâton portant à son extrémité trois pointes de fer carrées et aiguës, celle du milieu étant plus longue que les deux autres.

On connaissait un moyen plus simple et paraît-il aussi radical de faire fuir les loups. Il était utilisé à peu près partout en France. Il consistait à ôter ses sabots cloutés et à les frotter l'un contre l'autre. Le bruit du fer, quelques étincelles qui pouvaient jaillir avec le frottement accéléré effrayaient les loups. Cette méthode est à rapprocher de celle qui était utilisée sous le règne de Louis XIV, qui consistait à frotter des clés les unes contre les autres. On prétendait encore que, afin d'éviter que les loups suivent une voiture attelée de chevaux, il suffisait d'attacher une corde à l'arrière et de la laisser traîner; en la voyant sauter et onduler, les loups apeurés s'éloignaient. Pourquoi? Peut-être l'idée que la corde était un serpent, ou simplement le fait que cet objet étrange pouvait receler quelque piège?

Au XVe siècle, les loups, dit-on, ravageaient non seulement les campagnes, mais pénétraient dans les faubourgs des grandes villes. Sous les règnes de Charles VI et de Charles VII, le journal d'un bourgeois de Paris nous dit : « En ce temps-là espécialement tant comme le Roy fut à Paris les loups étaient si enragés de manger chair d'hommes, de femmes et d'enfants que en la semaine dernière de septembre estranglèrent et mangèrent quatorze personnes tant grands que petits, entre Montmartre et la porte Saint-Antoine. Et s'ils trouvaient un troupeau de bestes ils assaillaient le berger et laissaient les bestes. »

Le rédacteur du journal d'un bourgeois de Paris ne manquait pas d'imagination car on peut se demander ce qu'il y a de vrai dans ce conte, à en juger par ce comportement bizarre de loups uniquement affamés de chair humaine. C'est ce genre d'histoire absurde qui a influencé les auteurs d'ouvrages sur la Bête du Gévaudan, qui prétendaient, qui prétendent toujours d'ailleurs, que la Bête était un loup, ou deux, uniquement attirés par la chair des bergers et des bergères, sans s'intéresser le moins du monde aux agnelles !

Pour moi, la question ne se pose pas, dans ce cas comme dans d'autres de la même veine, à savoir qu'il y a comme toujours exagération. Les « journalistes » du Moyen Age comme leurs confrères des siècles suivants avaient un penchant naturel pour le sensationnel, d'où leurs récits si peu crédibles.

On peut ajouter un petit commentaire à ce récit publié dans le journal d'un bourgeois de Paris et dire par exemple que si les loups appréciaient si fort la chair humaine, c'est qu'on leur en donnait l'occasion. En effet, lors des famines, des guerres presque perpétuelles, on ne prenait pas la peine d'ensevelir les cadavres des victimes ; les loups avaient de la sorte table mise. Si ces prédateurs suivaient les armées, ils avaient de fort bonnes raisons pour cela. Un loup comme tout animal et comme l'homme, recherche toujours la solution de facilité; or il est plus facile de dévorer le cadavre d'un homme que de galoper pendant des heures après un lièvre ou un chevreuil, sans avoir la certitude de le capturer.

Voyons d'autres vieux récits. Les loups étaient alors si nombreux que le chanoine Moreau écrivait dans son livre *Les Guerres de la Ligue en Bretagne* que vers l'an 1550 il y avait environ dix mille loups dans le Finistère. Je me demande comment à cette époque on parvenait à une telle estimation de la population lupine. De nos jours, grâce à des moyens aussi importants que sophistiqués (armes de tous modèles, fusils hypodermiques, véhicules tout terrain, hélicoptères, etc.), on parvient très difficilement à effectuer des comptages relativement précis. Mais, en l'an de grâce 1550, on n'en était pas là. Il n'y avait, en outre, aucun éthologue, aucun observateur passionné de la vie sauvage. Alors, on lançait comme ça des chiffres en l'air, et bien entendu toujours dans le but d'effrayer, ou d'épater.

On a rapporté que sous le règne de Louis XIII, plus de trois cents personnes auraient été dévorées par les loups. Là encore, bien évidemment, le moins que l'on puisse dire est que les enquêtes manquaient totalement de rigueur; et bien sûr on ne disait jamais les conditions dans lesquelles de telles attaques de loups se produisaient. On se gardait bien de préciser si les victimes étaient déjà à moitié ou aux trois quarts mortes de faim, de peste ou de choléra.

Pour changer un peu, voici une anecdote assez réjouissante. Sous Louis XIV, les loups avaient acquis une telle réputation de férocité qu'un grand stratège présenta un projet qui devait anéantir la nation anglaise en l'espace d'un an. L'auteur de ce projet mirobolant évoquant l'histoire rappelait au ministre les ravages affreux que ces animaux avaient fait autrefois en Grande-Bretagne. Un loup doué d'un appétit ordinaire pouvant manger un homme en deux jours, il concluait qu'en faisant débarquer en Angleterre dix mille loups, il ne resterait plus un seul des sept millions d'habitants qui formaient alors la population de la Grande-Bretagne, d'autant plus, ajoutait-il, que cet animal a une grande prédilection pour l'anglais! Comment voulez-vous qu'avec de tels spécialistes, la peur des loups ne s'amplifie pas?

Pourtant, tout le monde ne se laissait pas abuser par ces sombres histoires, et ils n'étaient pas terrorisés. Ainsi dans son ouvrage *Au Gévaudan des loups*, Auguste Chirac écrivait en 1850 : « Je n'ai point peur des loups; il m'est arrivé d'en avoir jusqu'à une demi-douzaine à mes trousses sans être trop intimidé, et cela dans les bois pendant la nuit, à l'heure où leurs hurlements répétés par les échos ont les notes les plus sinistres et les plus horripilantes, alors que leurs yeux flamboyants fascinent et déroutent et qu'il y a réellement danger d'être dévoré. Je n'avais donc aucune raison de m'alarmer de la présence de ceux-ci bien qu'ils fussent de la plus haute taille et du plus beau poil. Mais si j'étais calme et si j'en prenais aisément mon parti, il n'en était pas de même de ma jument, qui reconnaissant en eux de formidables ennemis, en fut très épouvantée. En les apercevant, mon premier mouvement avait été, comme bien vous pensez, d'ouvrir mes fontes pour y prendre mes pistolets, mais elles étaient vides. Dans la précipitation de mon départ, j'avais oublié sur ma table cette partie si essentielle de mon bagage. Dépourvu d'armes, il me fut impossible de tenir les loups à distance et alors commença une série de manœuvres très désagréables et extrêmement fatigantes. »

Plus loin, cet auteur écrit, assez justement cette fois : « Quand les loups abordent un cavalier, il va sans dire que le cheval est d'abord et surtout le principal objet de leur convoitise. Aussi ne négligent-ils rien pour l'effaroucher et le harasser; ils le menacent de tous côtés, tantôt ils le talonnent, tantôt ils se tiennent sur les tertres et les élévations de manière à le dominer; tantôt ils s'avancent en éclaireurs, s'arrêtent et attendent qu'il leur marche dessus pour se déranger; quelquefois ils cabriolent et gambadent autour de lui comme pour l'étourdir et le désorienter, toujours suivant des yeux ses moindres mouvements, et semblent attendre qu'un faux-pas, une glissade fournissent l'occasion de l'attaquer. A la moindre déviation, au moindre défaut d'équilibre, ils sont là, trépignants, l'œil en feu, la gueule béante, prêts à s'élancer. »

Voilà comment certains voyaient les choses.

Il reste vrai que, si l'homme n'est pas attaqué par des loups, un cheval peut l'être. Mais la terreur des loups ce n'est pas seulement dans le passé, plus ou moins lointain. Voyez plutôt ce qu'en dit le naturaliste allemand Bernhard Grzimek, tout récemment : « La crainte qu'inspirent les loups s'est manifestée tout dernièrement lorsque des milliers de chambres retenues par l'Office du tourisme de Celle et de Lunebourg furent décommandées à la suite de l'apparition d'un loup dans la lande de Lunebourg! Et pourtant les documents concernant le loup dans les archives du XVIIIe siècle ne mentionnent aucun cas d'homme tué par les loups. » Il y a tout aussi bien avec ce que relate l'écrivain naturaliste Farley Mowat au sujet de la peur qu'inspire le loup encore de nos jours.

« Un loup malade et moribond apparut à Churchill au cours de l'épidémie de 1946. La première personne qu'il rencontra fut un caporal de l'armée canadienne qui rentrait à son casernement après un stage d'initiation. Selon le récit du caporal, un loup gigantesque sauta sur lui avec des intentions meurtrières et il ne sauva sa vie qu'en courant sur plus d'un kilomètre pour se mettre à l'abri dans le poste de garde. Il ne put montrer aucune trace physique de cet agresseur, mais les séquelles psychiques furent graves. Ce récit plongea tout le camp militaire dans une panique voisine de l'hystérie. On mobilisa des détachements américains et canadiens et des escouades d'hommes aux visages tendus, armés jusqu'aux dents, de fusils, de cartouches, de carabines et de torches électriques commencèrent à parcourir le pays en tous sens pour régler leur compte aux loups. Car en quelques heures, le loup du caporal avait engendré plusieurs bandes de loups affamés. Au cours de la folie collective qui se développa, onze chiens huskies, un soldat américain et un Algonquin qui rentrait tard chez lui, furent blessés, non par les loups, mais par les intrépides patrouilleurs. Deux jours durant, les femmes et les enfants restèrent enfermés dans les maisons. Les soldats à pied disparurent du camp militaire et les hommes qui se rendaient en mission dans les bâtiments éloignés y allèrent en jeep, bien armés, ou n'y allèrent pas du tout. Le second jour, un loup fut aperçu par un avion militaire qui s'était joint à la chasse. Un brave détachement de la police montée fit une sortie en force pour l'attaquer. Le loup se révéla être un épagneul appartenant au directeur de la Compagnie de la baie d'Hudson.

« La panique ne diminua que le troisième jour. Tard dans l'après-midi, le chauffeur d'un camion militaire qui se rendait à l'aérodrome du camp aperçut soudain devant lui, sur la chaussée, un rouleau de fourrure. Il écrasa ses freins mais ne réussit pas à stopper assez vite et le loup, malade au point de ne pouvoir bouger, fut ainsi abattu sans merci.

« A ce jour, il y a des habitants de Churchill (et sans doute aussi de nombreux soldats répartis sur tout le continent) qui, à la première occasion ne manquent pas de vous décrire l'invasion de Churchill par les loups en 1946. Ils vous racontent leurs épouvantables aventures personnelles; les femmes et les enfants sauvagement massacrés, les attelages de chiens sauvagement découpés en rondelles et toute une communauté humaine vivant en état de siège. Il ne manque à ce tableau que la touche finale; l'équivalent nord-américain de la troïka russe volant sur la plaine glacée et inévitablement submergée par la vague de loups, tandis que la nuit polaire résonne du craquement lugubre des tibias humains broyés par la mâchoire des loups. »

Pour moi, un tel récit résume parfaitement, tous les écrits sur les loups amateurs de chair humaine. Comment s'étonner du comportement de nos ancêtres à qui la peur faisait dire n'importe quoi? De tous temps, la peur a stimulé les imaginations, et les loups ont payé cher tous ces débordements ridicules. C'est cette même peur qui tenaillait un « grand observateur » lequel écrivait, dans une revue scientifique : « Le loup est un voleur de vocation, un bandit cynique et redoutable; l'histoire du Petit Chaperon rouge n'est pas un conte inventé à plaisir! » Buffon, plus de deux siècles auparavant, était plus averti et pourtant il n'aimait pas les loups.

On pourrait en conclure que les rapports entre les hommes et les loups ne se sont pas améliorés. Ce serait exagéré. Il y a en effet un courant qui se développe en faveur des prédateurs. Des gens qui ne veulent pas mourir innocents s'intéressent au comportement des animaux sauvages et ils découvrent avec stupeur toutes les idioties qui ont été publiées sur leur compte. Il reste évidemment beaucoup à faire pour qu'un changement profond des mentalités se produise. On a tellement agi pour les laisser dans l'ignorance! Un tout petit exemple : il n'est assurément pas un Français sur dix qui ne me rirait au nez si je disais que la douce colombe est plus féroce que le loup, alors que c'est cependant la stricte vérité. Or, la colombe est l'emblème de la paix et le loup reste l'emblème de la férocité!

Je voudrais en venir maintenant à un sujet lié à cette peur du loup. Qui n'a entendu parler de ces loups qui suivaient les voyageurs égarés dans le froid, la neige ou la tourmente, ou les trois à la fois? Ce voyageur égaré pouvait aussi bien être un paysan rentrant à la nuit tombée, ou encore un violoneux regagnant son logis après avoir animé une noce de village.

Combien de fois n'ai-je pas entendu dire par de braves gens que leur père ou leur grand-père avait été suivi par un loup? Les vieux récits précisaient que si l'homme venait à tomber, la bête se précipitait sur lui pour le dévorer. Cela est possible, mais il faut préciser dans quelles conditions, et commencer par poser la question suivante : qu'est-ce donc qui peut inciter un loup à suivre un homme? Je crois pouvoir donner l'explication. Il convient en premier lieu de savoir que le loup est remarquablement intelligent. Si à cette heure indécise, dite entre chien et loup, il aperçoit un homme marchant normalement, il pourra se contenter de le suivre du regard, uniquement par curiosité, et il s'en désintéressera vite. En revanche, si ce représentant de l'espèce humaine marche en zigzaguant, ou mieux s'il titube au point de risquer de tomber à chaque pas, le loup commencera à être intéressé. Il suivra d'assez loin d'abord, intrigué, et il ne tardera pas à se rapprocher. Il se pourrait alors que si l'homme venait à tomber, le loup risquerait de lui sauter dessus. En effet, en un homme qui tombe, le prédateur ne voit plus qu'une proie et non le terrible animal vertical qui lui inspire depuis tant de siècles une crainte justifiée. Le paysan qui s'était rendu à la foire où il avait rencontré des amis, avait plus ou moins abondamment arrosé les retrouvailles, et en outre boire quelques verres était une façon agréable de tuer le temps. Le violoneux, retour d'une noce, ne s'était pas contenté de sucer de la glace, et il pouvait en rentrant chez lui n'avoir pas, comme le paysan retour de la foire, une démarche très assurée... Que l'on se rassure, il y a toujours eu un bon Dieu pour les gens à qui il arrive de boire un petit coup de trop, de sorte que les accidents de ce genre devaient être fort rares, car on peut tituber sans pour autant tomber, et le loup déçu s'en allait à la recherche d'une proie plus facile.

Si je donne cette explication, c'est parce que c'est la seule possibilité pour un loup de s'en prendre à un homme. Tant qu'un homme est debout, il ne risque rien, couché il ne présente plus de danger. Je précise que c'est le mouvement conduisant à la chute qui incite le loup à attaquer. Lorsqu'en Laponie, il chasse les rennes, ou dans le Grand Nord canadien le caribou, il sait qu'un caribou en bonne santé est plus rapide que lui tant qu'il est en bonne santé; mais malade, ou vieux, ou blessé, il est une proie potentielle; poursuivi, s'il tombe il est perdu.

J'ai fait quelques expériences avec mes deux garçons alors qu'ils étaient âgés de dix ans et huit ans. Je leur demandais de courir autour de l'enclos de mes loups (à l'extérieur, je suis un bon père). Ils couraient donc et parallèlement à eux les loups couraient, heureux de jouer, battant la queue de haut en bas, une lueur joyeuse dans leur regard. Je criais alors à mes enfants de se jeter au sol. Alors, le comportement des loups changeait instantanément. Ils s'arrêtaient net, projetaient leurs pattes antérieures contre le grillage en même temps qu'ils ouvraient la gueule, montrant leur magnifique denture pour tenter de saisir mes garçons.

Debout, mes enfants étaient considérés comme des compagnons de jeu; en tombant, ils se transformaient en proies. Mais il faut bien insister sur le fait que c'est le mouvement de bascule qui fait réagir le loup ou tout autre prédateur. En effet, lorsque je me trouve au milieu d'une meute d'une vingtaine de loups, je peux tranquillement m'asseoir, puis m'allonger, les loups mus par la curiosité m'entoureront sans la moindre intention d'agressivité. Il n'en irait pas de même si par exemple je courais dans leur enclos et que je vienne à trébucher et à tomber... Je ne représenterai plus alors pour eux qu'une proie et le réflexe inné d'attaque jouerait le plus naturellement du monde.

J'ai entendu raconter maintes fois, avec quelques variantes, l'histoire d'un chasseur qui avait apprivoisé une louve. La bête était docile; elle suivait son maître partout dans les promenades qu'il effectuait à cheval. Un jour, un homme qui passait pour être fort au courant des mœurs des loups (je me méfie terriblement de ce genre de connaisseur) dit à notre chasseur que s'il tombait de cheval, sa louve se jetterait sur lui et le dévorerait. Il ne tarda pas à tenter l'expérience mais en prenant toutes les garanties que lui recommandait la prudence. Un jour qu'il rentrait à cheval, la louve trottinant derrière lui, il laissa tomber sa grosse pèlerine. Aussitôt, la louve se précipita dessus et fit claquer ses mâchoires à la place du cou. Convaincu, le chasseur, sans plus attendre abattit sa louve... Je pense que ce chasseur a agi un peu vite. Tous les loups du monde auraient eu la même réaction; il s'agit d'un réflexe qui a permis aux loups de survivre.

J'ai possédé une louve parfaitement apprivoisée et, si j'avais fait la même expérience que ce chasseur un peu trop influençable, elle se serait jetée sur ma pèlerine, et sans doute pas à l'« emplacement du cou ». D'autre part, si le chasseur était lui-même tombé de cheval, il est probable que sa louve lui aurait bondi dessus, mais reconnaissant aussitôt son odeur, elle aurait immédiatement transformé son attaque en jeu. Il convient de faire la différence entre un loup sauvage qui voit un homme tomber et dont il peut faire sa proie et un loup apprivoisé, qui considère son maîre comme un sujet dominant. Cette histoire du chasseur laissant tomber sa pèlerine est très jolie. Quant à être vraie...

Revenons aux méfaits des loups. Dans presque toutes les régions de France, on a relaté des histoires de loups. En Bretagne, Jackez Cornou, faisant part des exploits des loups, cite le chanoine Moreau de Quimper, témoin des calamités que subit la Bretagne aux temps des guerres de la Ligue à la fin du XVIe siècle, qui écrit : « Après sept ans de guerre l'année 1597 fut terrible. Le brigandage, la peste, la famine et les bêtes farouches sévissaient dans les campagnes. Des pauvres gens mouraient dans les fossés. Les loups qui les dévoraient s'accoutumèrent si bien de la chair humaine que durant sept à huit ans, ils attaquèrent les hommes même armés. Personne n'osait plus sortir seul. Il fallait enfermer femmes et enfants dans les maisons et même si quelqu'un ouvrait une porte il était le plus souvent happé. Il s'est trouvé plusieurs femmes sortant " faire " l'eau qui eurent la gorge coupée sans pouvoir appeler leur mari situé à trois pas d'elles. »

Bigre! quel commentaire peut-on faire d'un tel compte rendu? Eh bien tout simplement qu'il y a là beaucoup plus que de l'exagération. Comment peut-on imaginer que des gens assiégés par des loups (c'est bien le cas puisqu'on nous dit que si quelqu'un ouvrait une porte il était le plus souvent happé) continuent à sortir sottement, comme ces femmes (allant chercher de l'eau) pendant que leurs tendres maris, qui tenaient probablement à se débarrasser d'elles, restaient bien à l'abri dans leur maison, sans réagir alors qu'à trois pas d'eux les pauvres femmes se laissaient égorger comme des brebis? En conclusion, je ne crois pas à ce genre d'histoires parfaitement ridicules.

Un autre cas aussi bizarre est conté par ce même chanoine à l'imagination débordante. « Une honnête femme de Kerfeuntum, pressée d'accoucher un certain jour de marché, sortant par la porte Biha, à dix ou douze pas de la porte, fut en plein jour éventrée, et son enfant tiré et emporté, et cependant il y avait du monde après et devant. Ceux de devant ne virent rien parce qu'elle ne jeta aucun cri, ceux de derrière qui virent ne surent être assez à temps, tant cela fut expédié bien promptement par un seul loup. » A peine imaginable. De nos jours, si un tel fait divers avait lieu, on commencerait par accuser tous ces témoins passifs de non-assistance à personne en danger. Curieux, vraiment très curieux, ce loup jouant les obstétriciens avec un art aussi consommé!

La France n'avait pas le privilège d'héberger des loups en grand nombre. En Espagne, en Italie, dans toute l'Europe, ces canidés firent parler d'eux. Le naturaliste suisse Tschudi a écrit que lorsque, en 1799, les armées russes, autrichiennes et françaises pénétrèrent dans les hautes vallées de son pays et sur les cols pour y livrer des combats meurtriers et que des centaines de cadavres tombèrent dans les gorges et les forêts; les loups accoururent disputer cette pâture aux corbeaux et aux aigles dans des contrées où on ne les avait jamais vus auparavant.

Rien que de très normal; les loups ont toujours dévoré les cadavres. Lors des épidémies de peste et de choléra, ils envahissaient les villages, abandonnés par les survivants, pour dévorer les morts. De même tout au long de l'histoire, les peuples se sont joyeusement entretués tant pour des raisons politiques que religieuses. Une aubaine pour les loups qui suivaient les armées parce qu'ils savaient qu'ils pouvaient se nourrir copieusement.

Mais peut-on en vouloir aux loups alors que les hommes étaient suffisamment bornés pour s'entre-tuer?

Dans la réalité, les attaques de loups contre des êtres humains ont été extrêmement rares, si toutefois elles ont bien eu lieu, ce dont je doute fortement, et je m'en expliquerai en détail dans les pages de ce livre. Il n'est qu'un cas où les loups sont capables de s'en prendre aux hommes, c'est lorsqu'ils sont enragés.

Un loup enragé est évidemment très dangereux, de même qu'un chien, ou un renard, ou un chat, mais dans de tels cas il y a eu des relations tellement exagérées, tellement fantaisistes, qu'il n'est guère possible de les imaginer crédibles. Un exemple. A. Delacour, auteur cynégétique, écrivait à propos des loups enragés : « On met sur leur compte de funestes événements, témoin celui qui se produisit en 1868 dans l'arrondissement d'Ussel, où, pendant quatre jours, un loup atteint d'hydrophobie mordit sept personnes et en dévora deux presque entièrement, sans compter les chiens et autres animaux qu'il rencontra sur sa route. » Bigre, tout cela en quatre jours! Cela fait beaucoup, cela fait trop, quand on sait qu'un loup qui a mangé six ou sept kilos de viande n'a vraiment plus très faim, la capacité de son estomac étant de quatre litres. Par ailleurs, dans presque tous les cas, un loup victime de la rage dite furieuse n'a plus qu'une semaine à vivre à partir du moment où les symptômes apparaissent et, dans l'immense majorité des cas, l'animal succombe au bout de trois ou quatre jours...

La terreur des loups, je l'ai lue dans les yeux de braves vieilles gens. Je me souviens, alors que je n'avais guère qu'une dizaine d'années, d'un grand-père qui me racontait toujours des histoires de loups à me donner des cauchemars. Il tenait visiblement à me faire partager ses idées sur la férocité de ces animaux; tellement que le nombre des victimes qu'il leur attribuait grandissait chaque fois. Les enfants ont parfois peur des loups. Un jour, je reçus un couple de loups de Pologne, des animaux magnifiques. Des amis étaient venus m'aider à les transférer dans une grande cage qui devait être leur demeure provisoire, juste le temps de terminer le vaste enclos dans lequel ils connaîtraient les joies et les avantages de la semiliberté. Mes deux garçons et ma fille âgée de trois ans que ma femme portait dans ses bras ne paraissaient pas particulièrement attirés par les deux fauves et brusquement elle dit : « Viens maman, ces hommes sont bêtes. » Je ne crois pas heureusement que la vérité sort toujours de la bouche des enfants, mais elle avait tout simplement un peu peur. Personne cependant ne lui avait jamais raconté sur les loups d'histoires à dormir debout et à se réveiller avec des cauchemars.

Deux années plus tard, elle jouait en compagnie de ses frères, avec Taïga, une jolie louve débordante d'affection. Elle n'avait plus peur des loups; elle avait atteint l'âge de raison avec deux ans d'avance.

J'aimerais maintenant vous convier à la lecture de l'histoire d'une bête étrange; une bête devenue célèbre pour avoir tué plus de cent personnes. Il s'agit de la Bête du Gévaudan qui, entre 1764 et 1767, sema la terreur dans cette province qui couvrait une bonne partie de ce qui est aujourd'hui le département de la Lozère. Un département dans lequel vivaient de nombreux loups, lesquels eurent bon dos pour les pseudo-historiens de la fameuse Bête.

3

La Bête du Gévaudan n'était pas un loup

S'il n'y avait pas eu d'historiens, enfin de pseudo-historiens pour être précis, la Bête du Gévaudan n'aurait jamais été considérée comme étant un loup. Ou plusieurs loups car ici ces « historiens » ne sont pas tellement d'accord sur le nombre de loups qui ont participé aux massacres des innocents.

Ces « historiens », au nombre d'une vingtaine à l'heure actuelle (il y en aura sans doute d'autres), ont chacun écrit un livre dans lequel ils s'efforcent de démontrer, avec de pauvres arguments du passé, que cette terrible bête ne pouvait être qu'un loup. Parmi eux, il en est qui pensent que la Bête était en réalité deux loups; pour un autre il s'agissait de trois loups; pour un autre encore c'était ni plus ni moins que toute une famille de loups carnassiers. Ne sourions pas; il paraît que l'on donnait aux loups le qualificatif de carnassiers lorsqu'ils se nourrissaient uniquement de chair humaine. Bizarre.

Si donc ces « historiens » voyaient un ou plusieurs loups dans la Bête, les paysans ne croyaient pas à la thèse du loup et ils avaient raison. Ces paysans de la seconde moitié du XVIIIe siècle étaient, pour l'immense majorité d'entre eux, illettrés. Mais on peut être illettré et avoir du bon sens; or le bon sens s'apparente à l'intelligence. En effet, les paysans connaissaient les loups; certes, ils ne possédaient, comme tous leurs contemporains, aucune notion scientifique, mais, des loups, ils en voyaient presque quotidiennement.

Savez-vous qu'en Gévaudan on tuait en moyenne soixante-dix loups par an? C'est dire que, si l'on en tuait autant, on en voyait beaucoup plus, un loup vu n'étant pas, dans la plupart des cas, un loup tué. Tous les bergers, les bergères avaient vu des loups rôdant autour de leurs troupeaux avec l'espoir de s'emparer d'une tendre agnelle ou d'une brebis, même plus tout à fait jeunette (les loups n'y regardent pas de si près).

Mais ces gardiens de troupeaux savaient qu'il suffisait de lancer quelques pierres à ces amateurs de gigots pour qu'ils prennent la fuite; leurs cris, les aboiements de leurs chiens ne faisaient qu'accélérer la fuite du fauve.

Il y avait tout de même des gens qui partageaient le point de vue des paysans, et ces gens n'étaient pas plus attardés que ceux qui, deux siècles plus tard, devaient publier des ouvrages sur le loup amateur de bergères. Parmi eux, un personnage de poids, si je puis dire, l'évêque de Mende, Mgr Gabriel de Choiseul Beaupré, évêque, seigneur et gouverneur du Gévaudan, conseiller du roi en tous conseils. Cet évêque, ému par le nombre des victimes qui ne cessait de croître, publia, le 31 décembre 1764, un mandement ordonnant des prières publiques à l'occasion de l'animal anthropophage qui désole le Gévaudan.

Pour Mgr Gabriel de Choiseul Beaupré, la Bête « était un fléau, un animal féroce inconnu dans nos climats; partout où cette bête se montre, elle laisse des traces sanglantes de sa cruauté; la frayeur et la consternation se répandent. Les campagnes deviennent désertes. Elle attaque, de préférence, l'âge le plus tendre et le sexe le plus faible ». Et ainsi de suite pendant dix pages. Pour l'évêque de l'époque, la Bête n'était donc pas un loup, et il avait raison.

Le premier ouvrage écrit sur ce terrible animal l'a été par l'abbé Pourcher, en 1887. Dans son livre, il a fait preuve d'une plus grande clairvoyance que la plupart des auteurs qui l'ont cité dans leurs articles ou dans leurs livres. L'ouvrage de l'abbé Pourcher a pour titre : *Histoire de la Bête du Gévaudan, véritable fléau de Dieu*. Un titre qui peut laisser supposer que les loups n'étaient pas concernés dans ce fait divers étalé sur trois ans. Il écrit : « Pourquoi Dulanier et Duhamel [Duhamel était capitaine aide-major et il commandait un détachement de dragons, pour courir sus à la bête] lui-même appelaient-ils cet animal la Bête? C'est que réellement il n'était pas un loup. Dans l'année 1764, on tua soixante-quatorze loups et les ravages continuèrent toujours. Il est évident que cette bête était un véritable fléau de Dieu, car à qui pourrait-on faire croire qu'un loup aussi carnassier qu'on puisse l'imaginer n'eût pas été reconnu pour tel par des gens choisis pour les armes et par des paysans réunis en si grand nombre? »

Voyons maintenant les auteurs contemporains. Je ne les passerai pas tous en revue, cela deviendrait très vite lassant, mais avant il faut dire que le romancier Henri Pourrat a mis les loups hors de cause. Restent les autres, ceux qui ont tenté de faire œuvre historique, et qui se sont plus ou moins fidèlement copiés, hormis le fait que, pour faire preuve d'un brin d'originalité, ils ont fait porter leur différence sur le nombre de loups amateurs de chair humaine. Pour quelques-uns, la Bête était deux grands loups; le premier devant être occis par Antoine de Beauternes, porte-arquebuse du roi, qui devait pour cet « exploit » recevoir une récompense de dix mille livres, une véritable fortune qui s'expliquait, car avec l'augmentation du nombre des victimes, les primes augmentaient parallèlement. Le deuxième gros loup devait être tué par Jean Chastel et de façon particulièrement curieuse.

Les Chastel d'ailleurs apparaissent en filigrane dans cette longue histoire. Si Antoine de Beauternes a tué le premier de ces loups (il pesait, dit-on soixante-trois kilos, mais on a vu qu'il en existait de plus gros) d'une façon qui a prêté beaucoup à critique, Jean Chastel a tué le sien d'une façon si originale que je me dois de la décrire, après les divers auteurs d'ouvrages sur la Bête. Voici donc cette chasse : « Le 19 juin 1767, chasseurs et batteurs, trois cents selon certains, une douzaine selon d'autres [on admirera au passage le sérieux de ces textes], se réunirent sous la direction du marquis d'Apcher pour faire la chasse à cette bête fauve dans les bois de la Tenazeyre. Les chasseurs se mirent à leurs postes et fort heureusement poussèrent l'animal vers Jean Chastel, posté sur la Sogne d'Auvert. Quand la bête lui arriva, Chastel disait les litanies de la Sainte Vierge; il la reconnut fort bien, mais par un sentiment de piété et de confiance en la mère de Dieu, il voulut finir ses prières. Après quoi, il ferma son livre, il plia ses lunettes dans sa poche; il prit son fusil dont il avait fait préalablement bénir les balles puis il dit " Bête, tu n'en mangeras plus ", et à l'instant, il tua la Bête qui l'avait attendu. »

Et voilà, ce n'était pas plus difficile que ça, mais comme pour l'œuf de Colomb, il fallait y penser! Comment était donc cet animal? On le décrit ainsi : « C'était une espèce de gros loup rougeâtre; il avait la tête extrêmement grosse, le museau fort allongé, plus même à proportion que celui d'un loup ordinaire, au point que sa gueule étant ouverte l'intervalle de l'extrémité de ses deux mâchoires était de quatre décimètres et demi, près de deux pans. » Bigre, connaissez-vous en dehors de l'hippopotame et des plus grands sauriens, un animal dont la gueule grande ouverte présente entre l'extrémité de ses mâchoires un intervalle de quarante-cinq centimètres? L'abbé Trocelier a de son côté donné une description de l'animal tué par Chastel; il écrit : « Cette bête ressemble à un loup, mais ce n'est pas un loup; tous ceux qui l'avaient vu de près disaient de même. Elle a les pieds du devant beaucoup plus courts que ceux du derrière, les oreilles d'une autre façon. On a remarqué plusieurs autres choses qui ne sont pas du loup. Elle pèse cent neuf livres, on juge que c'est quelque monstre. »

Cette bête qui entre 1764 et 1767 tua plus de cent personnes ne s'en prenait qu'aux enfants et aux femmes. Elle délaissait les moutons pour s'attaquer à leurs gardiens. La preuve, l'abbé Pic, entre autres, nous l'a donnée; lisez bien : « Une petite fille d'Auvers gardait des chèvres dans les environs du Pavillon en Auvergne. Voyant venir le loup, elle va se cacher dans une grotte. Pour avoir la chevrière, le loup saisit un chevreau et se mit à le mordiller, sans lui faire trop de mal, simplement pour le faire crier, pensant qu'entendant les bêlements de son cabri, la fillette sortirait de sa cachette. Ce qui arriva. A peine sortie, le loup la tua et la mangea presque entièrement. »

Pour moi ce loup devait être, en même temps que d'une intelligence démoniaque, un froid calculateur. Après un raisonnement aussi subtil, il ne me semble plus que l'on doive s'étonner de quoi que ce soit. Il est cependant encore une historiette qui vaut son pesant de cacahuètes et je ne puis pas la passer sous silence. Tous les « historiens » de la Bête n'ont pas manqué de la mentionner, probablement avec des sanglots dans la gorge. La voici : « Jeanne Marlet, épouse de Pierre Jouve, fermier au mas de la Bessière, mère de six enfants, personne de faible complexion, avait profité du soleil qu'il faisait ce jour-là pour faire sortir au jardin, en face de la maison d'habitation, ses trois derniers enfants, une fillette de neuf ans, un garçonnet de six ans et un autre de dix-huit mois, auxquels elle venait de faire prendre leur petit repas du midi. Ils allaient sortir du jardin pour revenir à la maison. La mère avait devant elle son petit garçon de six ans et derrière sa fillette qui portait son plus jeune frère. Elle arrivait à la porte lorsque le bruit d'une pierre la fit se retourner. Ciel, qu'est ceci? Un animal, la Bête a n'en pas douter, tient à terre par un bras sa petite fille qui n'a pas lâché l'enfant et le serre entre ses mains. Son sang ne fit qu'un tour, sans hésiter, sans même pousser un cri, cette mère admirable se jette sur la bête et la force à lâcher la fillette qui se remet debout et, tenant toujours l'enfant, s'efforce d'éloigner l'animal à coups de pied, mais elle est projetée contre la muraille. D'un mouvement prompt, la mère se met entre la Bête et la fillette, la couvrant de son corps. Et, comme elle ne quitte pas l'animal des yeux, elle le voit qui se prépare à s'élancer sur son petit garçon de six ans. Elle le prévient, se place devant l'enfant et c'est elle qui reçoit le choc de l'attaque. Elle est renversée, griffée au bras, cependant que l'animal se précipite sur le petit qui crie et appelle sa mère à son secours. Mais déjà relevée, celle-ci se jette sur ce loup féroce, le prend à bras-le-corps, lui pressant le corps contre sa poitrine, lui serrant les flancs entre ses genoux. Il tombe, la femme sur lui, toujours tenu et serré; il se débat, se roule avec elle, tantôt dessus, tantôt dessous, c'est une lutte corps à corps exigeant le plein emploi des forces des deux antagonistes, lutte inégale, hélas! Jeanne Jouve a la poitrine et d'autres parties de son corps lacérées par les ongles de l'animal; elle est violemment serrée au bras. Sa coiffe arrachée, ses vêtements en désordre; elle se relève pour être de nouveau jetée à terre, se relève encore tandis que la bête saisit le garçonnet, la tête dans sa gueule, et l'emporte. Jeanne le rattrape et le lui arrache. La bête le reprend et comme la mère lutte encore pour le lui faire lâcher, elle le dépose à terre, et se retourne contre elle, la renverse, reprend l'enfant et gagne l'autre bout du jardin cherchant une issue pour sortir. Déjà debout, la mère se saisit d'un caillou qu'elle voit à ses pieds, saute à califourchon sur l'animal et à coups de pierres lui martèle le crâne. Mais le loup la fait basculer, se ressaisit de l'enfant et va pour franchir les broussailles qui forment, de ce côté, la clôture du jardin. Il y a un endroit où elles ne joignent pas bien, ce que l'animal n'a pas manqué de remarquer. Jeanne qui connaît bien cet endroit par où une bête peut passer, y court, arrive juste à temps pour rattraper l'animal par la partie la plus sensible de son individu, au moment où il va sauter, mais ne peut le retenir et entraînée, tombe avec lui d'une hauteur de près de deux mètres auprès de son enfant que la bête tient toujours.

« En vain l'animal lui crache au visage comme un chat en colère et saute dans le pré en contrebas, tenant toujours le petit. La mère saute aussi mais elle est à bout de force, la pauvre femme. Cette lutte sans merci l'a épuisée. Elle appelle à l'aide les siens qui sont dans la maison. Sa faible voix sera-t-elle entendue? Heureusement, ses deux grands garçons sont en train, en ce moment même, de faire sortir de l'étable, pour le mener aux champs, le troupeau de bêtes à laine. Le second, qui peut avoir treize ans, se trouve à la porte, sa baïonnette à la main, le chien de parc près de lui, à surveiller les moutons. Il entend l'appel de sa mère, part au galop, le chien le suit, le devance, voit la bête, fonce sur elle de toute sa vitesse, la culbute, la contraint à lâcher l'enfant pour se défendre. Le garçon arrive à son tour, lance un coup de baïonnette au derrière de l'animal qui se relève, franchit une terre, tombe dans un champ suivi du mâtin qui l'attaque encore, mais le loup plus fort l'envoie rouler à quatre pas et disparaît.

« Il y avait une demi-heure que cette lutte durait. La pauvre femme, à bout de souffle, n'en pouvait plus. Son petit garçon s'est remis debout. Défiguré, le visage en sang, la joue déchirée, la lèvre supérieure et le nez emportés, il court vers sa mère qu'il vient d'apercevoir, lui demandant de le délivrer. C'est qu'il se croit toujours, le pauvret, dans la gueule de la cruelle bête. Et la mère ne sait plus où elle en est elle-même. Elle n'a pas seulement vu son fils venir à son secours. Maintenant tout est fini; la bête est en fuite et les enfants sont groupés autour de leur mère. Sauvés? Sa fillette et son dernier-né oui, mais l'autre est là tout saignant; guérira-t-il? Hélas, gravement atteint et bouleversé par la frayeur qu'il avait eue, il expire trois jours après. On dit que le roi, ému par le courage de cette faible femme, ordonna qu'une gratification de trois cents livres lui soit versée. »

Voici donc un récit qui montre à quel point cette bête, ce loup, pouvait être féroce. Pourtant, pour aussi détaillé qu'il soit, ce récit n'est pas crédible. Cette relation de la lutte entre Jeanne Jouve et le loup est tout à fait invraisemblable. Elle relève de la trop fertile imagination du curé Béraud qui l'a écrite, lequel a été naïvement gobé par les différents auteurs d'ouvrages sur la Bête du Gévaudan.

Je prétends en effet qu'un loup n'a pu être l'animal qui a été à l'origine de ce fait divers. Croyez-vous qu'un loup se serait contenté de griffer la mère Jouve? Non, un loup qui se bat ne se sert pas de ses pattes, dont les griffes ne sont pas, comme celles des félins, rétractiles. Le loup, lui, utilise ses dents et ce sont des armes redoutables. Comment et pourquoi ne s'en est-il pas servi contre cette femme qui lui tapait dessus? Cette femme dont on nous dit qu'elle était de « faible complexion » n'aurait jamais pu prendre un loup contre elle, le serrer contre sa poitrine et se tirer d'affaire avec quelques égratignures. Un homme dix fois plus fort aurait conservé, sa vie durant, de belles cicatrices, s'il avait eu la chance de ne pas laisser sa peau dans l'aventure. Ce combat n'aurait jamais duré une demi-heure et pas même dix minutes. Les dents sont les armes naturelles du loup; il les utilise pour égorger un mouton ou pour tuer n'importe quelle autre proie; il les utilise lorsqu'il se bat avec ses congénères. On aurait pu croire ce loup édenté si le petit garçon, lui qui n'offrait cependant pas une résistance comparable à celle de sa mère, n'avait été si durement mordu qu'il devait perdre la vie. Pourquoi donc ce loup n'aurait-il pas utilisé ses dents contre la mère du petit garçon? Mystère, un de plus dans la sombre histoire de la Bête du Gévaudan.

Les « historiens » seraient bien embarrassés pour répondre à cette question. Certains d'entre eux ont envisagé que la bête pouvait être un autre animal; c'est ainsi que l'on a parlé d'un lynx (le loup cervier d'autrefois – loup cervier signifiant loup amateur de cerfs).

D'autres auteurs ont plutôt « vu » un ours, ou un anthropoïde (chimpanzé, gorille, orang-outan). Quelques intellectuels des broussailles ont dit qu'il s'agissait d'un lycaon (*Lycaon pictus*), ce chien sauvage d'Afrique qui vit en société organisée. Certains ont pensé que la Bête était un dingo (chien sauvage d'Australie). Quelques surdoués sont allés plus loin. N'ont-ils pas dit et écrit que la Bête était le produit du croisement entre un loup et une ourse, ou vice versa! Pour l'auteur d'un livre qui a pour titre : *La Fin d'une énigme; la Bête du Gévaudan*, il s'agirait du tigron, produit du croisement entre un tigre et une lionne. L'auteur n'est pas parvenu à une telle conclusion sans s'être donné beaucoup de mal. Il a en effet épuisé la liste de tous les vertébrés terrestres, et même davantage puisqu'il a éliminé aussi les baleines. Et puis les écureuils, les chauves-souris, les rats, les hérissons, sans oublier les édentés!

Un autre, tout aussi compétent, ou à peu près, parle d'un singe, un cynocéphale égaré en Gévaudan, qui pendant une période de ces années terribles 1764-1767 aurait été la Bête. Le pauvre animal ne devait pas s'amuser tout seul dans la nature. Comment résistait-il à la solitude lorsqu'on sait qu'un babouin est un animal qui vit en sociétés très hiérarchisées et que cette vie sociale représente pour chacun de ses membres le seul moyen possible de vivre? Après tout, c'est peut-être pour se distraire que ce babouin perdu en Gévaudan s'en prenait aux bergères et aux bergers. Ce même auteur donne, enfin tente de donner une leçon sur le comportement animal en évoquant les différences entre l'animal captif, vivant en semi-liberté, et l'animal vivant en liberté : l'animal captif n'étant qu'une « pitoyable caricature » de l'animal sauvage. Pitoyable sans doute lorsque l'animal est prisonnier dans une cage (mais je rappellerai que les ménageries d'autrefois ont été supprimées, interdites, et que l'on ne devrait plus voir d'animaux dans des cages de deux mètres sur trois). En revanche, même l'animal captif dans les pires conditions, s'il fait pitié, n'en reste pas moins un animal très dangereux, beaucoup plus que l'animal sauvage. Tout le monde sait cela, y compris les dompteurs qui se méfient davantage d'un fauve qui a perdu toute crainte de son maître que de l'animal sauvage qui reste timide. J'élève des loups en semi-liberté (leurs enclos ont plusieurs milliers de mètres carrés et même plusieurs dizaines de milliers) et j'ai acquis suffisamment d'expérience pour affirmer qu'un loup en semi-liberté reste plus dangereux qu'un loup vivant dans la nature. Les éthologistes le savent ; il serait bon de temps en temps de les consulter. Enfin pour cet auteur, il faut retenir la culpabilité du loup dans cette sombre histoire. Original ! Encore un qui est victime de contes et de légendes absurdes, et puis c'est tellement plus facile d'accuser les loups que de les étudier en semi-liberté ou chez eux : plus facile et moins risqué !

Je sais que, dans l'histoire de la Bête du Gévaudan, ils ne sauraient être en cause. Je me fonde notamment sur une longue expérience, soit un quart de siècle de « vie commune » avec des « fauves » et de multiples enquêtes dans de nombreux pays où vivent ces animaux, de l'Espagne jusqu'à la Laponie, la Pologne, le Canada, etc. J'ai interrogé des dizaines de gardes, des savants zoologistes de terrain, des Indiens, des Lapons, des Américains, des Russes, etc. Grâce à eux j'ai pu acquérir une certaine connaissance du loup, que n'ont pas, hélas il s'en faut, les pseudo-historiens de la fameuse Bête. Bien entendu, j'aurais très volontiers laissé ces « historiens » à leurs fantasmes, s'ils ne contribuaient pas à entretenir cette peur panique du loup. Une peur qui les habite probablement et qu'ils essaient de faire partager en prêtant aux loups des comportements qu'ils n'ont jamais eus.

En réalité, la bête ne pouvait pas être un animal sauvage. Seul un animal dépendant d'un homme, et peut-être en collaboration avec lui, aurait pu être l'auteur de la centaine de crimes qui ont eu lieu en Gévaudan pendant ces trois années terribles. Il est extrêmement probable aussi que des vengeances personnelles se soient exercées, que l'on a mises sur le compte des loups. Il convient de souligner que parmi toutes les étrangetés contenues dans les ouvrages concernant la Bête, l'une d'entre elles, la dernière, mérite une attention particulière.

Je veux parler de la fin de cette terrible bête, tuée par Jean Chastel dans des conditions que l'on peut, à tout le moins, qualifier de bizarres. Nous avons vu comment Chastel « qui lisait les litanies de la Vierge », vit la Bête et il l'a reconnue. Après quoi, il tua l'animal avec des balles qu'il avait fait bénir. Pourquoi les historiens ne se sont-ils pas demandé pourquoi des balles bénites pour tuer un loup ? Une question toute simplette pourtant. Alors ? La réponse est qu'à cette époque on croyait à la lycanthropie, c'est-à-dire à la possibilité pour un homme de se transformer en loup la nuit venue. Or ces lycanthropes avaient la peau dure ; ils étaient en fait indestructibles. Ils étaient capables d'encaisser les coups les plus durs, ils s'en remettaient toujours. Les coups de lance n'avaient pas plus d'effet sur eux que les coups de baïonnette ou les coups de fusil ; quant aux coups de trique, autant n'en point parler. Rien donc ne pouvait les détruire, rien... hormis les balles bénites ; là alors, c'était radical ; de telles balles les expédiaient dans un autre monde.

Il reste donc à se demander pourquoi le père Chastel avait fait bénir ses balles, qui devaient lui permettre de tuer la « Bête ». Qui sait, il croyait peut-être, tout comme la majorité de ses contemporains, que cette étrange bête était en réalité un lycanthrope.

4

Populations

Est-ce qu'il reste des loups en France? Une question que l'on me pose souvent. La réponse est non.

Nous sommes le peuple le plus intelligent de la terre, enfin nous le croyons volontiers, mais dans le domaine de la protection de la vie sauvage, nous pouvons nous considérer comme la lanterne rouge dans le monde. Un domaine important certes, et dont le plus grand nombre ne semble pas avoir conscience. Mais demain, peut-être, il en sera différemment. Je suis de ceux qui le souhaitent.

Les loups, nous les avons exterminés. Il est vrai qu'il n'y en a pas davantage en Angleterre, en Allemagne, en Irlande, en Suisse. En Angleterre, les loups auraient survécu jusqu'en l'an 1500. En Écosse, les derniers de ces canidés auraient été tués par un nommé Cameron de Lochiel. En Irlande, ils se seraient maintenus jusqu'en 1766 ou 1770. Pour la Suisse, le naturaliste Tschudi a rapporté que, dans le Tessin, on tua cinquante-trois loups entre 1852 et 1859. Mais, entre 1660 et 1668, dans le canton de Neuchâtel, ce sont quatre cents de ces animaux qui furent occis. Quelques-uns furent ensuite abattus isolément, en 1860, en 1867, en 1870 puis en 1872.

Au cours de notre siècle, un loup fut tué dans le Valais, le 27 novembre 1947, par le nommé Albin Brunner qui, relate le Pr H. Hediger, chaudement félicité, expliqua en détail comment il avait exposé les entrailles d'une vache abattue et attendu l'animal jusqu'à dix heures du soir. Refoulant sa compréhensive impatience, il s'était contenu avec une remarquable maîtrise de soi jusqu'à ce que l'animal fût si proche que le coup de feu ne pouvait le manquer. Ce récit romanesque n'avait qu'un défaut; celui de n'être pas rigoureusement conforme à la vérité. Celui qui avait tué le loup n'était pas Albin Brunner, mais son oncle Marius Brunner. Il avait exposé un veau mort-né pour braconner des renards. Au lieu du renard, il avait abattu le loup mais, ne possédant pas de permis de chasse, il avait inventé l'histoire du neveu Albin simplement pour rendre les formalités plus aisées et obtenir la récompense, même sans permis de chasse.

Depuis quelques années, si dans certains pays les loups sont encore considérés comme des animaux nuisibles, dans d'autres, on procède à des dénombrements de populations lupines. Les esprits ayant considérablement évolué par suite d'observations rigoureuses sur le terrain, on ne détruit plus systématiquement les loups.

Ces études, dans le milieu naturel ont permis de bien connaître ces animaux et le rôle bénéfique qu'ils assurent au sein des populations de cervidés. Nous verrons plus loin ce qu'il est nécessaire de savoir sur ces prédateurs. Toujours est-il que les loups vivent en de nombreux pays et que pour autant les vies humaines ne s'en trouvent pas le moins du monde menacées.

Il y a de nos jours sept cents à huit cents loups en Espagne, notamment dans les monts Cantabres, la sierra de Gredos, la sierra Morena. Il y en a plus d'une centaine dans le nord du Portugal, où l'on assiste d'ailleurs à des actions dans le but d'assurer leur protection. En Italie, une population subsiste dans les Abruzzes, mais elle a du mal à se maintenir, de sorte que des individus capturés ont permis de se rendre compte qu'ils étaient dégénérés, souffrant de carences alimentaires, les loups se nourrissant sur les décharges publiques des villages. Un espoir toutefois, le World Wildlife Fund (Fonds mondial pour la nature) finance l'achat de cervidés, chevreuils en particulier, qui sont lâchés dans les secteurs où se maintiennent ces derniers loups d'Italie, afin qu'ils aient la possibilité de se nourrir grâce à cet apport supplémentaire de proies.

Des loups, il y en a dans tous les pays d'Europe centrale et bien sûr en Russie. En Yougoslavie, on tua en 1958 quatre mille loups. Dans une lettre du 12 décembre 1966, Milah Petrovie, secrétaire de l'Organisation de la chasse dans ce pays, m'écrivait qu'il existait approximativement deux mille cinq cents loups dans son pays. La Hongrie, la Grèce, la Bulgarie, la Roumanie, la Pologne ont encore des loups. Naturellement, c'est l'Urss qui abrite le plus grand nombre de loups. Il y en aurait actuellement plus de cent mille dans ce vaste pays, où cependant ils ont été beaucoup chassés. Par exemple, en 1942, on a abattu officiellement vingt-cinq mille huit cents loups. Au Kazakhstan, cette république de l'Urss peuplée de quinze millions d'habitants mais dont la superficie dépasse cinq fois celle de la France, on a tué, officiellement en une vingtaine d'années (entre 1950 et 1970), deux cent huit mille loups. En 1958, on a tué officiellement dix-huit mille huit cent soixante. Ces loups ont rapporté à leurs destructeurs la somme de onze millions de roubles de primes.

De grands moyens, hélicoptères, véhicules à chenilles, ont été mis en œuvre pour obtenir de tels résultats. En Suède, les loups ne sont pas nombreux. A Stockholm, le savant naturaliste Kai Curry Lindhal m'apprenait qu'il ne restait qu'une quinzaine de loups dans le centre de son pays mais une dizaine seulement en Laponie suédoise. C'était en 1969, et j'avais été très surpris par ces chiffres, mais le zoologiste suédois m'indiquait que les loups étaient détruits sans pitié par les Lapons qui se plaignaient amèrement des dommages qu'ils causaient à leurs troupeaux de rennes.

Depuis, les choses ont évolué; les loups bénéficient désormais de la protection et leur réintroduction est envisagée.

En Finlande, plus précisément en Laponie finlandaise limitrophe de l'Urss, on enregistre des fluctuations de populations chez ces prédateurs. Une augmentation du nombre des loups peut avoir des causes indirectes et insoupçonnées des profanes. Ainsi, au cours de ces toutes dernières années en Carélie soviétique, l'exploitation forestière a joué un rôle en augmentant la quantité d'habitats favorables à l'élan.

Cet accroissement du nombre des élans a favorisé les loups qui ont vu augmenter leur population. Des comptages sont effectués le long de la frontière, entre la Finlande et la Russie, et ils montrent une augmentation sensible du nombre des loups.

L'exode massif des populations humaines de la taïga vers les villages et les villes a également favorisé un accroissement de la population lupine.

En Turquie, en Iran, en Afghanistan, les loups sont très nombreux, de même qu'en Chine et en Mongolie extérieure. Dans ce pays, les chasseurs collectionneurs de trophées contribuent, involontairement, au maintien ou au développement des populations de loups. Ils abandonnent en effet les carcasses des cerfs, ou autres gros gibiers, dont les loups viennent se repaître, en particulier dans les régions montagneuses Altaï, au sud du pays.

Il y a encore des loups en Lettonie, mais on les a beaucoup chassés, et déjà, au cours de l'hiver 1955-1956, on en avait abattu 245.

Au Groenland subsistent des loups, mais en petit nombre.

Aux États-Unis, dans les États du Michigan et du Minnesota, vivent près d'un millier de loups.

Le Canada fait partie des grands réservoirs à loups de la planète. Il y a plusieurs années, M. Phillip Yougman, conservateur de la section des mammifères au Musée national du Canada à Ottawa, me signalait qu'il n'y avait plus de loups en Nouvelle-Écosse, au Nouveau-Brunswick, dans l'île du Prince-Édouard. En revanche, les loups se portent bien dans les autres provinces de cet immense pays. M.C.B. Kollinosky, du ministère des Terres et Forêts de l'Ontario, m'a communiqué des précisions intéressantes sur les populations de loups. Selon des recensements effectués en 1963, le nombre des loups serait de 1 200 en Alberta; leur nombre varierait entre 2 500 et 5 000 en Colombie britannique et entre 1 500 et 2 000 au Manitoba. Le Labrador en compterait plusieurs centaines. Les Territoires du Nord-Ouest en hébergeraient de 2 000 à 5 000, l'Ontario, de 8 000 à 10 000; le Québec de 1 500 à 3 500; le Saskatchewan de 1 500 à 2 500 et le territoire du Yukon plus d'un millier.

Ces chiffres n'ont pas diminué depuis un quart de siècle, ainsi que le montrent les nombreux contrôles de populations qui ont lieu en différents secteurs de ce pays.

L'Alaska est encore un pays à loups, malgré la construction de la fameuse route et du pipeline qui ont quelque peu perturbé la faune locale. Les derniers recensements opérés à l'aide de moyens plus sophistiqués font ressortir une population se situant entre 60 000 et 70 000 pour l'Amérique du Nord. L'espèce n'est donc pas en danger (les habitants non plus)! Le gibier peut se réjouir d'un tel nombre de loups. En effet, ce prédateur ne se contente pas de garder le caribou en bonne santé, mais également les élans, les cerfs, et par la même occasion la forêt et les pâturages, ainsi que nous le verrons.

Parmi les populations de loups, il est intéressant de connaître les ratios sexuels. En ce qui concerne les bandes de loups élevés en semi-liberté, il est relativement facile de déterminer les pourcentages de mâles et de femelles, soit par l'observation attentive des adultes, soit, et là c'est encore plus simple, lorsque les louveteaux sont nés et pendant toute la période où ils font l'objet de toute l'attention de leur mère.

Pour ce qui est des loups vivant à l'état sauvage, les ratios sont essentiellement établis d'après les animaux tués.

De nombreux auteurs ont procédé à des études en différents pays. Dans beaucoup de rapports, on se rend compte que le nombre des mâles est très proche du nombre des femelles, les chiffres variant de 3 p. cent environ en faveur des mâles. D'autres rapports font état de 41 p. cent de mâles pour 59 p. cent de femelles. Le plus grand écart se trouve dans l'exemple des loups finlandais, où le ratio est de 89 p. cent de mâles pour 11 p. cent de femelles. On n'a pas d'explication quant à l'excès des mâles sur certains territoires.

Aux États-Unis, dans le Minnesota, M.-H. Stenbornd trouve 64 p. cent de mâles pour 36 p. cent de femelles sur un échantillon de 156 loups en tenant compte du mode de capture (loups tués à partir d'avions ou pris séparément au piège). Les échantillons sur les naissances montrent le même ratio de mâles. Selon le Finlandais Pulliainen, il est certain qu'un excès de mâles dans un secteur aide à contrôler certaines populations de loups.

Un aspect particulièrement intéressant du sexe ratio fut découvert en Finlande, quand les loups envahirent la contrée entre 1953 et 1964. Durant les premières années de l'afflux, la plupart des loups tués étaient des mâles, mais graduellement le pourcentage des femelles augmenta jusqu'à ce que le ratio devînt le même, et Pulliainen conclut : « D'après les études présentes, il semble que chez le loup seuls les mâles émigrent tandis que dans l'aire de copulation et ses dépendances, le ratio sexuel est très près de 50 p. cent. » Il est donc tentant de suggérer que les mâles émigrants étaient des individus qui ne pouvaient s'accoupler sur leur territoire natal.

Au Canada, dans la région du grand lac de l'Esclave (Territoires du Nord-Ouest), au cours de l'hiver 1955-1956, les louveteaux composaient seulement 13 p. cent de la population. En 1957-1958, ils constituaient 46 p. cent; en 1959-1961, ils représentaient 73 p. cent de la population.

Dans l'Ontario, un classement en âge conditionnel fut entrepris. Les loups ont été classés en louveteaux-louvarts (âgés de un à deux ans) et adultes. En 1957-1958, après une longue période de capture des loups par les rangers, les ratios étaient de 35 p. cent de louveteaux, 40 p. cent de louvarts; 25 p. cent d'adultes. Les loups furent alors protégés de 1959 à 1964. En 1965, le ratio fut : louveteaux 31 p. cent, louvarts 17 p. cent, adultes 52 p. cent. Dans un échantillon de 17 femelles adultes, seulement 59 p. cent ont donné naissance à des jeunes dans leur première année de gestation. Le taux de naissance par liteau était de 4,9 louveteaux.

La plus grande étude jamais entreprise de la population de loups fut celle de R.A. Rauch en Alaska en 1967. Dans la plupart des cas, les loups furent trappés ou chassés par avion. En 1969 et 1975, quelque 4 150 bêtes furent saisies de cette manière et il a été procédé à l'examen de leur âge. Au total, 593 femelles furent classées en louveteaux, louvarts et adultes. Les études ont été également faites en fonction des femelles en gestation et des taux de liteaux établis. Les résultats montrèrent que les louveteaux constituaient de 37 à 48 p. cent de la population chaque année, et 44 p. cent en moyenne sur sept années.

Une légère variation dans les taux d'âge fut établie entre les différentes régions de l'Alaska. Par exemple, les louveteaux passèrent de 38 p. cent à 65 p. cent de la population au cours des années dans la région arctique, atteignant 48 p. cent en moyenne sur sept ans. Ils passèrent de 39 p. cent à 60 p. cent, avec 43 p. cent de moyenne pour la même période dans la région inférieure. Sur les 593 carcasses de femelles examinées, on put dénombrer : 246 louveteaux, soit 42 p. cent ; 170 louvarts, soit 29 p. cent et 177 adultes, soit 30 p. cent.

Dans l'Ontario, selon certaines indications, il apparaît que, dans des conditions naturelles de contrôle, 40 p. cent des femelles adultes sont susceptibles de procréer, et cela parce qu'elles ne peuvent pas copuler trop jeunes. Il y a aussi une faible survie des louveteaux, de la naissance jusqu'à l'âge de cinq à dix mois. Les taux de survie durant cette période variant de 6 à 43 p. cent.

De l'âge de dix mois jusqu'à dix-sept à vingt-deux mois, le taux de survie atteint 55 p. cent. Après ces périodes, les taux de survie voisinent autour de 80 p. cent. En d'autres termes, chaque année, il y a 80 p. cent de chances pour qu'un loup ayant survécu un hiver vive une deuxième année. Sauf, bien entendu s'il n'y a pas intervention de l'homme. Mais, hormis les périodes où les loups sont détruits systématiquement dans un secteur, sous prétexte de contrôle de leurs populations, les maladies, les rigueurs de la température, les accidents constituent ensemble un plus grand danger que l'homme.

Les chiffres qui précèdent sont éloquents; ils démontrent que même les prédateurs, et alors qu'ils bénéficient de proies substantielles, ne se reproduisent pas comme des lapins ou comme des petits rongeurs.

Il n'y a pas à redouter chez les loups des pullulations comme on en connaît par exemple chez les lemmings ou chez les campagnols.

A noter encore qu'au Groenland, cette île de plus de deux millions de kilomètres carrés, les loups avaient presque disparu en raison d'une chasse incontrôlée. Or, depuis 1975, grâce notamment à la création du plus grand parc national du monde – sa superficie est de quatre cent cinquante mille kilomètres carrés, soit environ les quatre cinquièmes de la France –, les loups sont protégés. Leur population qui n'était plus que de quelques dizaines d'individus se développe. En raison du climat très dur – la neige et la glace sont présentes sur la plus grande partie du territoire –, les loups sont blancs et de grande taille.

5

Quand les loups attaquaient

Hé oui, de nos jours, alors qu'il existe des milliers de loups vivant à l'état sauvage dans de nombreux pays, ainsi que nous venons de le voir, on ne connaît pas un seul cas d'attaque d'êtres humains par ces animaux.

Prenons l'Espagne où subsistent aujourd'hui sept cents à huit cents loups; croyez-vous que si un seul de ces prédateurs tuait un enfant ou un adulte, cela ne se saurait pas? Je suis persuadé que si un tel fait divers avait lieu, les journaux ne manqueraient pas d'en faire des cinq colonnes à la une; la radio, la télévision ne seraient pas en reste, de telle sorte que l'on verrait à nouveau surgir toutes ces pauvres histoires qui ont, paraît-il, terrorisé nos grands-mères. On reverrait, chez les bergers gardant leurs troupeaux en montagne, réapparaître ces cabanes montées sur deux roues, dans lesquelles ils s'enfermaient la nuit pour être à l'abri des loups. A noter qu'une lanterne était placée contre la cabane dans le but d'effrayer les loups. En réalité, ces cabanes étaient surtout un abri contre les intempéries; mais les loups ont toujours eu bon dos.

De nos jours donc, et cela tout de même depuis un bon nombre d'années, les loups ne mangent plus de représentants de l'espèce humaine. Auraient-ils perdu le goût de l'homme ? Qui sait ? En tout cas pour voir des loups s'attaquer aux humains, il faut se reporter aux vieux ouvrages, ou à quelques livres récents, dont les auteurs ont été « inspirés » par des récits ou des contes plus ou moins dignes de foi. Avec quelques exemples, nous allons savoir comment nos ancêtres voyaient les loups.

Commençons par Gaston de Foix, surtout connu des chasseurs sous le nom de Gaston Phébus, grâce à son *Livre de la chasse*. Gaston Phébus, qui vécut de 1331 à 1391, écrivait que les loups préféraient la chair de l'homme à toute autre « puisqu'ils en sont acharnés, ils ne mangent autres bêtes et surtout celle des enfants qui ont plus tendre chair ». On ne s'étonnera guère que les loups aient terrorisé les pauvres gens après de telles affirmations.

Tout récemment, en 1984, Robert Delort dans son livre *Les animaux ont une histoire*, écrivait : « L'affrontement individuel entre un être humain et un loup solitaire se trouvant nez à nez a été assez fréquent. Le loup prend généralement les devants et selon son appétit, son humeur, son évaluation de la situation engage ou non la lutte. »

Je trouve amusante cette façon d'écrire les choses. Je dirais donc que Robert Delort est un bon historien, un vrai, mais, pour peu que l'on connaisse les mœurs des loups, pour peu que l'on ait fréquenté ces prédateurs, pour peu que l'on consulte les spécialistes et les gens, Esquimaux, Lapons, Indiens d'Amérique du Nord qui sont en contact direct, et cela depuis toujours, avec ces fauves, on reste ébahi en lisant de telles phrases. Cet excellent Robert Delort ne fait, somme toute, que de l'anthropomorphisme sans s'en douter lorsqu'il parle de l'humeur du loup, et pourquoi pas de son état d'âme. Il faut savoir que le loup prend toujours les devants s'il rencontre un homme, mais il s'agit, comme disaient les veneurs autrefois, des « grands devants », c'est-à-dire la fuite.

Je dois encore parler de Robert Delort lorsqu'il cite Jean Anglade contant la terrible aventure de ce paysan tombé dans la fosse où se trouvait déjà un loup : « Toute la nuit, ils bataillèrent pied à pied, à coups de griffes, de dents, de couteau. Quand, au matin, des paysans arrivèrent à la rescousse de leur camarade, ils ne le reconnurent pas; couvert de sang, le visage livide et un affreux rictus découvrant sa bouche pleine de bave, ses dents cassées prêtes à mordre, il était devenu pire que la bête au point de s'acharner sur l'animal que seul le nombre avait fini par vaincre et de l'écorcher vif sans cesser de l'injurier. »

Qu'en termes émouvants ces choses sont dites! Émouvants, cela ne veut pas dire véridiques. Voyons encore une historiette de fosse à loups. Elle nous est contée par Jackez Cornou dans son livre *Les Loups en Bretagne*. Une aventure tragi-comique survenue en 1870 à Saïg Glaziou, de Guernevez-en-Roudoualler (Morbihan). « Un jeune homme s'en revenait le cœur léger d'une visite à sa promise Mariannig, habitant à Coat Kilvern sur la route de Spezet, un endroit plutôt désert entrecoupé de taillis et de bois à flanc de côteau des Montagnes noires. Rêveur et peu attentif aux embûches du terrain, il sentit tout à coup le sol se dérober sous ses pas. Dans un enchevêtrement de branches, il se retrouva au fond d'une profonde fosse à loups, aménagée par M. de Kerjegu, le propriétaire du domaine de Trévarez en la commune limitrophe de Laz. Un peu abasourdi par le choc, Saïg commença au bout de quelques minutes à retrouver ses esprits et à échafauder des plans pour revenir au niveau du sol quand, dans l'obscurité, il se mit à douter de sa solitude. Dans un coin de la fosse, à travers les branches, des yeux immobiles et brillants étaient braqués sur lui. On peut imaginer les sueurs froides qu'il dut alors éprouver. A n'en pas douter, c'était un loup qui, quelque temps auparavant, avait suivi le même cheminement. Devant la menace qui se précisait, Saïg eut alors l'idée géniale de sortir son briquet et d'actionner la molette. Devant le jaillissement d'étincelles, l'animal se blottit dans son coin et jugea plus prudent de décaler l'heure de son déjeuner. L'attente se prolongea toute la nuit, entrecoupée d'étincelles, qui surgissaient dans le noir, de son briquet, dès que la bête se faisait menaçante. Avec l'aube, vint l'espoir d'une délivrance. C'était dimanche et des bruits de sabots ne tardèrent pas à marteler le sol. Le fermier voisin de Kerbiked s'en allait à la messe. Aux appels de notre prisonnier, celui-ci vint à son secours et parvint avec prudence à le retirer du trou. Quant à son compagnon à quatre pattes, il ne s'en tira pas à si bon compte et fut exécuté dans sa prison avec l'aide de plusieurs voisins. »

Cette histoire de prisonnier avec un loup dans une fosse est plus crédible que la première, celle relatée par Jean Anglade. D'une part, elle est plus circonstanciée, plus précise. Mais surtout, elle est plus proche de la réalité. Le loup qui se trouve soudain en présence d'un homme alors qu'il est lui-même prisonnier et dans l'impossibilité de fuir, ne demande qu'à rester dans son coin, et si possible à se faire oublier. Il est certain que même sans les étincelles du briquet de son compagnon de fosse, le loup n'aurait rien tenté contre lui, même s'il n'avait pas déjeuné depuis longtemps.

Revenons un instant à Robert Delort qui, toujours dans son livre, se fait l'écho de ces histoires maintes fois publiées dans les journaux du début de notre siècle et, en particulier dans *Le Petit Journal*, la publication à « esbroufe » des années 1890 à 1915... Il écrit : « Un autre type de combat plus courant met en scène des loups. C'est une meute en chasse qui tombe soit sur une noce villageoise, soit sur un attelage conduisant quelques passagers ou encore sur un groupe de bergers, d'accidentés en rase campagne. Là encore, l'issue est douteuse et dépend des armes dont disposent les hommes, du nombre des protagonistes en présence, de l'absence ou non de chevaux ou d'autres bêtes dont les loups se rendent plus facilement maîtres et qui de ce fait les détournent des hommes. »

Eh bien, il ne devait pas faire bon se marier à cette époque et la pauvre mariée devait avoir horriblement peur de voir des loups, avant, qui sait, d'avoir vu le loup.

Je suis toujours surpris de constater que des hommes, des écrivains, des historiens de la fin de ce xxe siècle, se réfèrent à des contes aussi grotesques que ridicules pour faire étalage de leur savoir.

Continuons, en faisant à notre tour référence à quelques exemples cités dans ce *Petit Journal*, afin de vous montrer combien c'est enrichissant! Je relaterai trois histoires, que je commenterai ensuite.

On va voir qu'il n'est pas nécessaire de remonter le cours des siècles pour lire des récits sur les atrocités commises par des loups. Il suffit de se reporter au début de notre siècle de lumière! Voici donc ce que vous pourriez lire dans *Le Petit Journal* du 16 mars 1902. La dernière page du supplément illustré présente un dessin colorié montrant un cycliste assailli par de nombreux loups. Les faits sont relatés sous le titre « Attaqué par les loups ». Un titre d'une grande sobriété, mais très évocateur. Et on peut lire : « Un inspecteur de chemin de fer suédois vient d'échapper à une mort horrible à Galivara près de la frontière finlandaise. Il pédalait sur une draisine, dans l'exercice de ses fonctions, quand une bande de loups s'élança à ses traces. La voie par bonheur descendait, ce qui lui permit d'accélérer grandement sa vitesse. Mais arrivé au bas de la pente il faudrait la remonter; c'est là qu'il serait perdu. Par bonheur, un aiguilleur vit le danger qu'il courait. A coups de fusil, il tira d'abord le loup de tête, puis deux autres, et le reste de la bande se sauva épouvanté. Quant à l'inspecteur, il s'était évanoui de peur et le médecin qui le vit dans la cabane de l'aiguilleur où il dut rester plusieurs jours n'a pas dissimulé la crainte qu'il avait d'une grave maladie nerveuse. »

L'année suivante, le 22 mars 1903, *Le Petit Journal* publiait un dessin, à la une, représentant une bande de loups attaquant un traîneau. L'article, à la page suivante, paraissait sous le titre : « Châtiment d'un père barbare dévoré par les loups ». Et voici ce que cela donne : « Une scène effroyable s'est passée dernièrement en Russie près du village de Kovsoska. Un petit propriétaire russe rentrait chez lui d'un village voisin, dans son traîneau avec sa jeune femme et son petit enfant quand, tout à coup, il entendit dans la steppe immense de sinistres hurlements. C'étaient les loups, particulièrement nombreux cette année. Tout à coup, en effet, une bande féroce, affamée, apparaissait au tournant d'un chemin et s'élançait derrière le traîneau sur les traces des voyageurs.

« En vain, l'homme activait son attelage, le traîneau volait sur la neige glacée ; les trois chevaux, affolés par la vue des terribles carnassiers, filaient comme des flèches ; la meute affamée entourait le léger véhicule, bondissait autour des chevaux, une minute encore et il serait rejoint. C'est alors que l'homme eut une pensée effroyable, abominable. " Femme, dit-il à sa compagne tremblante, mourant de frayeur à côté de lui et tenant serré sur sa poitrine son petit garçon, femme, si nous leur jetions l'enfant ; pendant que... enfin pendant qu'il les occuperait, nous aurions le temps de nous sauver. – Que dis-tu, misérable? Tu ne feras pas cela! Jamais, jamais, j'aimerais mieux mourir. – Soit ", gronda le misérable affolé. Et, d'une vigoureuse poussée, il envoya hors du traîneau la femme et l'enfant. Il se crut sauvé au prix de ce crime atroce, le traîneau allégé fit un bond énorme en avant.

« Un hasard providentiel permit que les deux pauvres tombassent dans un trou assez profond, plein de neige, placé le long du chemin, que les loups aveuglés par la neige, haletant de fatigue, lancés à la poursuite des chevaux, contournèrent pour l'éviter sans voir la chute de la femme et de l'enfant, qui après avoir roulé dans la neige disparurent quelques minutes sous le blanc tapis. Ils continuèrent leur poursuite, plus ardente que jamais, et ils atteignirent le traîneau.

« Ainsi que son attelage, l'homme fut dévoré, justement puni de son crime épouvantable. Quant à la femme et à l'enfant, ils n'avaient été blessés ni l'un ni l'autre. Après de longs et pénibles efforts, ils purent sortir du fossé et rentrer au village, miraculeusement sauvés. »

Eh voilà, tout est bien qui finit bien; les loups ont rendu justice mieux que ne l'auraient fait les hommes. Après un tel récit, les paysans ont dû pleurer dans leur chaumière et les midinettes dans leur chambrette. Seulement l'ennui est que ce compte rendu a été mis un peu à toutes les sauces et qu'il s'est trouvé répété de temps à autre, à des intervalles parfois très longs. En voici un bel exemple.

Le naturaliste suisse Robert Hainard, qui a passé plus de nuits dehors que dans son lit, par tous les temps et en de nombreux pays, pour observer les animaux sauvages et parmi eux les loups, écrit ceci dans un de ses remarquables ouvrages, *Les Mammifères sauvages d'Europe* : « En février 1956, je passais trois jours à Bialowieza avec les gardes des bisons. Après quoi mon interprète vint me reprendre en traîneau. Le Blanc-Russien qui nous conduit, me dit-il, vient de me raconter qu'il y a une semaine, ici même, un homme, une femme et un enfant, en traîneau furent à la fin d'un après-midi poursuivis par une bande de loups. L'homme voulant que la femme jetât, pour gagner du temps, l'enfant aux loups. Elle s'y refusa. Mais, à une secousse, la femme et l'enfant tombèrent du traîneau. Les loups passèrent par-dessus eux, rattrapèrent et dévorèrent l'homme et le cheval.

« Très impressionné, poursuit Robert Hainard, car je cherchais un témoignage récent sur une attaque d'homme par des loups, je m'informai, dès mon arrivée, à l'administration du parc national de la véracité de ce récit. Le directeur, comme la zoologiste attachée au parc, m'affirmèrent qu'il était totalement imaginaire. »

Voilà donc un récit publié, le 22 mars 1903 par *Le Petit journal* avec un dessin propre à donner le frisson à tous ses lecteurs, qui se trouve repris, par un conducteur de traîneau en février 1956, soit cinquante-trois années plus tard!

Robert Hainard ignorait que la relation de ce fait divers avait été publiée plus d'un demi-siècle auparavant.

Ce genre de récit, aussi absurde, aussi faux, peut très bien faire le tour du monde et être gobé par des esprits crédules, comme il y en a encore tant. Bien entendu, chaque individu qui rapporte de telles sornettes, ne manque guère d'ajouter quelques détails de son cru afin de chercher à impressionner ceux qui l'écoutent. Ces individus, il faut le reconnaître, ne manquent pas d'imagination, mais ils ne peuvent convaincre que des ignorants toujours prêts à croire aux histoires les plus extravagantes. Le plus inquiétant pour les loups est que, de nos jours encore, l'imaginaire ait le pas sur la réalité.

Je veux citer encore un article de ce *Petit Journal.* Il est paru dans le numéro du 10 mars 1907, sous le titre : « Une situation tragique », avec en sous-titre. « Assailli par une bande de loups ». « La scène que présente notre gravure de huitième page est bien l'une des plus atroces qui se puisse imaginer. Un commerçant de Csikhoz (Transylvanie), M. Léon Hering, était parti de chez lui ces jours derniers dans un traîneau qu'il conduisait lui-même. En route, une bande de loups passa à proximité de son traîneau et M. Hering abattit un de ces animaux à coups de fusil. Il eut alors la funeste pensée d'arrêter son traîneau et de vouloir ramasser la bête qu'il avait tuée. Mais à peine avait-il mis pied à terre que les loups s'en revenaient plus nombreux et plus agressifs. Les chevaux effrayés s'emportèrent et le malheureux désarmé demeura seul, sans espoir d'échapper à la meute furieuse des fauves.

« Le lendemain, le traîneau arrivait vide à la maison de M. Hering. La femme du commerçant, folle d'inquiétude, envoya des domestiques à la recherche de son mari. On découvrit bientôt, au bord de la route, la tête et une jambe du malheureux ; le reste avait été dévoré par les loups. A quelques pas, gisant dans le fossé, se trouvait le cadavre de l'animal que M. Hering avait tué. »

Des histoires de cette même veine, je dois dire qu'il en a été publié des centaines ; quant aux illustrations, elles sont suffisantes pour inspirer les plus folles terreurs. Ces contes se ressemblent étrangement, presque dans tous les cas il s'agit de poursuites de traîneaux par les loups, qui dévorent les hommes et les chevaux. Les chroniqueurs, peu avertis du comportement des loups, écrivent dans le seul but de frapper les imaginations, de faire peur, pour vendre leur papier. Le plus élémentaire bon sens leur échappe, c'est sans doute leur dernier souci. Dans le cas de cette troisième histoire relatée par *Le Petit Journal*, il est écrit que l'on a retrouvé la tête et une jambe du commerçant ainsi que le cadavre du loup qu'il avait abattu. Or, lorsque des loups se montrent assez téméraires pour courir, non pas après des hommes, mais après des chevaux qu'ils considèrent comme des proies, c'est parce qu'ils ont une faim terrible. Il est donc pour le moins curieux que ces loups si nombreux n'aient pas mangé la tête et la jambe de leur victime. Il est au moins aussi étrange qu'ils aient laissé le cadavre de leur congénère. En effet, les loups, contrairement au dicton, se mangent entre eux, lorsque la faim les tenaille. Je tiens donc ce récit pour entièrement faux. Les loups y regardent à deux fois avant de s'attaquer à un homme et, s'ils devaient le faire, ce ne serait pas pour abandonner une partie du cadavre.

Il n'est pas exceptionnel de lire de temps en temps, mais essentiellement en hiver, lors des plus basses températures, des articles dans nos quotidiens, signalant qu'un village de Yougoslavie, de Russie ou de Laponie, à moins que ce ne soit du Canada, ait été encerclé par des loups affamés. Eh bien, cela est rigoureusement faux.

C'est faux, parce que, à la suite de la publication d'un article d'un grand quotidien dans lequel on annonçait qu'un village de Laponie était encerclé par des loups, je me suis rendu sur place et j'ai interrogé tous les Lapons, pendant plusieurs semaines. Naturellement, ils riaient de mes questions car cela n'est jamais arrivé. J'ai posé les mêmes questions à des Indiens du Canada, ainsi qu'à des éthologistes de Pologne, de Russie, de Suède, tous m'ont regardé comme si je débarquais de Saturne.

Ces histoires ont un point commun; elles se situent en général fort loin et dans les contrées les plus difficiles d'accès. Mais il serait temps que ceux qui écrivent des articles de ce genre sachent que de nos jours les distances sont abolies, notamment grâce à l'avion, et que lorsqu'on est bien décidé à effectuer une enquête on y parvient toujours en dépit des difficultés d'accès aux régions dans lesquelles les faits sont censés s'être déroulés. Le temps où l'on prenait un peu trop ouvertement les gens pour des imbéciles commence à être révolu, peut-être pas tout à fait, mais on est sur la bonne voie.

Il est intéressant de savoir comment, il y a deux siècles et plus, un homme de science de l'époque voyait les loups. Je veux parler du célèbre naturaliste Georges Louis Leclerc, comte de Buffon. Buffon n'aimait pas les loups, il partageait en cela l'opinion de bon nombre de nos contemporains. Il exprimait ainsi son antipathie : « La chair du loup est si mauvaise qu'elle répugne à tous les animaux et il n'y a que le loup qui mange volontiers du loup. Il exhale une odeur infecte par la gueule; comme pour assouvir sa faim il avale indistinctement tout ce qu'il trouve, des chairs corrompues, des os, des poils, des peaux à demi tannées et encore toutes couvertes de chaux, il vomit fréquemment et se vide encore plus fréquemment qu'il ne se remplit. Enfin, désagréable en tout, la mine basse, l'aspect sauvage, la voix effrayante, l'odeur insupportable, le naturel pervers, les mœurs féroces, il est odieux, nuisible de son vivant, inutile après sa mort. »

Quel portrait! et cependant, au milieu de tout ce fatras d'injures et d'erreurs, le célèbre naturaliste de Montbard a dit une vérité. En effet, il écrit par ailleurs. « Le loup fuit l'homme. » Et ce n'est pas une mince vérité, le loup a depuis toujours peur de l'homme; j'en fais à peu près quotidiennement l'expérience.

Pour Buffon, le temps de la gestation de la louve est de trois mois et demi et il dit : « Les mâles n'ont point de rut marqué; ils passent de femelles en femelles à mesure qu'elles deviennent en état de le recevoir. » Buffon en déduit que la chienne n'ayant une gestation que de soixante jours et la louve une gestation de cent jours, les deux espèces sont très éloignées dans la systématique, ce qui l'amène à écrire que « le chien et la louve ne peuvent s'accoupler ensemble ».

En réalité, il y a là une grossière erreur de la part du naturaliste. La louve a une gestation de soixante-deux à soixante-trois jours; le loup, lui, ne galope pas après toutes les femelles qui passent à sa portée; il est de plus remarquablement fidèle ainsi que nous le verrons. Enfin, l'accouplement louve-chien et loup-chienne est parfaitement productif et les produits sont à leur tour féconds. Je citerai encore le point de vue de Buffon : « Le loup préfère la chair vivante à la chair morte et cependant il dévore les voieries les plus infectes. Il aime la chair humaine et peut-être, s'il était le plus fort, n'en mangerait-il pas d'autre! » Sans commentaire.

Une petite histoire avant d'en terminer avec ce chapitre. C'est celle du loup qui plonge dans la vase d'une mare et va se secouer sous une mule qui ferme les yeux lorsqu'elle est aspergée et qui est aussitôt égorgée! Après cela, on dira que le loup n'est pas astucieux!

6

L'art de détruire les loups

L'homme a mis son savoir, sa science, son intelligence, ses ruses afin de venir à bout des loups. Toutes ces qualités conjuguées ont été nécessaires, pendant des siècles, pour que la peur engendrée par ce fauve s'atténue.

Il y a eu la chasse, mais, appliquée aux loups, elle prend le nom de destruction. On recherchait d'ailleurs plus précisément l'extermination. On y est parvenu dans quelques pays, dont le nôtre, mais il n'y a pas de quoi s'en glorifier.

La chasse, il faut le dire, pouvait être considérée comme le moyen le plus sportif ou le moins lâche. Il y a eu les pièges de différents modèles et, parmi eux, le plus primitif de tous : la fosse. Il y a eu le poison, la noix vomique, mais surtout la strychnine qui a grandement contribué à la fin des loups en France. Il y a enfin l'avion, l'hélicoptère, les autos-chenilles et des moyens plus diaboliques encore, tel celui qui fut expérimenté pour la première fois en 1961, dans l'Ontario.

Cette année-là, plusieurs douzaines de loups ont été capturés dans cette province du Canada.

Ces loups ont été ensuite libérés mais munis d'un petit poste de radio émetteur. Les émetteurs lancent un signal continuel de « bip bip » dont la réception permet au service de chasse et de pêche de suivre continuellement la trace des fugitifs qui ont tôt fait de rejoindre leurs congénères. Grâce à ces « traceurs radio », les services de chasse parviennent à localiser des groupes important de loups, ce qui permet d'organiser des battues afin de les détruire.

On a prétendu que les Russes se servaient de loups apprivoisés pour exterminer les bandes de loups de certaines régions. Les loups « domestiques », je cite, sont très obéissants et fort bien dressés. Ils peuvent suivre les pistes de leurs frères sauvages comme le feraient les meilleurs chiens policiers (pour ce qui est de la valeur du flair, je suis bien d'accord). Ainsi parvient-on à découvrir l'emplacement des bandes de loups. On raconte qu'au Kazakhstan, un loup dressé a permis la destruction de trois cents loups, pour lesquels une prime de cent cinquante mille roubles aurait été versée. Je n'ai pu avoir confirmation de cette information, mais le moins que je puisse dire est que je reste sceptique au sujet de ces loups domestiqués.

La domestication, c'est la transformation d'une espèce sauvage en espèce soumise à une exploitation par l'homme en vue de lui fournir des produits, ou des services. Je prétends que l'on ne domestique pas un loup. J'ai élevé de très nombreux loups, j'en ai vu des centaines, j'ai été avec certains d'entre eux dans les meilleurs termes, si je puis dire, mais je n'ai encore jamais vu un loup domestique. Un loup peut s'apprivoiser, mais se domestiquer, cela supposerait de multiples générations de loups apprivoisés et aucun homme ne vivrait suffisamment vieux pour voir cela. J'ai donc du mal à croire que des loups dressés aient pu jouer le rôle de faux frères en poursuivant leurs congénères. Je demeure très réservé par ailleurs au sujet de l'information suivante : « Les éleveurs de rennes, soucieux de protéger leur bétail, emploieraient des loups dressés comme gardiens. Toutefois, ces loups apprivoisés, en dépit de leur relative obéissance et de l'attachement dont ils font preuve à l'égard de leur maître, ne se promènent pas sans muselière ! » Bigre, jouer le rôle de gendarmes en portant une muselière, c'est étonnant, non ? Enfin, ces loups sont dits obéissants. Or pour être obéissants, il est nécessaire qu'ils vous considèrent comme un dominant, ce qui n'est pas toujours évident. En admettant même que ces loups aient été élevés au biberon, donc très jeunes, avant qu'ils n'aient ouvert les yeux, c'est-à-dire ayant moins de dix jours, ce qui en fait des animaux « imprégnés », même dans un tel cas, on a fort peu de chances d'en faire des toutous dociles et obéissants. Nous verrons plus loin les différences de comportement entre un loup apprivoisé et un loup qui a subi l'imprégnation.

Si donc je ne crois pas à ces histoires de loups obéisssants, chassant leurs congénères sauvages, il est un autre animal qui peut chasser les loups. C'est l'aigle royal *(Aquila c. chrysaëtos)*.

J'ai dressé, dans les années soixante, un aigle royal dont l'envergure était de deux mètres vingt et je crois intéressant de dire comment ce grand rapace a été utilisé à la chasse aux loups. La patience doit être la vertu dominante de celui qui tient à dresser un tel oiseau de proie. Il y a en effet quelques différences entre le dressage d'un aigle et celui d'un faucon pèlerin par exemple. Pour un faucon, le dresseur doit s'efforcer de gagner sa confiance, de lui faire oublier sa peur en l'habituant à sa présence. Ce genre de détail n'entre pas en jeu avec l'aigle royal. L'aigle, lui, n'a pas peur; en revanche il peut présenter un certain danger en raison de la puissance de ses énormes serres. Le bec, contrairement à ce que l'on croit généralement, n'est pas une arme; il ne l'utilise que pour dépecer ses proies. Une nuance encore : un aigle peut rester plusieurs jours sans manger, sans en paraître incommodé. Il n'est de ce fait pas toujours facile de l'inciter à se jeter sur le morceau de viande que vous lui présentez ou sur une proie inerte. Mais, comme tous les prédateurs, il réagit à la vue d'un animal qui fuit. Désavantage encore pour l'aigle royal; son poids qui se situe entre quatre et six kilos. Un faucon pèlerin *(Falco peregrinus)*, un autour des palombes *(Accipiter gentilis)* ne pèsent qu'un kilo s'il s'agit de femelles, plus grandes que les mâles. Il s'agit d'un avantage pour le transport sur le poing. Ils sont par ailleurs plus nerveux, plus rapides. L'aigle, quant à lui, est incomparable sur le plan de la beauté, de la majesté. Je restais muet d'admiration lorsque je voyais mon aigle voler alors qu'il passait à la lisière d'un bois de sapins sur une distance de près de trois cents mètres, en rasant la cime des arbres. Lorsque le soleil couchant jouait sur son plumage, je pensais que j'étais vraiment privilégié d'être le témoin et l'initiateur d'un tel spectacle. Un spectacle de roi, de chasseur ou de berger.

J'étais parvenu à dresser mon aigle, que j'avais baptisé Malrif, après plusieurs semaines de patience. Même la nuit, je lui rendais visite ; je lui parlais et de loin il reconnaissait le son de ma voix. Malrif m'obéissait autant qu'il est possible à un oiseau de proie de se soumettre à la volonté de l'homme. Après l'avoir habitué, dans sa volière assez vaste – quarante-cinq mètres de longueur sur quinze de largeur et cinq mètres de hauteur –, à venir sur mon bras protégé par un gant épais et en utilisant les réflexes conditionnés chers au physiologiste Pavlov, je parvins assez vite à un résultat.

Au début, lorsque je présentais un morceau de viande à l'aigle, je donnais un coup de sifflet. Il ne tarda guère à faire le rapprochement entre la nourriture et le coup de sifflet, et il vint tout naturellement se percher sur mon bras prendre la viande que je lui tendais.

Plus tard, lorsque je conduisais Malrif en montagne, craignant qu'il ne fût trop éloigné pour entendre le coup de sifflet, je lui présentais une peau de renard, que je lançais très haut et à laquelle j'avais attaché un morceau de viande autour du cou.

J'avais commencé à présenter ce leurre à Malrif et je le faisais traîner ensuite à toute vitesse par mon jeune frère. Je libérais l'aigle et aussitôt il commençait à s'élever de plusieurs mètres avant de plonger très vite sur le leurre et de dévorer la viande. Malrif était prêt pour chasser.

Lorsqu'un aigle fond sur un renard, il l'agrippe

d'une serre terrible sur le dos, l'autre serre restant en garde, de sorte que, lorsque le renard tourne la tête pour mordre son agresseur, il se trouve muselé.

Autrefois, il y avait en Urss, et notamment dans la République kirghize, des chasseurs de loups qui n'avaient pas de chiens pour auxiliaires et ne possédaient pas de fusils; mais ils élevaient et dressaient des aigles qui opéraient de la même façon que pour prendre un renard. Les chasseurs étaient à cheval et aussitôt qu'un loup avait sa course ralentie par un aigle, ils galopaient vers le lieu de la capture et à coups de pique achevaient le loup. Un aigle bien dressé parvenait à capturer cinquante loups ou autant de renards en une saison de chasse. Avec le renard, l'aigle n'a aucune difficulté; le roi des oiseaux sort toujours vainqueur de la rencontre, mais il est vrai que le grand rapace, lorsqu'il n'est pas au service de l'homme, s'emparera le plus souvent de renardeaux, plus faciles à capturer, mais surtout à emporter dans son aire pour nourrir ses petits; un seul le plus souvent.

Le loup, bien sûr, est un adversaire autrement redoutable. Il peut arriver que les terribles mâchoires du fauve se referment sur la patte de l'aigle et la brisent. Les chasseurs kirghizes, dans un tel cas, se montrent reconnaissants pour le rapace blessé au champ d'honneur et continuent à nourrir l'animal unijambiste en raison du courage dont il a fait preuve.

Il n'y a pas très longtemps que les Kirghizes se livraient à la chasse au loup à l'aide de l'aigle royal; au lendemain de la Seconde Guerre mondiale, on chassait encore le loup de cette façon dans cette République à la frontière de la Chine, ainsi qu'en Mongolie. La raison en est que les chasseurs n'avaient pas toujours les moyens de s'offrir un fusil, et ils étaient donc fidèles, bon gré, mal gré, aux méthodes ancestrales.

Mais la chasse à courre du loup était la plus prestigieuse, des rois, des seigneurs, de grands personnages s'y sont livrés. Pour le naturaliste chasseur, le Dr Obertur, la chasse à courre était sans aucun doute la plus belle expression de la vénerie française. Un grand loup, disait-il, et c'était également le point de vue des spécialistes, ne peut être forcé que par hasard. Si on l'a lancé à la vue des chiens, ou presque, ou s'il est gorgé de nourriture au point de ne pouvoir courir et reste à la hauteur des chiens qu'il tient en respect, ce sera un des veneurs qui le rejoindra à cheval et lui fracassera la tête d'un coup de carabine, mais il n'aura pas été vraiment forcé. Il était admis que l'on pouvait tirer sur cet animal sans déroger aux règles de la vénerie. Sans doute quelques grands loups ont-ils été forcés, mais a quel prix?

C'est le Grand Dauphin attaquant un vieux loup dans la forêt de Fontainebleau et le prenant quatre jours après aux portes de la ville de Rennes. C'est encore le sire de Bois Couteau découplant sa petite meute près d'Angoulême sur un loup qui finit par se noyer avec tous les chiens surpris par la marée montante dans l'estuaire de la Gironde.

A. Delacour a mentionné la chasse de quatre officiers de la gendarmerie de Lunéville qui prirent un loup en trois journées après trente-neuf heures de laisser courre. Partis des environs de Nancy, ils se retrouvèrent près de Trèves, où les habitants les accueillirent comme des libérateurs !

Louis XIII aurait été non seulement un grand chasseur de loups, mais encore la vocation lui serait-elle venue à un âge tendre. En effet, alors qu'il avait neuf ans, il écrivait à sa sœur aînée : « Ma sœur, je vous envoie deux piés, l'un de loup, l'autre de louve que j'ay pris hier à la chasse ; je courray après midi le cerf, j'espère qu'il sera malmené. »

Comment se déroulait la chasse à courre du loup ? Je crois qu'il faut faire confiance à la compétence de J.-A. Clamart qui la décrit ainsi : « Si le piqueur a une bonne brisée, il doit se poser aux grands devants seulement et non à l'enceinte, ainsi qu'un relais de chiens et même plusieurs si possible. Le valet devait se placer à cent pas de la brisée en tenant ses chiens bien préparés à être découplés plus tard, et le piqueur attaquera avec les chiens destinés à l'attaque. Au lancer, le piqueur sonne le lancé, la fanfare du loup, le débuché, la vue et après le bien allé. Dès que le loup passe sur la ligne, les chasseurs doivent le tirer, même de loin et aussitôt après; s'ils l'ont manqué, ils sonnent la vue. A l'arrivée du loup au relais, le valet après avoir laissé passer les chiens, doit découpler les siens sur la voie ; le piqueur à cheval coupe le devant et sonne le bien allé ou la vue ; alors tous les chasseurs qui sont à cheval suivent la chasse le plus vite possible et en même temps, ils donnent le plus qu'ils peuvent des bien allé ou des vue. Tout ce bruit intimide le loup, quelquefois même il ne sait plus où il est, surtout si c'est un louvart et alors il se laisse forcer. »

Il pouvait arriver que le louvart se voyant pris, s'adossât à un arbre et ses arrières étant ainsi protégés, il tenait tête aux chiens qui hésitaient devant les redoutables mâchoires. Les chasseurs suivaient et tuaient le fauve à la carabine ou l'égorgeaient au couteau.

Avant de poursuivre, il importe de dire que dans le vocabulaire de la vénerie, le loup porte le nom de louveteau de sa naissance à l'âge de six mois; ensuite il est dit louvart jusqu'à un an, puis jeune loup jusqu'à deux ans; il est dit loup entre deux et quatre ans; grand loup jusqu'à cinq ans, vieux loup de cinq à huit ans et grand vieux loup au-delà de huit ans.

Revenons aux chasses pour dire que l'un des plus grands destructeurs de loups était M. Denneval, qui ainsi que nous l'avons vu dans le chapitre consacré à la Bête du Gévaudan, avait tué mille deux cents loups. Ce qui ne l'empêcha pas d'échouer dans ses tentatives de tuer la Bête, laquelle, il est vrai, n'était pas un loup.

L'un des plus célèbres louvetiers dont l'histoire ait retenu le nom, fut probablement le marquis du Hallay. Il ne prit lui également pas moins de mille deux cents loups en l'espace de cinquante ans. Arrêté pendant la Terreur et pressentant le sort qui l'attendait, le gentilhomme de vieille souche vit les portes de sa prison s'ouvrir à la demande des populations qu'il avait préservées des déprédations des loups et que son absence livrait sans défense à leurs attaques. Un acte de mise en liberté dûment légalisé lui enjoignait de courir sus aux loups jusqu'à parfaite destruction. Or la destruction de ces terribles hôtes pouvant compromettre la vie et la liberté du marquis du Hallay, l'habile veneur, sans toutefois détruire jusqu'au dernier des loups, leur fit une guerre si acharnée, que sur une nouvelle attestation des services rendus aux populations de la Normandie et de la Picardie, ses biens lui furent restitués. Ainsi les loups ont sauvé la vie et la fortune du marquis du Hallay, le premier veneur de son temps.

Ce gentilhomme ne fut pas le seul à devoir sa liberté et sa vie aux loups. D. Bernard cite le cas, pour le nord de la France, de la baronne de Draeck (1747-1823), surnommée la Diane de Brédenarde ou la baronne aux loups, dont les exploits cynégétiques sont restés légendaires en Artois. Petite fille, elle se glissait déjà dans une carnassière et accompagnait son oncle Alexandre de Lauréteau dans ses chasses.

Chez les Ursulines de Saint-Omer, elle entreprit d'exterminer tous les rats du couvent et quand elle eut épousé Lamoral de Draeck, elle résolut de détruire les loups. Devenue indispensable et populaire, elle put ainsi rester, à la demande des autorités révolutionnaires, dans son château de Zutkerque et continua tranquillement ses chasses. Elle ne quitta plus l'habit d'homme jusqu'à la fin de ses jours.

Le Suédois Christian Dammechild-Samsoë a raconté comment un remarquable skieur parvenait à tuer des loups à la lance. Quand la neige épaisse commençait à fondre ou n'était recouverte que d'une mince croûte, ne pouvant supporter le poids des loups, un skieur habile pouvait les rattraper et les tuer d'un coup de lance, soit en enfonçant l'arme dans le corps de la bête, soit en lui assenant un coup sur le museau.

Ce genre de chasse peut être qualifié de sport, car on laisse à l'animal une chance de s'échapper et le chasseur doit fournir un effort physique considérable. Pour attraper les loups dans ce genre de chasse, on utilisait des skis légers et larges, capables de porter le chasseur sur la neige molle.

Dans *La Chasse aux loups en Russie*, A. de Tarteion de Camprieux décrit cette chasse : « Protégés de la tête aux pieds par d'épaisses fourrures et armés jusqu'aux dents, quatre hommes, sans compter le cocher, se placent dans un traîneau le plus souvent attelé d'un seul cheval afin que les loups ne soient pas effrayés et prennent le petit groupe de chasseurs pour de simples paysans allant aux champs (au clair de lune, les loups n'y regardent pas de si près, hormis le fait que les paysans ne cultivent généralement pas leurs champs la nuit (avec ou sans lune).

« Derrière le véhicule qui va lentement et glisse sur la neige, est attachée une corde longue de quatre mètres environ au bout de laquelle traîne une botte de fumier pris dans une porcherie. De temps à autre un des hommes a soin de tirer l'oreille ou la queue d'un petit cochon qu'il tient entre les jambes. Bientôt, les loups affamés sont attirés par l'odeur du fumier et les grognements de l'animal. Ils arrivent de toutes parts et croyant saisir leur proie, se jettent sur la botte de fumier, moment que les chasseurs attendent pour les fusiller presque à bout portant. Mais cette chasse, fort amusante l'hiver, devient parfois très dangereuse au printemps lorsque les loups entrent en chaleur et vont par bandes de vingt à trente suivant les traces d'une femelle. »

En Angleterre, il n'y a plus de loups depuis longtemps. Comment les Anglais se sont-ils débarrassés de ces canidés? D'une manière assez simple. Chaque village était soumis à un impôt et devait fournir un certain nombre de têtes de loups chaque année.

En Allemagne, on s'était débarrassé des loups en employant la même méthode, mais dans ce pays, des loups de Pologne ont pu, à la faveur des guerres de la révolution, conquérir les territoires laissés libres.

On a également chassé le loup en battue. Ce genre de chasse a fait l'objet d'une ordonnance en 1601, qui devait être confirmée par une nouvelle ordonnance en 1669. Elle encourageait les seigneurs à faire rassembler les habitants de leurs terres, de trois mois en trois mois, pour détruire les loups. Il leur était prescrit de ne pas attendre que les villageois se plaignissent de leurs méfaits. Juges de lieux et greffiers de maîtrises devaient être avertis de l'exécution de ces chasses, appelées communément battues ou huées... Le juge ordonnait le jour, l'heure et le lieu du rassemblement où tous les habitants étaient tenus de se rendre, avec les munitions dont ils disposaient. Le garde de la terre procédait à l'appel des requis assemblés au rendez-vous et notait les absents sur son rôle. Une amende était prévue pour punir leur défaillance, considérée comme inexcusable puisque les battues n'avaient lieu que les jours de fête ou les dimanches, après le service divin, pour ne pas gêner les travaux de la campagne.

Le commandant de la battue séparait les présents en deux bandes : les batteurs d'un côté, les tireurs de l'autre. Les batteurs partaient avec le garde qui les plaçait de distance en distance autour du bois et il s'arrangeait pour qu'ils aient toujours le vent dans le dos... Les tambours, il y en avait parfois, occupaient le centre et les ailes. L'équipe des tireurs suivant le commandant qui les laissait l'un après l'autre, à leur poste, le vent au visage et de façon à ce qu'ils se voient l'un l'autre de gauche à droite. Les meilleurs d'entre eux occupaient les fonds et les ravins où passent ordinairement les loups.

Au signal du commandant, donné par un coup de pistolet, les tireurs ouvraient l'œil et les batteurs pénétraient dans l'enceinte.

Elzéar Blaze, le spirituel auteur de ces classiques de la chasse que sont *Le Chasseur au chien courant* et *Le Chasseur au chien d'arrêt*, a raconté dans le dernier de ses ouvrages une anecdote qui mérite d'être rapportée. « Nous étions en Pologne, campés près de la petite ville de Sochacew, à seize lieues de Varsovie. Nous apprenons que dans une forêt voisine il existe beaucoup de loups et un beau matin tous les amateurs du régiment se rendent à la chasse aux loups. Deux clans sont lancés; je me place, un loup arrive à vingt pas de moi; je le tue. Hallali! Tous les chasseurs accourent; le loup était superbe, mais il n'avait que trois pattes, une de celles de devant manquait. " Il l'a peut-être perdu à la bataille d'Eylau ", dit un vieux troupier. Un second loup est tué, nous regardons, il ressemble au premier, la jambe est bien coupée, le poil a recouvert la blessure; on pourrait croire qu'il naquit avec une jambe de moins. Un troisième, un quatrième loup tombent sous nos coups et notre étonnement redouble ; ils n'ont que trois jambes et celle qui manque est toujours une de celles de devant.

« Un bel esprit du régiment prétendit nous prouver qu'en Pologne, les loups naissent ainsi ; plusieurs commençaient à le croire car comment imaginer que par hasard quatre animaux eussent jadis été blessés précisément de la même manière ? Je voulus en avoir le cœur net et savoir, s'il était possible, la raison d'un fait si bizarre. Je me dirigeai vers la demeure du garde forestier située à deux lieux de l'endroit où nous chassions ; voici quelle fut sa réponse : les peaux de nos loups sont très recherchées dans le commerce. Au printemps nous tâchons de découvrir les places où les louves ont mis bas et nous coupons une patte à toutes les jeunes femelles. La mère lèche la plaie qui guérit rapidement. Ces louves à trois pattes courent moins vite que les autres ; elles restent dans le pays. Quand vient le temps du rut, elles attirent tous les loups des forêts voisines et nous les tirons. Cette explication me parut fort satisfaisante et j'étonnai beaucoup notre naturaliste lorsque je lui prouvai qu'en Pologne, les loups, voulant rester dans la classe des quadrupèdes, avaient l'excellente habitude de naître avec quatre pattes comme partout ailleurs. »

Sous la Révolution et l'Empire, les loups étaient nombreux en France ; les fusils étant occupés ailleurs, ils croissèrent et multiplièrent. Dans l'ouvrage *L'Homme et le Loup*, de Daniel Bernard, il est rapporté que dans le Sud-Ouest, au printemps de l'année 1802, des bandes de cinq à six loups se sont introduites dans des parcs et des bergeries situés sur la commune des Sabres, dans les Landes, et y ont dévoré près de six cents moutons et brebis. En Normandie, la prolifération des fauves est telle qu'elle met en péril l'élevage local. Gérard Derrivières, ex-législateur à la Chambre des députés, s'en plaint dans une lettre du 28 janvier 1817. « Depuis vingt-sept ans, on a négligé de détruire les loups qui se sont tellement multipliés qu'ils dévastent tout dans le voisinage des forêts et des bocages. Ils mangent les chevaux, les poulains, les veaux de lait, les moutons et même les chiens jusque dans nos cours, de sorte que, pour notre propre conservation et celle de nos bestiaux, nous sommes obligés d'avoir quantité de forts chiens qui consomment beaucoup de vivres. Dans nos pays de bocage, avant la Révolution, nous faisions beaucoup de beaux et bons élevages en chevaux, maintenant nous ne produisons que des rosses de la plus chétive espèce et encore en très petite quantité, parce que pour empêcher qu'ils ne soient mangés par les loups, nous sommes obligés de les faire enfermer tous les soirs et de les nourrir à la crèche en tous temps. Ils nous coûtent plus à nourrir qu'ils ne valent quand ils sont parvenus à l'âge de servir, ce qui dégoûte les cultivateurs. La dégénérescence des bêtes mal nourries et les coûts accrus de l'élevage provoquent une réaction peu ordinaire ; on hésite à faire couvrir les juments. La plupart des cultivateurs font même boucher les matrices de leurs juments pour qu'elles ne puissent se laisser couvrir par des étalons de rencontre, et souvent, quand une jument a mis bas on délibère en famille si on élèvera ou si l'on tuera le poulain. »

On chassait encore le loup à l'affût ; c'était, bien sûr, un moyen moins noble que la chasse à courre, mais cela exigeait une bonne dose de patience. Les chasseurs qui savent combien est développé le flair des bêtes sauvages, peuvent se demander comment le loup n'éventait pas l'homme qui l'attendait. Il y avait un moyen qui paraît-il donnait d'excellents résultats ; il suffisait de neutraliser l'odeur du chasseur par une odeur plus forte.

J.-A. Clamart a raconté comment il tuait les loups à l'affût : « Quand je sais qu'il y a des loups dans un pays, surtout à une époque de mortalité dans les bestiaux, je choisis un terrain à une certaine distance des habitations et de préférence marécageux, long et large d'environ vingt mètres. J'enterre au milieu un tonneau que j'entoure, à la distance de trente centimètres environ, d'une espèce de haie d'épines haute de un mètre ; j'y traîne quatre bêtes mortes que j'enterre aux quatre côtés, à la profondeur de soixante centimètres à un mètre en recouvrant de trente centimètres de terre. Cela forme quatre fosses en contrebas desquelles j'établis un petit canal d'un à deux mètres de longueur sur soixante centimètres de largeur avec autant de profondeur. Ces canaux serviront à recevoir l'eau putréfiée produite par le corps de la bête pendant qu'elle se décompose et de laquelle le loup est très avide. La chair ainsi enterrée, surtout si le lieu est marécageux, durera longtemps. Le loup en a bientôt connaissance par les émanations. Cependant dans les premiers jours il n'est pas encore assez courageux pour aborder; plus tard il se rassure et il s'habitue. Quand j'ai remarqué qu'il a gratté, mangé à la bête et bu de l'eau putréfiée, un soir où il y a clair de lune je me place au tonneau. De onze heures du soir à deux heures du matin, le loup accourt au galop et sans méfiance; l'odeur des bêtes mortes qui lui est arrivée de tous les côtés l'ayant empêché de m'éventer; il se met tranquillement à manger et je le tue. »

Pas plus difficile que cela, mais il me semble qu'il y avait au moins deux inconvénients à ce genre d'affût. Il fallait disposer du temps nécessaire pour le préparer et il fallait absolument être capable de résister à l'odeur. Passe pour les loups, ils savent que l'odeur ne se mange pas, mais pour l'homme ce ne devait pas être une partie de plaisir; il est vrai que qui veut la fin veut les moyens.

Le Suédois Damneskild-Samsoë a décrit quelques étonnants moyens de se débarrasser des loups. « Dans une seule région de la province de Jäntland, on utilisait des moyens très raffinés, en ce qui concerne la destruction des loups. D'après le directeur du Musée lapon à Stockholm, le Dr Manker, on mettait tout simplement une branche de genévrier recourbée dans un morceau de viande. La branche était aiguisée aux deux bouts avec une fibre. Quand les loups avalaient la viande, la fibre se déliait, la branche se redressait et blessait le loup à mort.

En Suède aussi, l'avion a été utilisé contre les loups, mais, contrairement à ce qui avait lieu en Russie, en Norvège ou au Canada, on ne tirait pas les loups de l'avion; l'appareil servait seulement à les repérer pour indiquer aux chasseurs où ils se trouvaient.

Frison-Roche, dans *Les Seigneurs du Grand Nord*, cite le cas du Dr Pearson. « Un jour, dans une fosse aménagée en piège, un loup se trouva pris; descendant dans la fosse, j'ai attrapé le loup à bras le corps; l'animal était terrifié et je l'ai sorti de sa fâcheuse position en le déposant à terre. Je m'attendais à ce qu'il se sauve immédiatement. Eh bien, non, la bête restait couchée à mes pieds, le museau au ras du sol, la queue entre les jambes, paralysée! Il fallut presque l'invectiver pour qu'elle reprenne la liberté. »

La fosse, nous l'avons vu, a été le moyen le plus anciennement utilisé et dont l'efficacité était reconnue, encore qu'un grand chasseur du XIXe siècle ait écrit que, dans les fosses on prenait plus d'ecclésiastiques plongés dans la lecture de leur bréviaire que de loups!

Un loup capturé dans une fosse se laisse prendre sans difficulté. On a pu admirer le courage de ceux qui allaient s'emparer ainsi d'un loup bien vivant au fond d'une fosse. Voilà une réputation bien surfaite; le loup pris dans une fosse est terrorisé; s'il le pouvait, il se réfugierait dans un trou de rat.

Il est évident que chaque loup possède sa personnalité. Certains se laissent prendre par la peau du cou; c'est la meilleure façon de tenir un loup, qui perd tous ses moyens lorsqu'il est soulevé de terre, au point de ne pas même être tenté de mordre. D'autres esquisseront une attitude de défense en montrant les dents; une tentative d'intimidation qui, il faut le reconnaître, réussit souvent. Je n'ai rien d'un héros et j'ai pris très souvent des loups en les maintenant solidement par la nuque. Leur regard manquait de cordialité, mais je savais que le loup était plus effrayé que moi.

Différents systèmes de pièges ont été employés, mais un loup est toujours beaucoup plus difficile à prendre qu'un renard, qui a pourtant la réputation d'être plus malin. Pièges en fer armés de terribles mâchoires, vers lesquels le fauve était attiré par la traînée d'une charogne dans plusieurs directions se rejoignant à l'endroit du piège.

On a utilisé la chambrée, qui était une sorte d'enceinte formée de pieux élevés à un mètre soixante-six au-dessus du sol (admirez la précision), et placés à seize centimètres de distance les uns des autres de manière à reproduire l'aspect d'une claire-voie dont la porte, restée entrouverte, mais mise en communication avec un appât, se referme au moindre contact.

Le progrès aidant, de nouveaux systèmes de capture furent envisagés. Quelques-uns pouvaient se révéler dangereux pour les hommes eux-mêmes; telle la batterie, une sorte de piège fait de fourches sur lesquelles reposent des fusils braqués sur la proie que le loup est censé dévorer.

En principe, les écriteaux signalaient la proche présence de tels pièges mais, à cette époque, tout le monde ne savait pas lire. Tous ces pièges, toutes ces inventions n'avaient en fin de compte pas tellement d'influence sur les populations de loups. Mais on ne devait pas tarder à découvrir des moyens plus efficaces : le poison notamment; une arme de lâche, dira-t-on, mais lorsqu'il s'agissait des loups, les hommes ne considéraient pas que leur amour-propre pouvait être en jeu. On commença par utiliser l'arsenic, sans grand succès, puis vint la strychnine, qui a le triste honneur d'avoir grandement contribué à l'extermination des loups dans notre pays.

Avec le XXe siècle vinrent l'avion et l'hélicoptère. Ces moyens ne furent jamais employés chez nous, et pour cause, il n'y avait plus de loups! D'ailleurs, malgré les avantages que possèdent les avions dans le domaine de la destruction des loups, ils n'auraient pas pu mettre l'espèce en danger d'extermination. Diverses conditions doivent être réunies. Le temps doit être favorable; il est nécessaire que les loups se trouvent dans la steppe ou dans de vastes étendues, sans refuge possible; s'il y a un coin de forêt proche, les loups ne manqueront pas d'y aller s'y réfugier.

En Russie, en 1958, sur 18 660 loups abattus, les chasseurs aviateurs n'en ont tué que 270. Cependant, en 1956, un spécialiste qualifié de « grand sportif » aurait détruit, bien à l'abri dans son petit avion, 820 loups, en Tartarie et en Tchouvachie. L'avion et l'hélicoptère ont par ailleurs un défaut majeur, ils reviennent fort cher, de sorte qu'ils ne sont utilisés que dans des circonstances particulières.

En Pologne, la chasse la plus répandue est la chasse au « flader ». Elle se déroule en hiver quand la neige permet de suivre facilement les traces des loups. Les traqueurs découvrent les fourrés, les taillis dans lesquels les fauves se reposent et les entourent de cordes auxquelles sont suspendus des morceaux d'étoffe de couleur rouge. Ces banderoles agitées par le vent forment un barrage suffisant pour les loups qui n'osent les franchir. Les rabatteurs dirigent alors les loups vers les chasseurs. Cette chasse est, paraît-il, dangereuse pour les chasseurs, auxquels on recommande de ne tirer qu'avec discernement et à coup sûr.

Parfois, les moyens mis en œuvre pour traquer un malheureux loup apparaissent aussi disproportionnés que ridicules. Ainsi en janvier 1954, dans le département de l'Isère, on a mobilisé un hélicoptère, cinq brigades de gendarmerie et trois mille chasseurs pour livrer bataille à une louve et à ses louvarts qui ne s'étaient cependant jamais signalés par des dégâts importants. La louve parvint pourtant, malgré cet imposant déploiement de forces, ou plus exactement grâce à cet imposant déploiement de forces, à s'échapper. Le mâle avait été tué quelques jours plus tôt, à Vignier dans l'Isère, et sa dépouille a orné une salle de la mairie de Morestal.

La Suisse aussi a eu son loup. Cela se passait au cours de l'hiver 1946-1947, la presse publia des informations au sujet du « monstre du Valais », parlant, a écrit le Pr H. Hediger, tantôt d'un lynx, tantôt d'une panthère, ou même d'une famille entière de panthères. Pendant deux ans, ce monstre réussit à faire parler de lui. Il s'agissait du fameux loup d'Eischoll qui fut tué par un paysan à l'affût le 27 novembre 1947. Mais, avant, on avait tout tenté ; mobilisation de brigades de gendarmerie et de volontaires de toutes les localités de la région. On utilisa les pièges les plus divers, des appâts empoisonnés. On eut même recours à la science d'un dompteur de fauves, comme si un dompteur avait des connaissances suffisantes pour identifier des empreintes. Bref, pour les gens qui dans cette affaire avaient conservé leur sang-froid, tout ce remue-ménage était grotesque.

En France, au XIXe siècle, la lutte contre les loups n'était pas terminée. Dans le Gévaudan, 62 loups furent tués dans le courant de l'année 1800; 50 en 1801, 55 en 1802, 41 en 1803, 18 en 1804, 5 en 1805, 2 en 1806, 14 en 1815, 22 en 1816 (la lutte reprenait plus sérieusement avec la fin des guerres de l'Empire), 44 en 1818, 20 en 1819, 38 en 1880 et 18 seulement de 1883 à 1898.

Sur le plan national, les statistiques officielles indiquent qu'on tua en France 10 789 loups entre 1818 et 1829. En 1883, ce sont 1 306 loups qui s'inscrivaient aux tableaux des chasseurs. En 1890, dit le comte Le Couteux de Canteleu, 461 loups ont été abattus dans notre pays, dont 236 pris à la chasse par vingt-sept équipages chassant cet animal concurremment avec le cerf, le sanglier ou le chevreuil.

Dès lors, le nombre des loups tués en France diminua rapidement. Ce ne sont plus que des loups isolés qui sont abattus. En Poitou, le lieutenant de louveterie Bost-Lamondie prit ou tua plus de 60 loups ou louvarts entre 1907 et 1912. Ses chiens excellents avaient été obtenus par le croisement d'une louve prise au liteau le 27 mai 1907 dans La Montrée, commune de la Ferrière avec « Qui Vive », bâtard du haut Poitou acheté à l'équipage de Grailly.

Après la Première Guerre mondiale, on ne parla presque plus des loups en France ; du moins avaient-ils cessé de commettre des méfaits. Pourtant, dans le département de la Marne, peu après la fin de la guerre, on prit vingt-deux louveteaux. En janvier 1926, un loup fut tué près de Sussac en Haute-Vienne. La même année, en septembre, une louve a été tuée dans la région de Gonfalun. Un autre en 1927 dans les Deux-Sèvres. Une louve qui nourrissait quatre louveteaux était abattue dans la Charente le 28 mai 1932 ; trois loups auraient été aperçus en Franche-Comté en 1932 et deux en 1933.

Le naturaliste suisse Robert Hainard a rapporté qu'un louveteau a été tué pendant l'hiver 1945-1946 par des chasseurs de l'Auteroche dans la région de Flavigny-sur-Ozerain (Côte-d'Or). En Lozère, dans le Gévaudan de fameuse réputation, un loup adulte était tué dans le canton de Grandrieu le 31 décembre 1951. Des habitants de la région ont prétendu que le chasseur était à l'affût d'un lièvre et avait tué le loup, mais, afin de ne pas avoir d'ennui (il y avait de la neige et la chasse est interdite en temps de neige), il aurait déclaré qu'il pistait le loup qui avait égorgé un mouton.

Dans le Cantal, à La Ribeyre, en 1952, deux loups auraient été empoisonnés sur le cadavre d'un poulain. La même année, un loup de huit à dix ans a été tué près de Rumilly en Haute-Savoie et identifié comme tel par le Dr Baronne, vétérinaire à Lyon.

En Belgique, d'après le naturaliste Serge Frechkop (Faune de Belgique), les derniers loups ont été tués en 1844 : deux spécimens, mâle et femelle, aux environs de Saint-Hubert (province de Luxembourg). Ils ont été reçus en don du roi Léopold Ier et se trouvent naturalisés dans la collection de l'Institut royal des sciences naturelles de Belgique, de même que les exemplaires suivants : une femelle tuée tout près de Liège, en 1847, un loup capturé dans les Ardennes, en 1856; deux mâles tués dans le domaine des Amenois à Muno (province de Luxembourg) par le comte de Flandre.

Je me dois de parler encore d'une histoire assez récente, qui a fait couler beaucoup d'encre et qui a coûté fort cher. Il s'agit de la Bête des Vosges. Cette bête n'avait tué aucun être humain, mais pendant quelques semaines elle fut aussi populaire que la Bête du Gévaudan, peut-être même davantage, car elle a bénéficié d'une publicité dont on ne pouvait avoir une idée il y a plus de deux siècles.

C'est au cours de l'hiver 1977-1978 que cette bête se manifesta. Elle avait sur la conscience un certain nombre de moutons, qu'elle aurait en partie dévorés. Toute une région fut sinon sur le pied de guerre, du moins pouvait-on dire qu'il s'agissait de grandes manœuvres. Branle-bas de combat avec bien sûr les lieutenants de louveterie, les gendarmes, les paysans, les pompiers et aussi les porteurs de fusil des environs.

Cette bête des Vosges, on la voyait un peu partout; à peine une brebis était-elle égorgée par quelque roquet qu'on la mettait sur son compte. Déjà toutes les terreurs d'autrefois refaisaient surface. Les journalistes ont pu laisser libre cours à leur imagination. Il est vrai qu'ils n'avaient pas de gros efforts à faire, tout le monde se passionnait pour ce fait divers.

Conclusion : cette bête des Vosges a emporté son secret; un beau jour elle cessa de tuer des moutons. Les guérilleros se lassèrent à force de revenir bredouilles; mais l'honneur était sauf, en participant ils avaient acquis une part de gloire. Chacun a les émotions qu'il mérite!

Dans le département de la Lozère, à la même époque, un autre loup fit parler de lui; il s'agissait du loup de l'Aubrac. Il eut moins de chance que son collègue des Vosges car il était tué le 20 juin 1977 par un berger dont il poursuivait le chien. Ce loup avait tenté sa chance avec les moutons et un jour – il devait avoir une faim terrible ce jour-là – il tua un jeune taureau du poids de quatre cents kilos. Le chroniqueur du journal local écrivit sans rire qu'après avoir tué ce taurillon, le loup en mangea la moitié en une nuit. La Lozère, c'est presque le midi de la France, mais, tout de même, un loup qui engloutit six ou sept kilos de viande a surtout envie de digérer en paix, car il ne ressent plus les affres de la faim, mais plutôt les affres de l'indigestion. Alors la moitié d'une proie de quatre cents kilos...

Une question se pose aujourd'hui. Ces loups isolés, bête des Vosges, bête de l'Aubrac, bête des Landes, d'où venaient-ils? Il y a quelques décennies on aurait prétendu qu'ils venaient d'Italie, d'Espagne ou de Pologne. Depuis, et quoique le loup reste, aux yeux du plus grand nombre, un animal dangereux, on commence à mieux le connaître, et cela en partie grâce à des enseignants intelligents qui ont entrepris de le réhabiliter auprès de leurs élèves.

Il arrive parfois que des adultes visitant un parc à loups découvrent des louveteaux. Oh! Comme ils sont mignons! Et aussitôt naît l'envie de posséder une de ces adorables petites boules de fourrure. Dans certains cas, il faut y voir un débordement d'affection; dans d'autres, il y a une belle part de snobisme. Quel que soit le motif, on fait l'acquisition d'un louveteau.

Les mois passent, le louveteau devient louvart et ensuite loup et sa personnalité tend à s'affirmer. Il faut savoir qu'un loup ne peut pas être un « toutou à sa mémère ». Il s'agit d'un animal social qui vit au sein d'une société très hiérarchisée. Il aime dominer et dans les jeux qui l'opposent à son maître, il risque de se montrer un tantinet brutal. Un jour viendra où le maître commencera à avoir des doutes sur sa supériorité, la crainte va s'insinuer dans son esprit. Le loup, par exemple, pourra montrer ses crocs à quelques centimètres de la gorge de son maître, comme il le ferait à l'égard d'un de ses congénères s'il vivait au sein d'un clan. Alors, le maître n'hésitera plus, il voudra se débarrasser du loup, qui moins de deux ans auparavant était un louveteau si mignon. Il ne le confiera pas à un parc zoologique, où il juge qu'il serait malheureux, enfermé dans une cage trop petite. C'est alors qu'il envisagera de le rendre à la liberté, à la vie sauvage!

Le maître a tendance à croire que dans une région restée à l'écart des grandes cités et relativement riche en gibier, le loup se débrouillera et c'est dans un tel secteur que le loup retrouvera la vie de ses ancêtres. Pas tout à fait! Parce qu'ayant été nourri par l'homme depuis son plus jeune âge, il aura acquis cette si désagréable habitude de la facilité. Il a été bien nourri sans avoir à consentir le moindre effort pour cela; ses repas lui étaient servis, sinon sur un plateau, du moins dans une écuelle.

C'est la raison pour laquelle ce loup, rendu libre, cherchera en priorité une nourriture facile : un mouton, un veau, une volaille, et il ne tardera généralement pas à être abattu, à moins qu'il n'ait eu beaucoup de chance, comme la bête des Vosges.

On n'en finirait pas de dire tout ce qui a été mis en œuvre pour se débarrasser des loups. Ainsi, au Canada on a fait, parfois, preuve d'autant d'ignorance que de mauvaise foi à l'encontre des loups. Par exemple, quand en 1953, les caribous hivernèrent près de Yellowknife, les gens du pays en massacrèrent environ cinq mille. Les passagers d'un avion racontèrent que toute la région était jonchée de cadavres de caribous « tués par les loups »! Ce fait divers est relaté par Loïs Crisler dans son livre *Artic Wild*. Un autre exemple donné par Loïs Crisler. « Le conducteur d'un attelage de chiens avait été tué par des loups, dit le propriétaire de l'attelage. L'enquête révéla que l'homme avait été tué par les chiens et que le propriétaire accusait les loups pour n'avoir pas à abattre ses chiens. »

Au temps de la Bête du Gévaudan, les auteurs des divers ouvrages ont considéré que les loups étaient une entrave au développement économique de la région. Mais, plus avertis, les paysans savaient que les loups n'étaient aucunement responsables de l'abandon des champs.

Pour clore ce chapitre, il faut souligner que l'attribution de primes pour la destruction des loups a joué un rôle considérable. Sous la Convention, en raison de la prolifération de ces prédateurs, des primes considérables ont été attribuées à ceux qui détruisaient les loups : trois cents livres pour chaque louve pleine détruite ; deux cent cinquante livres pour chaque louve non pleine ; deux cents livres pour chaque loup ; cent livres pour chaque louveteau au-dessous de la taille d'un renard.

Mais l'ardeur des chasseurs faiblissait lorsque les primes diminuaient ; alors le nombre des loups devenait plus grand et à nouveau il fallait augmenter les primes afin d'éviter leur prolifération.

En 1882, sous la présidence de Jules Grévy, des primes furent encore attribuées. Leur montant était de cent francs par tête de loup ou de louve non pleine ; cent cinquante francs par tête de louve pleine et quarante francs par tête de louveteau (était considéré comme louveteau l'animal dont le poids se situait au-dessous de huit kilos). Enfin s'il était prouvé qu'un loup s'était jeté sur des êtres humains, celui qui le tuerait aurait droit à une prime de deux cents francs.

Il faut rappeler que dans notre pays, c'est Charlemagne qui le premier s'émut des méfaits des loups et, en l'an 813, il y eut des officiers spéciaux, les lupardi, qui étaient chargés de défendre les paysans contre les loups. La charge de louvetier fut abolie au Moyen Age ; elle devait être reconstituée sous Charles VI en 1404.

L'institution de la louveterie apparaît avec une ordonnance de janvier 1583, par laquelle Henri III enjoignait aux agents forestiers de rassembler des hommes de leur arrondissement, un par feu, avec armes et chiens propres à la chasse aux loups et cela trois fois l'an, aux époques les plus commodes.

Le grand louvetier de France était le chef d'une véritable armée de lieutenants et de sergents louvetiers.

Sous la Révolution, la louveterie fut supprimée, mais Napoléon rétablit le Grand Louvetier de France, dont la charge se confondait avec celle de Grand Veneur. C'est du Premier Empire que datent les charges de lieutenants de louveterie nommés dans chaque département et en nombre variable par les préfets, avec l'agrément des conservateurs des Eaux et Forêts. Il faut dire que la fonction de lieutenant de louveterie est devenue surtout honorifique.

De nos jours, les lieutenants de louveterie n'exercent plus leurs talents que sur les renards, les sangliers et autres animaux dits nuisibles.

En 1966, l'Assemblée nationale décidait, sur la proposition du député Bricourt, de moderniser la louveterie et d'adapter le corps des lieutenants de louveterie à l'économie moderne.

7

Dictons et croyances

Le loup a su inspirer la crainte et, de ce fait, il a tenu une grande place dans la vie des hommes. Il était inévitable qu'il fût choisi par les conteurs, les fabulistes, les chasseurs. Il était inévitable que ses méfaits fussent grossis, multipliés, déformés, enjolivés. Il était inévitable que le loup entrât vivant dans la légende.

Dans mon jeune âge, j'ai écouté de braves gens essayant de me faire partager leur peur. Ils prétendaient avoir été témoin de faits extraordinaires de la part des loups. Parfois ce sont leurs parents qui en avaient été les témoins. Ce que j'ai pu entendre sur les loups est à peine croyable. Il suffit pourtant de questionner ces paysans pour se rendre compte, très vite, que leurs récits sont loin de refléter la vérité.

Cependant, j'ai connu de braves bergères qui étaient des petites filles à la fin du siècle dernier et qui m'ont dit spontanément que ces fauves n'étaient que des voleurs de mouton, mais que jamais aucun ne s'était montré menaçant à leur égard. Elles n'avaient pour toute arme qu'un bâton, et elles ne s'imaginaient pas être devenues des héroïnes parce qu'elles avaient fait reculer un loup. Cela dit, elles ne demeuraient pas moins persuadées que les loups étaient dotés de pouvoirs magiques.

Ce sont surtout les contes qui ont propagé les histoires extraordinaires sur les loups. Ces contes, on les répétait le soir, à la veillée, autour de la cheminée. Les pauvres vieilles somnolant près du feu retrouvaient leur vivacité lorsqu'on parlait des loups. Leurs yeux s'illuminaient; elles ressassaient les mêmes histoires, depuis toujours, et ne pouvaient accepter aucun démenti. Elles avaient appris ces contes dans leur enfance; elles les tenaient de leurs parents, souvent de leurs grands-parents, dont elles respectaient tellement le souvenir qu'en aucun cas, elles n'auraient voulu les suspecter d'avoir dit des choses inexactes.

Ainsi se sont transmises bien des erreurs, bien des légendes tenues pour des vérités. J'en ai entendu de ces histoires de loups emportant une brebis dans leur gueule, sautant une barrière comme s'ils avaient enlevé tout simplement un poulet de grain. On ne manquait pas de préciser que le loup courait si vite que les chiens ne pouvaient le rejoindre. Or un loup courant avec un mouton dans la gueule peut être aisément rejoint par un homme sans que ce dernier soit un champion spécialiste du cent mètres. Tout d'abord, un loup emportant un mouton s'empressera de le lâcher pour sauver sa peau s'il se sait poursuivi et sur le point d'être rejoint.

J'ai été témoin d'une telle scène. Le loup emportait une brebis, une bête malade qui ne pesait guère qu'une trentaine de kilos. Il s'efforçait de courir aussi vite que possible; je n'ai eu aucun mal à le rejoindre et il lâcha sa victime aussitôt. Ce loup n'était pourtant pas une mauviette.

On a dit que l'homme était un animal qui fait des dieux. Il ne se contente pas d'un seul Dieu, il lui en faut d'autres; il les trouve plus souvent sur les stades à notre époque, admirant sans réserve un type qui sait donner un coup de pied dans un ballon et que l'on paie très cher pour cela. Mais il y a un siècle ou plus, on ne connaissait pas les footballeurs et on admirait ce que l'on craignait; les loups par exemple, auxquels on prêtait une force fantastique, des exploits dont ils n'ont jamais été capables et des vertus extraordinaires, non seulement à l'animal, mais aux différentes parties de son corps. On croyait que le fait d'absorber telle ou telle partie du corps de cet animal pouvait guérir de telle ou telle maladie. Voici quelques recettes qui, paraît-il, étaient souveraines.

On enchâssait des dents de loup dans de l'argent et l'on faisait sucer ce hochet original aux nourrissons, dans le but de faciliter la sortie de leurs dents. C'est à du Fouilloux que l'on doit la description de cette coutume « que les dents du loup liées sur l'enfant en maillot, les aydent à faire venir plus tôt leurs dents et avec moindre douleur. De faict à Paris les mères pendent au col de leurs enfants nouveau-nés des hochets d'argent au bout desquels est emmanché une grande dent de loup afin que les petits se jouant de ce hochet et portant la dent du loup à leur bouche s'en frottent les gencives et que par ce moyen leurs dents plus aisément en sortent et avec moindre douleur ».

Les intestins du loup desséchés et pulvérisés sont bons contre la colique venteuse. Le cœur du loup mis en poudre est propre à combattre l'épilepsie, la dose est d'un demi-scrupule à deux scrupules (un scrupule équivalait à la vingt-quatrième partie de l'once, ce qui ne faisait pas beaucoup).

Le foie du loup pulvérisé et desséché était recommandé contre l'hydropisie et la phtisie. Le fiel mêlé à la graine de concombre sauvage appliqué sur le nombril guérissait la constipation; détrempé dans du vin, il guérissait la toux. Le foie du loup avait bien des pouvoirs; ainsi, préalablement grillé et pris en potion sous forme de poudre mouillée d'eau, il était recommandé dans les cas de morsure ou de piqûres venimeuses, de tumeurs malignes et de plaies ulcéreuses.

La goutte était soulagée par une mixture de chair de loup longuement bouillie dans l'huile, alors que l'œil droit séché et appliqué au bras gauche du malade le débarrassait de la fièvre. Le cœur du loup rendait courageux mais belliqueux. Séché au soleil et ajouté à du vin, on s'en servait pour guérir les pieds douloureux et la goutte. Pour se procurer un remède contre l'épilepsie, on arrachait le cœur d'un loup vivant, on le mélangeait avec ceux de trois corbeaux, on réduisait le tout en poudre et pour finir on y incorporait des fleurs de coucou séchées.

Même les excréments du loup étaient utilisés; mêlés à du miel, ils étaient un remède souverain contre les yeux « chassieux et pleurans ».

Terminons-en là avec cette pharmacopée pour détruire une légende ou pour tenter de la détruire, car il est encore bon nombre de représentants de l'espèce humaine qui souhaitent mourir innocents. Il s'agit de la façon dont boivent les loups. D'après certains esprits forts, le loup aspire le liquide, le chien le lape. En réalité, bien entendu, le loup lape, très exactement comme le chien.

Cette légende veut, en outre, qu'une louve qui amène ses louveteaux pour la première fois boire au ruisseau, les surveille attentivement et si elle en découvre un qui lape l'eau, elle s'empresse de le tuer, car elle le considère comme un chien. Chaque année, alors que des visiteurs se pressent autour des vastes enclos dans lesquels vivent une cinquantaine de loups d'Europe, de Sibérie, du Canada, il se trouve presque tous les jours des gens qui me parlent de cette légende. Un exemple, en août 1986, tandis que quelques groupes regardaient les loups du Canada, un citadin, sûr de lui, affirma très haut que les loups aspiraient l'eau, tandis que les chiens la lapaient. Je souris, mais je laissai ce « spécialiste » poursuivre. Il s'empressa d'ajouter : « Chaque portée de la louve est de cinq petits, pas un de plus, et quand ils ont à peu près un mois, elle les conduit à un ruisseau et celui qui lape, elle le tue, parce que c'est un chien. »

Passe encore que cet homme croie à de telles sornettes mais je ne voulais pas qu'il parvienne à faire croire aux autres visiteurs qu'il détenait la vérité. En d'autres termes, il voulait leur faire prendre des vessies pour des lanternes. C'est pourquoi, en lui désignant le groupe des loups du Canada, je lui demandai s'ils étaient bien des loups. " Mais certainement que ce sont des loups, je les connais, moi, les loups ! " Je constate, lui répondis-je, en m'efforçant de ne pas sourire, que vous paraissez très compétent, mais pourtant je me permets d'insister : " Est-ce que ce sont bien des loups que vous voyez ? "

« Mais enfin, puisque je vous le dis !

« Alors, regardez bien ce qui va se passer. » Et, joignant le geste à la parole, j'ouvris le robinet et je remplis l'un des abreuvoirs. Trois des loups s'approchèrent et se mirent à boire aussitôt. L'homme regardait et avec lui trois ou quatre douzaines de visiteurs, lesquels se mirent à rire de bon cœur, car bien évidemment les loups lapaient comme tous les chiens du monde et comme tous les loups du monde, qu'ils soient originaires du Canada, de Pologne ou de Sibérie ! Quant au citadin si compétent, il partit sans dire un seul mot, sans avoir l'honnêteté intellectuelle de reconnaître qu'il s'était fait le porte-parole d'une légende idiote, comme tant d'autres.

Comment peut-on expliquer l'origine d'une telle légende ? On peut tenter d'en donner une explication. Il est permis de supposer que quelques mauvais observateurs ont vu un jour une louve transporter un de ses louveteaux mort dans sa gueule, pour le laisser choir dans une rivière où il est emporté par le courant.

J'ai vu une louve, ayant mis bas trois louveteaux (c'était sa première portée) et elle en transportait un dans sa gueule. Intrigué, j'observais la scène. Le louveteau était mort, il était plus petit, plus maigre que les deux autres. La louve parcourut quelques dizaines de mètres, tenant toujours son louveteau entre ses mâchoires; puis elle se mit à gratter au pied d'un arbre; elle creusa un trou profond d'une vingtaine de centimètres environ, dans lequel elle déposa son petit, mais elle ne le recouvrit pas de terre, comme les loups ont coutume de le faire lorsqu'ils enterrent un morceau de viande. Elle s'éloigna en trottinant, de cette allure élégante propre aux loups. Un quart d'heure plus tard, elle reprenait son louveteau et peu après le dévorait.

C'est peut-être une scène de ce genre, observée très partiellement, qui a donné lieu à cette légende des loups qui sont tués par leur mère parce qu'ils lapaient l'eau!

Essayons de vérifier maintenant la valeur de quelques vieux dictons. Jamais loup, dit-on, ne vit son père! ce qui ouvre la porte à plusieurs suppositions. On peut penser que les anciens croyaient que le loup s'en allait courir vers d'autres aventures après avoir assuré sa descendance; ou encore qu'il était étranglé par ses rivaux, au cours des rudes batailles qui se déroulent pendant le rut; même si les batailles ne sont que le prélude aux accouplements. En réalité, le loup se montre un excellent époux et un non moins excellent père de famille, ainsi que nous le verrons dans la suite de ce livre.

Les loups, prétend-on encore, ne se mangent pas entre eux. C'est là un adage mensonger. Au sens figuré, il est peut-être exact que les malfaiteurs, les truands, les requins de la finance, ne se nuisent pas entre eux, encore que... Mais l'exemple du loup est mal choisi. En effet, les loups peuvent se manger entre eux s'ils sont très affamés. Les récits de certains chasseurs qui, ayant abattu des loups, ont déclaré que le reste de la bande s'était jeté sur les cadavres de leurs congénères pour les dévorer sont exacts.

Au Canada, tout au début de notre XXe siècle, existaient des fermes à loups, dans les montagnes Rocheuses. L'élevage était, dit-on, doublement rentable car on donnait une prime pour la destruction de ces animaux et, comme il suffisait de présenter la tête ou les pattes, on nourrissait les loups avec la chair de leurs frères sacrifiés pour la prime, avec aussi, vraisemblablement, un complément de nourriture.

J'ai eu, il y a une vingtaine d'années, des jeunes loups âgés de dix mois et une femelle de dix-huit mois qui ont été dévorés par les adultes. Ce n'était pas la faim qui les avait motivés. Ils furent victimes de violentes bagarres en période de rut et la question de territoire a également eu une part de responsabilité dans ce cas.

« Avoir une faim de loup » est une expression encore fréquemment utilisée de nos jours. Ce dicton s'explique aisément lorsqu'on se trouve en contact avec des loups. Il suffit de voir avec quelle voracité ils déchirent et avalent des morceaux de viande pour se rendre compte de l'origine de cette fameuse faim. « Être connu comme le loup blanc » s'explique par le fait qu'il est très rare de voir des loups blancs, de sorte que ces animaux deviennent très vite célèbres. On disait aussi être connu comme le loup gris. Il est vrai que les vieux loups grisonnent, mais les loups étaient tellement chassés qu'on ne leur laissait guère le temps de devenir gris, si bien que le loup gris était également une rareté.

« La faim fait sortir le loup du bois. » C'est bien connu, le loup affamé peut prendre certains risques, au point d'abandonner un coin tranquille pour assouvir sa faim. Ce dicton laisse toutefois supposer que le loup est un animal essentiellement forestier alors qu'en réalité il est un animal de steppe et de vastes espaces libres. C'est parce qu'il a été pourchassé sans répit qu'il a trouvé refuge, ou une sécurité relative, en forêt.

« Tenir le loup par les oreilles » signifiait que l'on se trouvait dans une situation délicate, pour ne pas dire dans un grand embarras. Un « froid de loup », c'est un froid très vif, susceptible de faire sortir les loups de leur repaire, et il existe bien d'autres dictons, bien d'autres proverbes qu'il faut se contenter d'énumérer : « se jeter dans la gueule du loup » ; « quand on parle du loup on en voit la queue » ; « hurler avec les loups » ; « qui se fait brebis, le loup le mange » ; « avoir vu le loup » (se dit d'une jeune fille qui n'est plus novice) ; « entre chien et loup » ; « a pas de loup » ; « quand le loup est pris, tous les chiens lui lardent les fesses » ; « l'homme est un loup pour l'homme » (c'est inexact, l'homme est un homme pour l'homme, ce qui est totalement différent ; chez les loups en effet existe un code, généralement respecté, qui au plus fort d'un combat permet au plus faible de se tirer d'affaire en adoptant une attitude soumise ; ce genre de comportement n'est pas, il s'en faut, respecté dans l'espèce humaine) ; « le loup mourra dans sa peau. » Et je terminerai cette énumération par cette citation du Dr Oberthur : « Cette jolie manière de dire de quelqu'un qui a beaucoup de biens au soleil, qui vient du pays de Fougères : il a des biens partout où le loup pète. »

L'empreinte du loup ne se retrouve pas seulement dans toutes les citations qui précèdent, on la rencontre bien marquée dans les lieux-dits. Cependant, la plupart des auteurs ont tendance à en rajouter, qui ne s'applique pas à notre fauve. Ainsi, j'ai vu souvent citer et il m'est arrivé de citer aussi, les noms de Loudun, Louveciennes, Loupiac, Damloup, Chanteloup, Chanteloube, Canteloup, Canteleu, noms qui en réalité n'ont aucun rapport avec le loup. C'est un érudit, M. Almin, qui m'a précisé la signification exacte de ces noms. Loudun signifie la citadelle de Lancos, attesté en 895, Lanciduniom en 1059, Losdunum est un ancien Lancidunum, du nom d'homme gaulois Lancos et du suffixe Dunun, citadelle, soit la citadelle de Lancos. Donc, rien à voir avec les loups.

Louveciennes, attesté en 862, Monte Lupicium, vient du nom d'homme latin Lupicius et du suffixe *anum*. Loupiac, attesté de Lupiaco en 961, vient du nom d'homme latin Luppius et du suffixe gallo-romain *acum* (du gaulois *accos*).

Damloup est un Domnum Lupus, Donnus ayant le sens de saint. Aucun loup n'ayant jamais été sanctifié, il s'agit d'un saint gallo-romain Lupinius. Les nombreux Chanteloup, Chanteloube, Canteloup, Canteleu n'ont aucun rapport avec les loups. Des interprétations variées ont été données de ce lieu-dit. M. Almin me donne la sienne, sous toutes réserves. Ce terme vient du gaulois *cantalou* attesté dans l'inscription bien connue d'Auxeg dans la Côte-d'Or. *Iccavos Oppiniencos ienru Brigendoni Cantalum*, soit « Iccavos, fils d'Oppianos, a fait pour Brigitte ce " monument " ». La signification précise de *cantalou* nous échappe pour le moment. Nous pouvons nous référer au vieux gallois *cantal* : « circonférence », et au vieil irlandais *cétal* : « chant ». Il faut noter la possibilité d'une double signification au sens propre : un monument circulaire, ou quelque chose d'approchant ; au sens figuré un chant (chanteurs dispersés en cercle ?). Il serait étonnant qu'en un lieu-dit du type Chanteloup, on ne retrouve pas quelque jour les fondations d'un monument.

En revanche, il existe bien des noms de lieux qui doivent leur appellation au loup. Tels sont La Loubière, Louviers, le mont Louvier, la combe aux loups, le bois aux loups, le carrefour du loup pendu, le chêne du loup (on pendait autrefois les cadavres des loups aux branches des chênes), le saut du loup, Gratteloup. A propos de Gratteloup, je dois en indiquer l'origine. En terme de vénerie, on disait qu'après avoir déposé ses excréments, le loup se déchausse ou fait ses déchaussures, c'est-à-dire qu'il projette la terre en griffant le sol avec ses pattes arrière. Les chiens agissent de la même façon et l'on pense généralement que cette habitude était dictée par le désir de recouvrir en partie les excréments afin de les dissimuler aux regards de leurs éventuels ennemis, ou du moins pour ne pas trop signaler leur présence.

J'ajouterai un détail, à savoir que, lorsqu'un

loup est poursuivi d'assez près, il est souvent pris d'un besoin pressant, sans doute occasionné par la peur. Il dépose très vite ses excréments mais ne prend pas le temps de les recouvrir.

Avant d'en terminer sur ces dictons et croyances, il ne faut pas oublier les loups qui ont été considérés comme des saints. Le plus connu est le loup de Gubbio, qui aurait accepté la proposition de saint François d'Assise de se faire nourrir par les habitants de Gubbio plutôt que de ravager la région et de terroriser les populations.

Une belle légende, rapportée par D. Bernard, met en scène saint Jean et le loup de Vernols. Un pauvre ermite agonisait près d'un loup dans une grotte; sans doute attendait-il la fin pour le dévorer. Un croisé qui rapportait en relique un os de la jambe de saint Jean Baptiste vint à passer et entendit les plaintes du mourant; pénétrant dans la grotte, il repoussa le loup en faisant luire la lame de son épée, puis il tendit au vieillard la petite croix en or qui servait de châsse à la relique. Celui-ci la baisa avec ferveur, puis il rendit l'âme. Un cas de conscience se posa alors; devait-il enterrer l'ermite en creusant un trou, muni de sa seule épée ou l'abandonner au loup? « Loup, s'écria-t-il, tu vois ce corps et cette croix, au nom du bienheureux saint Jean, garde-les fidèlement jusqu'à mon retour. » Le lendemain le loup veillait encore l'ermite intact. Devant lui gisait le corps d'un gueux égorgé, la main tendue vers la croix. A cet endroit, les moines bâtirent une chapelle qui devint l'église de Vernols; il s'y déroule encore une procession le jour de la Saint-Jean.

On a encore associé au loup saint Simpert d'Augsbourg qui arracha un enfant de la gueule d'un fauve et fut obligé de le rapporter à sa mère. Il faut aussi relater l'histoire de sainte Austreberthe, du temps qu'elle était lavandière. Un âne transportait régulièrement le linge lavé par les nonnes de Pavilly et venait le déposer aux pieds de saint Philibert, l'abbé de Jumièges. Il repartait avec le linge à laver. Mais un jour où l'âne traversait la forêt, seul comme à son habitude, un loup se jeta sur lui et le dévora. L'abbesse découvrit le fauve et le condamna à remplacer sa proie, mission qu'il accomplit dignement pendant de nombreuses années. Une chapelle commémorative, remplacée plus tard par la croix à l'âne, fut élevée dans le bois au VIIIe siècle. La fête du loup vert de Jumièges et celle du loup à Montreuil tireraient leur origine de cette légende.

On constate donc que, si les loups terrorisaient les gens dans les campagnes, ils étaient plutôt amis des saints. Saint Ignace de Loyola est même devenu protecteur du loup... un écologiste avant l'heure! En Italie, un proverbe dit : « le berger qui vante le loup n'aime pas les moutons »; et d'autres encore : « les pires loups sont les loups baptisés » ou « il n'y a pas de méchant lièvre ni de petit loup » et enfin « on accuse le loup, coupable ou non ». Citons un dicton islamique : « Quand on demande au loup pourquoi il suit un troupeau, il répond que la poussière qu'il soulève soigne ses yeux malades. » Au Kurdistan, on dit que lorsqu'on conseille au loup de marcher devant les moutons, il objecte qu'il a mal aux pieds!

Il semble aussi qu'au XVe siècle on n'avait pas tellement peur du loup : on prétendait en effet que c'était très bon signe de rencontrer un cerf, un ours ou un loup.

Deux cents ans plus tard, le loup portait bonheur le matin, comme encore aujourd'hui dans les Vosges, et s'il se sauvait à grands pas, il présageait le bonheur.

Enfin, on sait la popularité de la louve romaine. Frappée par la foudre au temps de Cicéron, enfouie pendant des siècles et retrouvée au début du Moyen Age, complétée par des *putti* de bronze pendant la Renaissance, cette louve étrusque est devenue le symbole national des Romains.

8

Enfants loups – Hommes loups

Les enfants loups! Un mystère, une légende ou bien la réalité? Eh bien il y a eu des enfants loups, et bien entendu on a commencé par nier leur existence. On a en effet tendance à juger un peu « gros » le fait que des enfants puissent être élevés par des loups. Aujourd'hui, on ne peut plus nier leur existence, les arguments qui furent opposés à cette possibilité sont sans valeur.

C'est au début de l'année 1927 que des reportages sur les enfants loups du Bengale firent leur apparition dans la presse. Les récits étaient alors empreints d'une certaine fantaisie et ils ne pouvaient que renforcer l'incrédulité des intellectuels de l'époque, tout au moins de quelques-uns d'entre eux. Il convient de dire tout d'abord que la majorité des cas d'enfants loups nous viennent des Indes. Pourquoi des Indes? Il y a en cela deux raisons au moins.

La première est que le loup des Indes (*Canis lupus pallipes*) n'est pas tout à fait semblable à notre loup d'Europe; il est nettement plus petit; par ailleurs, moins pourchassé que le loup européen, il n'est pas, lui, terrorisé par l'homme, de telle sorte qu'il peut aménager son domicile dans un terrier au voisinage d'un village. Ces différences expliquent que le loup des Indes n'ait pas la mauvaise réputation de notre loup. Aux Indes, par exemple, on n'a jamais parlé de personnes dévorées par les loups... Kipling n'aurait sans doute pas imaginé l'histoire de Mowgli en Europe.

La deuxième raison qui permet d'expliquer le comportement des loups des Indes est à imputer aux mœurs des habitants, lesquels avaient cours il y a encore à peine un demi-siècle. C'est ainsi que, lors des périodes de famine, nombreux étaient les enfants en bas âge qui mouraient. Il pouvait arriver qu'une femme enceinte et ayant déjà un bébé âgé de quelques mois à peine, se décidât à l'abandonner en forêt. Il faut préciser que l'enfant abandonné était presque toujours une fille; les filles avaient alors, dans ce pays en tout cas, une importance moins grande que les garçons.

Le dénuement était tel, que la pauvre mère craignait de ne pouvoir continuer à élever un bébé de quelques mois, alors qu'un autre était sur le point de naître. Au début de ce siècle, en raison de l'extrême pauvreté de certaines régions des Indes, abandonner son enfant n'était pas considéré comme un acte hautement répréhensible, alors que nous le jugeons criminel avec nos mentalités de bourgeois.

Mais du bébé de quelques mois abandonné par sa mère à son « élevage » par une louve, il y a peut-être plus qu'un pas, disons qu'il y a une nuance. Cette nuance ne constitue pourtant pas un fossé infranchissable. Avant de voir comment les choses ont pu se passer, répondons à un argument qui a été mis en avant par quelques savants de l'époque, qui les autorisait à mettre en doute la possibilité par des loups d'élever un petit d'homme. Ces savants prétendaient que chez la louve, la lactation peut se prolonger, au mieux, pendant quatre mois et que dans ces conditions un bébé recueilli par une louve n'avait aucune chance de survivre. Or cet argument n'a pas beaucoup de poids. En premier lieu, on s'est rendu compte que l'estomac d'un bébé était susceptible très tôt d'assimiler une nourriture solide. En outre, le bébé abandonné n'était pas toujours un nouveau-né, mais il pouvait être âgé de six mois ou davantage et il se trouvait donc dans de meilleures dispositions pour survivre à un changement de régime un peu brutal. Il est probable, pour diverses raisons, qu'une louve découvrirait un nouveau-né, celui-ci n'aurait que des chances fort minces de survivre. Une résistance très limitée, le fait qu'il soit dans l'incapacité de s'allaiter parce qu'il n'aurait pas su découvrir les mamelles de la louve, autant de raisons qui sont des handicaps quasiment insurmontables. Mais il est probable que les cas connus – une douzaine – d'enfants élevés par des loups, étaient des bébés qui étaient âgés de plusieurs mois. Abandonnés à cet âge-là par une mère qui n'avait plus de lait, ce qui est très possible en période de famine, des famines telles que les adultes mouraient par milliers.

Voici donc comment les choses ont pu se dérouler. Une louve ayant des louveteaux, étant à la recherche d'une proie trouve donc un bébé, une fillette abandonnée dans les bois. Elle l'emporte dans sa tanière. Dans presque tous les cas, le bébé sera considéré comme étant bon à manger par les louveteaux. Des louveteaux qui ne sont pas encore sevrés mais qui peuvent avoir déjà trois ou quatre semaines. Ceci parce que si la louve chasse, c'est parce que les louveteaux sont suffisamment grands pour rester seuls au terrier; le mâle étant également un pourvoyeur, s'absente plutôt plus souvent que sa femelle. On peut donc supposer que les louveteaux ont, à l'arrivée de leur mère avec sa proie, l'estomac déjà plein parce que leur père les a ravitaillés, il a pour eux vomi de la viande. Des louveteaux qui ne sont pas tenaillés par la faim, dorment ou jouent. Le petit d'homme que leur mère dépose à leur côté va gigoter, pleurer et les louveteaux ne demanderont qu'à jouer avec lui. Ils considèrent que les bras et les jambes du bébé qui s'agitent sont une invitation au jeu. Et puis, la fatigue se faisant sentir, les louveteaux et leur étrange compagnon s'endormiront. La louve et le loup reviendront au terrier avec encore de la nourriture. A leur réveil, les louveteaux vont se mettre à téter et aussi à côté d'eux le bébé qui parviendra à saisir un mamelon et à téter. Repus les louveteaux vont donc retrouver leur « jouet » qui, et cela est d'une grande importance, sera après quelques heures déjà fortement imprégné de l'odeur des louveteaux. Et ainsi les tétées, les apports de nourriture vomie, donc prédigérés par les adultes et facilement assimilables de ce fait, se succédant, le petit d'homme peut véritablement faire partie de la famille.

Rien de très extraordinaire à cela ; on connaît de multiples cas de lionceaux ou de jeunes tigres élevés, allaités par des chiennes. On a vu des chattes donner la tétée à des chiots. Le Suédois Berggren ayant ramené un superbe lion du Kenya l'a surpris, alors qu'il était adulte, à téter une vache.

Revenons à notre bébé parmi les louveteaux. Les jours se succèdent, les louveteaux grandissent, le mâle et sa femelle chassent tous deux pour leur apporter de la nourriture. A deux mois, les louveteaux gambadent autour du terrier ; ils suivent leurs parents aux environs proches. Quant au bébé humain, selon la configuration du terrier, il lui sera peut-être impossible de sortir ; ses parents adoptifs pourront le hisser au-dehors, sinon ils continueront à le nourrir. En raison de leur fidélité à leur habitat, en raison du fait que le petit d'homme a été adopté tout comme s'il s'agissait d'un louveteau, les adultes ne l'abandonneront pas.

Les mois passent, les louveteaux sont devenus louvarts ; une nouvelle saison de reproduction arrive et la mise-bas pourra avoir lieu dans le même terrier, aux côtés du bébé. Le bébé qui se sera développé, qui sera parvenu à sortir du terrier, à ramper autour de la tanière, et beaucoup plus à la manière des loups que des petits d'hommes. Il pourra lui-même subvenir en partie à ses besoins. Il sera devenu capable de capturer des insectes, de petits rongeurs, mais il sera très longtemps, toujours probablement, tributaire de ses parents adoptifs.

C'est là une façon de voir les choses qui ne manquera peut-être pas de choquer quelques esprits qui se font une haute idée de l'homme, l'être supérieur. Ces gens-là ne savent pas, ou ne veulent pas savoir, que cette nature humaine dont nous sommes si fiers est loin d'être, dans sa totalité quelque chose d'inné. Livré à lui-même, l'homme devient très vite un pauvre primate.

Il est temps maintenant de relater, en la résumant, l'histoire de deux petites filles élevées par des loups. Une histoire extraordinaire que le révérend J.A.L. Singh a décrit d'une façon telle qu'un scientifique n'aurait pas fait mieux. J.A.L. Singh a tenu en effet un journal, dans lequel, pendant plusieurs années, il a suivi le comportement de ces deux enfants loups qui devaient devenir mondialement célèbres. Il s'agit des enfants loups de Midnapore, une ville des Indes située à quelque cent trente kilomètres au sud-ouest de Calcutta.

C'est au cours d'une tournée, en 1920, que le révérend J.A.L. Singh, missionnaire et directeur de l'orphelinat de Midnapore, parvint dans un village dont les habitants lui dirent : « Nous avons peur, il y a dans le bois des esprits qui rôdent la nuit. » Renseignements pris, il s'agissait d'un être mystérieux, d'un sorcier à face humaine, marchant à quatre pattes. Ils se rendirent à l'endroit indiqué où l'on avait signalé cet être bizarre. Le révérend vit sortir d'un terrier trois vieux loups, suivis de deux louveteaux puis de deux êtres quadrupèdes d'aspect humain. Les villageois qui l'accompagnaient refusèrent de s'approcher du terrier et le révérend Singh dut revenir plus tard avec les habitants d'un village qui n'avaient pas entendu parler des esprits. Ils encerclèrent le terrier. Deux des loups s'enfuirent, le troisième, une femelle, fut abattu. Dans le fond du terrier, on trouva entremêlés les deux louveteaux et deux fillettes nues.

L'une paraissait âgée de sept ou huit ans, l'autre devait avoir deux ans. Les deux enfants, conduites à l'hôpital de Midnapore, furent baptisées, la première Kamala, la seconde Amala. Cette dernière mourut au bout d'un an. Kamala vécut jusqu'en 1929. Pendant les neuf ans où elle resta à l'orphelinat elle fut suivie, jour par jour, par le pasteur Singh qui tint un journal détaillé de ses faits et gestes.

Lorsqu'elle fut découverte, Kamala avait un comportement rappelant celui des loups. Elle marchait à quatre pattes, s'appuyant sur les mains et sur les genoux quand elle allait lentement, sur les mains et la plante des pieds quand elle voulait aller plus vite; dans cette attitude, elle courait aussi vite qu'un homme. Elle craignait la forte lumière, mais était à son aise dans l'obscurité et s'y déplaçait avec une parfaite aisance. Elle ne circulait d'ailleurs que la nuit. Le jour, elle dormait tassée dans un coin; elle se salissait constamment, déchirait les vêtements qu'on tentait de lui mettre. Elle buvait en lapant, refusait la nourriture végétale, mais se jetait sur la viande et rongeait les os. Elle ne prenait que la nourriture posée au sol, refusant celle qu'on lui tendait à la main. Elle ne parlait pas, mais hurlait la nuit, à la manière des loups.

Quand Amala mourut, Kamala resta deux jours sans boire ni manger. Six jours après la mort de sa petite compagne, elle flairait encore les endroits où elle avait passé. Malgré les efforts du pasteur Singh, l'humanisation de Kamala fut très longue. Ce n'est que deux années après son arrivée à l'orphelinat qu'elle a pu se tenir debout, encore fallait-il qu'on la soutînt.

Quatre ans après, elle marchait toute seule, mais elle n'a jamais pu courir ; lorsqu'elle voulait courir, elle se mettait à quatre pattes.

Après quatre ans d'éducation, elle comprenait certaines questions mais ne disait que six mots. Ce n'est que pendant les trois dernières années de sa vie que son comportement humain était devenu prédominant.

Lorsqu'elle est morte, à dix-sept ans, son comportement était celui d'un enfant de quatre ans.

Certains lecteurs pourraient, à bon droit, s'étonner que des loups aient été capables d'élever des enfants alors que cette éventualité ne peut être sérieusement envisagée lorsqu'il s'agit de singes. Les singes étant évidemment plus proches de nous dans la systématique que les loups. Le cerveau d'un anthropoïde, tel que le gorille, possède une capacité crânienne de l'ordre de quatre cents à quatre cent cinquante centimètres cubes (une capacité très proche de celle de nos lointains ancêtres les Australopithèques). Le cerveau d'un loup, assez nettement plus développé que celui d'un chien, atteint cent soixante-dix centimètres cubes. Et pourtant, les loups ont pu réaliser ce que des singes n'ont pu faire.

Pourquoi ? Eh bien parce que, ainsi que l'a dit le savant cryptozoologiste (science des animaux cachés) Bernard Heuvelmans, la condition la plus favorable à l'adoption d'un représentant d'une espèce par une autre n'est pas l'étroitesse des liens de parenté, mais l'identité de biotope et de comportement, bref de niche écologique. Or, à cet égard, le loup est, de loin, l'animal le plus proche de l'homme.

Voilà qui est parfaitement exact, et j'ajouterai que la société des loups, très hiérarchisée, est très voisine de celle des hommes. Je sais combien les loups sont attachés à leur progéniture, combien est, chez eux, solide et durable le lien familial. Autant de points de ressemblance qui, le cas échéant, les prédisposent à élever un petit d'homme.

Je dois souligner que le journal établi par le révérend Singh est illustré de photos très intéressantes. Elles ne possèdent pas, évidemment la qualité des clichés que l'on a l'habitude de voir de nos jours. Elles sont néanmoins suffisamment nettes pour que l'on se rende compte des transformations physiques de Kamala, dues à son long séjour parmi les loups.

On a parlé, dans la presse, en 1921, soit à la même époque où le pasteur Singh découvrait les enfants loups, d'un enfant babouin. Nombreux sont ceux qui ont accordé le plus large crédit à cette histoire.

C'est en Afrique du Sud, au nord-est de Grahamstown, qu'elle s'est déroulée. Selon le fermier Georges Smith qui avait recueilli l'enfant, ce dernier aurait été, encore bébé, volé par une femelle babouin. Les babouins, ou cynocéphales (singes à tête de chiens), peuvent peser chez les plus gros quarante kilos. L'enfant volé aurait vécu douze ans avec ces singes. Il aurait été capturé par deux policiers montés qui effrayaient une bande de babouins, lesquels avaient envahi un champ cultivé. L'enfant baptisé Lucas ne put suivre l'allure de ses compagnons et fut donc capturé.

Il devait être alors confié, vers l'âge de treize ou quatorze ans, au fermier Georges Smith et il devint un bon ouvrier agricole.

Une enquête faite par le Dr Drury permit de faire toute la lumière sur cette affaire. Et l'on finit par apprendre que le fermier Smith espérait obtenir trente-cinq mille livres d'une firme cinématographique, mais les négociations tournèrent court. En réalité, Lucas était un jeune métis normal jusqu'au jour où son cerveau fut endommagé par suite d'un accident ayant provoqué une fracture du crâne.

D'autres cas d'enfants élevés par des singes ont été relatés dans la presse, mais après enquête ils se sont révélés aussi faux que celui de Lucas, le prétendu enfant babouin.

Beaucoup plus récemment, en 1972, la presse se fit l'écho d'une histoire inventée par un explorateur. Cet explorateur-observateur aurait vécu dans le désert du Rio de Oro proche de la frontière de la Mauritanie, au contact d'un enfant âgé d'une vingtaine d'années. Cet explorateur a même publié un livre sous le titre *L'Enfant sauvage du grand désert*. Un très joli livre! Il écrivait que cet enfant était capable d'atteindre la vitesse de cinquante kilomètres à l'heure. Cela est rigoureusement impossible. On ne saurait prendre en compte le fait que se nourrir de dattes donne des ailes.

L'auteur, Jean-Claude Armelle, qui dit avoir

vécu à proximité des parents adoptifs de cet enfant entre 1960 et 1963, n'a produit aucun document photographique de cet enfant élevé au lait de gazelle. L'imagination de l'auteur est une chose, la réalité en est une autre.

L'enfant sauvage de l'Aveyron a été lui aussi considéré comme étant un enfant élevé par des bêtes sauvages, mais s'il est exact qu'il a bien été abandonné dans les bois par ses parents, il n'a été recueilli par aucun animal.

Revenons donc aux loups, pour dire que d'autres cas d'enfants élevés par ces canidés sont connus, et plus précisément dans le nord-ouest des Indes. Le colonel Sir William H. Sleeman par exemple a, en 1852, écrit un texte sur six enfants loups au royaume de l'Orde (nord-ouest de l'Inde), dont deux qu'il a personnellement observés et quatre autres dont il entendit parler par des personnes sur l'intégrité desquelles il était prêt à risquer sa propre réputation.

S'il y avait beaucoup de loups dans cette région des Indes et dans d'autres, c'est que les Hindous considéraient que la famille de celui qui a tué un loup ou l'a seulement blessé, court à sa perte définitive. C'est aussi le cas du village dans les limites duquel un loup a été tué ou blessé.

Des témoignages nombreux prouvent l'existence des enfants loups mais le journal écrit par le révérend Singh est le plus documenté, le plus complet et les photos qui illustrent ce récit sont autant de documents irréfutables.

Si donc les enfants loups ne relèvent pas de la légende, on ne saurait en dire autant des histoires d'hommes loups. Comment voyait-on ou, plutôt, comment imaginait-on le meneur de loups ? C'était bien sûr un personnage hors série, un homme mystérieux ne se liant que rarement avec les gens du village. Il vivait à l'écart, souvent dans une masure au fond des bois. Et parce que cet homme n'avait pas les mêmes habitudes, un comportement calqué sur celui des autres ; parce qu'il tenait ses distances, ne jugeant sans doute pas tellement passionnantes les conversations de ses semblables, les villageois, les paysans isolés dans leurs fermes lui prêtaient facilement des dons extraordinaires.

Pour eux, ce sauvage connaissait les secrets de la forêt ; il savait les bienfaits de certaines plantes, ou au contraire, celles qui savamment préparées pouvaient entraîner la maladie ou la mort.

Un soir, ayant bu plus que de coutume, un paysan arrivant à sa ferme s'empresse de refermer la porte derrière lui. Aux membres de sa famille, impressionnés par des contes maintes fois racontés, il affirme que des loups l'ont suivi en hurlant. Mais, au milieu de leur bande, il a vu un homme courant avec les loups et il a reconnu le sauvage qui vit dans les bois ; cet homme préférait la compagnie des loups à celle de ses semblables ; en plus il était sorcier, c'était évident ! Et la religion s'en mêlait ; ce sauvage n'allait pas à la messe. D'ailleurs, commander à des loups, à ces bêtes sanguinaires, ne pouvait être le fait d'une honnête créature de Dieu. Du meneur de loups au lycanthrope, il n'y avait qu'un pas.

Dans son ouvrage *Bestiaire fabuleux*, Jean-Paul Clébert nous dit ce qu'est la lycanthropie : « La lycanthropie est définie comme la métamorphose d'un être humain en un animal carnassier et plus particulièrement en loup; l'homme, ou la femme, ainsi transformé devient un loup-garou, ou loup-bérou dans certaines régions. Le nom vient de l'équivalent allemand *Werwolf*. L'existence des loups-garous est attestée dès l'antiquité et n'a cessé d'obséder notre Moyen Age occidental.

« On ne commença à douter de leur existence qu'au XVIIIe siècle. Ces êtres dévoyés, dont la métamorphose s'opérait surtout la nuit et qui retrouvaient au petit jour leur aspect naturel, passaient pour attaquer et dévorer les êtres humains. S'ils étaient blessés au cours de la lutte, leur corps humain portait le lendemain la trace de la blessure et l'on pouvait ainsi les confondre. On ne pouvait les chasser qu'avec le concours de subterfuges magiques, tel que l'emploi d'une balle d'argent bénite dans une chapelle dédiée à saint Hubert. Mais dès l'époque romaine, certains esprits moins superstitieux en vinrent à soupçonner dans cette métamorphose un dérangement cérébral qui affectait le bonhomme et le poussait à se croire transformé en loup, à marcher à quatre pattes, à hurler à la lune et à se jeter la bouche ouverte sur ses semblables.

« Étudiée abondamment aux XVIe et XVIIe siècles, la lycanthropie fut appelée folie louvière. La croyance en la lycanthropie est fort ancienne. Pline n'y croyait plus (qu'il y ait des hommes qui se transforment en loups et qui retrouvent ensuite leur première forme, on peut en toute confiance assurer que rien n'est plus faux) mais il rapporte les bruits qui couraient de son temps : " Evanthe, l'écrivain grec, rapporte qu'en Arcadie subsiste la race d'un certain Anthus, dans laquelle il est d'usage de tirer au sort l'un de ses descendants que les autres vont conduire à un étang de la contrée où ils le dépouillent, et pendent ses vêtements à un chêne. En cet état, il traverse l'étang à la nage et s'enfuit dans le désert où il est transformé en loup et fréquente les autres loups l'espace de neuf ans. Si durant ce temps, il s'est abstenu de chair humaine, il repasse l'étang et reprend sa première forme, à cela près qu'il se trouve vieilli de neuf ans. " »

Au Moyen Age, on ne plaisantait pas avec les loups-garous. D. Bernard cite le cas du juge franc-comtois Boguel qui se rendit tristement célèbre entre 1598 et 1600 ; deux années pendant lesquelles la tradition lui attribue la condamnation à mort de six cents loups-garous. Ce magistrat ne croyait pas pourtant à la transformation de l'homme en animal ; il était persuadé que le diable envoyait ses victimes battre la campagne, égorger enfants et brebis, après les avoir frotté avec un onguent et recouverts d'une peau de loup, si collante au corps qu'ils adoptaient le comportement du fauve. N'importe quel méfait pouvait devenir cause de lycanthropie et l'irrespect de la religion était parmi les principales. Ne pas être allé à confesse depuis dix ans, ne jamais tremper son doigt dans le bénitier, manger de la chair le Vendredi saint étaient par exemple des raisons suffisantes pour devenir loup-garou.

En Vendée, les curés pouvaient changer en loup-garou ceux qui avaient commis un crime et n'acceptaient pas de se dénoncer. Qui dira jamais le nombre de pauvres diables qui ont été torturés, massacrés parce qu'on les croyait loups-garous ? La légende affirmait que les loups-garous avaient le poil sous la peau. Pas mal de misérables furent écorchés vifs dans l'intention de vérifier si vraiment ils étaient ainsi faits.

Dans le Jura, le parlement de Dôle avait publié un édit qui permettait aux villageois de faire justice eux-mêmes, « s'assembler avec espieux, hallebardes, chasser et poursuivre le loup-garou, en tous lieux où ils le pourront trouver et le prendre, tuer et occire sans pour ce encourir peine et amende ».

Si les loups-garous étaient des hommes, des femmes pouvaient être également atteintes de cette maladie.

Une nommée Pérette Gandillon, en 1605, massacrée à coups de bâton par les habitants de Nezans, un petit village des environs de Moirans, fit les frais de cet édit abusif. Elle avait eu le tort de s'absenter du hameau le jour où un enfant fut dévoré par un loup qui avait « les deux pattes de devant en forme de mains ».

C'est le cas de la femme loup d'Apchon. Voici cette historiette contée par l'abbé Antoine Trin : « Un gentilhomme cantalien voyant passer de la fenêtre de son château un de ses amis, l'invita à venir le voir à son retour de la chasse. Peu après, le chasseur fut attaqué par un grop loup sur lequel il lâcha un coup d'arquebuse, mais sans le blesser. Le loup se jeta alors sur lui et l'homme tira son couteau et parvint à couper une patte de la bête qui s'enfuit en hurlant. Repassant devant le château du gentilhomme, le chasseur s'arrêta comme convenu et raconta son histoire, mais voulant montrer la patte du loup mise dans sa gibecière, il en sortit une main de femme ornée d'une bague en or. Le seigneur reconnut cette main pour celle de son épouse et il alla la trouver dans sa cuisine ; elle se chauffait, tenant son bras enveloppé dans un grand tablier, lequel enlevé laissa voir un membre mutilé. Le gentilhomme fit arrêter sa femme ; elle avoua que c'était bien elle qui, sous la forme d'un loup, avait attaqué le chasseur et elle fut brûlée à Riom pour sorcellerie à la fin de la même année. Ce gentilhomme s'appelait Nicolas de Barieux, et le chasseur Griffoul. »

Pour l'abbé A. Trin, l'origine du loup-garou serait très simple : on la trouverait dans la peau d'un loup qui servait de vêtements à certaines peuplades primitives.

Flaubert cite les soldats des Abruzzes revêtus de peaux de loups et les Gauloises qui avaient ces peaux sur leur blanche poitrine. Ce qui à l'origine était un vêtement devint une pratique magique et donna naissance à la lycanthropie.

On peut constater que les loups étaient à ce point détestés et redoutés que non seulement on cherchait à les exterminer, mais encore que cette haine s'étendait à certains hommes qui se distinguaient des autres, en particulier parce qu'ils n'étaient pas croyants. Or un incroyant ne pouvait être que possédé du démon. Pauvres loups ; pauvres lycanthropes !

Mais savez-vous que, s'il y a plusieurs siècles

quelques individus ne croyaient déjà plus aux lycanthropes, cette croyance existait encore au siècle dernier? Robert Delort, dans *Les animaux ont une histoire*, écrit : « On conçoit la curiosité et la terreur qu'inspirent ces “ meneurs ” de loups quand parmi leurs bêtes épouvantables et soumises, ils passent dans les villages ou les fermes isolées, demandant aumône auprès des habitants qu'ils menacent et effraient, comme le souligne, en 1878, un rapport du préfet de l'Indre. Difficile de ne pas les croire sorciers, attirant les loups par leur musique ou le feu allumé sur la lande; sachant interpréter leur langage et leur parler, les lancer sur telle bergerie et au contraire les arrêter sur le chemin de telle autre.

« On peut supposer, ajoute Robert Delort, que les hommes qui sauvaient les jeunes loups, les remettaient en liberté et que ceux-ci, gardant le souvenir de leurs bienfaiteurs, les reconnaissaient, les épargnaient, voire leur prodiguaient des caresses quand d'aventure ils les rencontraient. Bien des histoires et des témoignages des XIXe et XXe siècles peuvent s'expliquer dans ce contexte. »

Eh bien non, R. Delort est sans doute un excellent historien, mais sa supposition est tirée par les cheveux. Il ignore, en effet, que les loups ne sont pas des chiens, et que même élevés très jeunes, ils demeurent très indépendants. Par ailleurs, même dans le cas, peu probable, où des meneurs de loups auraient élevé au biberon des louveteaux âgés de moins de dix jours, c'est-à-dire avant qu'ils n'aient ouvert les yeux, et donc subi l'imprégnation (un sujet important sur lequel je reviendrai en détail plus loin), ces louveteaux devenus louvarts, puis loups, ne seraient absolument pas aptes à l'obéissance.

On ne peut dire à un loup : couché, debout et encore moins attaque ici ou là. L'explication est à rechercher ailleurs ; elle fait tout simplement partie de l'imagination, des fantasmes qui ne peuvent être retenus par des gens qui ne sont pas traumatisés quand on leur parle de loups.

9

Le loup et le chien

Le loup et le chien, tout le monde connaît cette fable du grand La Fontaine. Lc poète avait déjà su voir la différence entre le chien servile et le loup indépendant.

Sur le plan morphologique, le loup et le chien sont assez proches, mais cela peut-il signifier que le chien descende en ligne directe du loup? Personnellement, je ne le crois pas. On peut aussi répondre en normand, peut-être bien que oui, peut-être bien que non, comme ça on ne risque pas de se tromper.

Existe-t-il des chiens qui ont le loup pour ancêtre et des chiens qui proviennent d'autres souches? Si l'on remonte au XVIIIe siècle avec Buffon, on n'apprend pas grand-chose. Le célèbre naturaliste écrivait, après avoir montré la diversité des comportements entre le chien et le loup : « Le loup et le chien n'ont jamais été pris pour le même animal que par les nomenclateurs en histoire naturelle qui, ne connaissant la nature que superficiellement, ne la considèrent jamais pour lui donner toute son étendue, mais seulement pour la resserrer et la réduire à leur méthode, toujours fautive et souvent démentie par les faits. Le chien et la louve ne peuvent ni s'accoupler, ni produire ensemble; il n'y a pas de races intermédiaires entre eux; ils sont d'un naturel tout opposé, d'un tempérament différent. » N'allons pas plus loin, Buffon se trompait; contrairement à ce qu'il écrivait, le chien et la louve ou le loup et la chienne non seulement peuvent s'accoupler mais encore leurs produits sont féconds. Ces croisements sont d'ailleurs faciles à réaliser.

Des histoires émanant de conteurs plus ou moins fantaisistes courent sur les croisements entre chien et louve ou vice versa. J'ai souvent entendu dire qu'en Silésie, de même qu'au Canada, les paysans attachaient leurs chiennes au coin d'un bois afin que les loups eussent la possiblité de les couvrir... Je ne crois pas beaucoup à ce genre de contes. Les loups ont des louves à leur disposition et elles sont particulièrement jalouses, au point qu'elles étrangleraient de telles rivales. Ce serait faire courir un très grand risque à une chienne que de l'attacher au pied d'un arbre, car si un loup passait par là, il pourrait bien la tuer et la manger en partie. Il faudrait en effet que la chienne soit en œstrus à la période où le loup se trouve lui-même dans les meilleures dispositions. On sait, je le sais en tout cas, que les loups ne sont pas amis-amis avec les chiens, hormis le cas où ils ont été élevés ensemble, ce qui change tout. Mais des loups vivant à l'état sauvage et qui rencontreraient une chienne attachée, auraient pour premier réflexe de la dévorer, d'autant que la période de reproduction des loups se situe, sous nos climats, entre fin février et mars et que l'amour ne les empêche pas de songer à se nourrir. Enfin, il se pourrait tout aussi bien que ce soit une louve qui découvre la pauvre chienne attachée et donc dans l'impossibilité de s'enfuir, alors la louve ne pourrait que se réjouir d'une telle aubaine. Qu'un homme soit assez généreux pour lui procurer un tel repas, la louve n'en croirait pas plus ses yeux que ses oreilles.

Je dois dire que je suis contre les croisements, qui peuvent permettre d'apporter un sang nouveau et revigorant à une race de chiens, mais qui sur tous les autres plans ne font qu'apporter des désillusions. Le Pr Hediger a dit à ce sujet que les résultats de ces croisements sont tout à fait contraires à ceux que l'on espère. Le croisement avec du sang de loup ne rend jamais une race canine plus intelligente, mais au contraire plus timide et rampante.

On avait offert à mon père une femelle qui était le produit du croisement entre une louve du Canada et un chien de race berger allemand; elle était effectivement timide et soumise, mais ses réactions étaient souvent imprévisibles.

Il est vrai que des réactions rapides et agressives sont provoquées artificiellement chez le chien sous l'influence de l'homme; ce ne sont pas des qualités naturelles. Pour les animaux sauvages, c'est la prudence et non l'agressivité qui défend l'existence et plutôt la tendance à la fuite qu'à la fougue. En outre, la propension si souvent fatale à redevenir sauvage est bien plus fréquente chez les métis du loup que chez le chien de race. Ce croisement avec du sang de loup n'est jamais un avantage, mais au contraire il fait régresser dangereusement.

A ce propos, il me paraît nécessaire de parler de ce que l'on a appelé l'affaire du loup d'Italie, laquelle a fait couler beaucoup d'encre. Cette nouvelle race a été créée par le Pr Messi, d'un unique croisement entre une louve d'Italie et un berger allemand. Il est né d'ailleurs une « Association française des amis du loup d'Italie ». Pour les membres de cette association, comme bien entendu pour les créateurs de cette « nouvelle race », les produits de ce croisement sont très réceptifs aux ordres, donc faciles à dresser. Ce loup d'Italie, disent ses admirateurs, apprend très rapidement et n'oublie plus rien!

C'est en 1966 que M. Messi accoupla un berger allemand spécialisé en sauvetage avec une louve sauvage du haut Latium, une louve d'un type un peu à part dans le monde, dont les seuls spécimens vivent à l'état sauvage en Italie; il s'agit du *Canis lupus italicus*, le bon loup de saint François d'Assise.

Ce qui est assez extraordinaire, c'est que l'accouplement produit des caractéristiques intermédiaires transmissibles à la descendance, ce qui n'a de chance de se produire qu'une fois sur des millions. M. Messi, expert en génétique, n'avait plus qu'à fixer cette nouvelle race par un travail patient et rigoureux, ce qui est maintenant chose faite. Ainsi, avec un procédé unique et pratiquement impossible à reproduire, a été réalisée la seule race de « chien-loup » qui soit au monde.

Ce loup d'Italie ressemble au loup sauvage dont il se rapproche le plus par son aspect extérieur. Il peut dépasser soixante-cinq centimètres au garrot pour les mâles, soixante centimètres pour les femelles; le poids variant de quarante à cinquante kilos pour un mâle adulte. Cet animal peut être utilisé pour la garde, la défense, la recherche, le sauvetage, en tant que chien d'aveugle, etc. C'est ce qu'en dit M. P. Brunon, président de l'Association française des amis du loup d'Italie.

Dans le numéro d'octobre 1980 de *La Vie canine*, M. A. Trinquier se fait le défenseur de cette race, précisant que ce loup d'Italie est une race dont la formation est bien avancée (dix générations de sélection), puisque les caractères physiques et psychiques se reproduisent régulièrement. Le nom de Zorro a été donné au premier métis du couple berger allemand × louve d'Italie. Depuis le fameux Zorro a sailli des femelles de berger allemand sélectionnées pour le sauvetage, le pistage et de plus indemnes de dysplasie sur six générations de loups d'Italie. De ces mariages sont nés les membres de la première génération de loups d'Italie. Il y a donc eu un seul métissage entre un chien et une louve qui a donné Zorro, ensuite le travail énorme de sélection a commencé.

Voici donc les principaux arguments des partisans de cette « nouvelle race ». Ce n'est pas, il s'en faut, le point de vue de tout le monde et je me contenterai de citer les éléments essentiels de la réponse du Dr Pierre Pfeffer, maître de recherches au CNRS.

« Une nouvelle race? dit Pierre Pfeffer. Personnellement et sans hésitation, je réponds non et m'élève formellement contre cette mystification, à des fins de toute évidence commerciales, présentée dans un galimatias pseudo-scientifique que ne désavouerait pas Molière. Il est évident que M. Mario Messi, conseiller financier de son métier, est un habile homme de « marketing ». Il paraît indispensable de réfuter point par point cette publicité tapageuse, ce tissu d'invraisemblances et de contradictions qui risquerait de rencontrer quelques échos dans notre pays. »

Le Dr Pfeffer poursuit : « Qu'en est-il d'abord de la prétendue nouveauté de cette race ? En admettant même – et nous ne disposons d'autres preuves que les affirmations de M. Messi – qu'à son origine se trouve un berger allemand et une louve sauvage, il n'y aurait là rien de sensationnel ni surtout d'original. L'auteur de l'article note d'ailleurs que " cet accouplement fut tenté plusieurs fois dans l'histoire ", il est vrai qu'il ajoute aussitôt que " les résultats furent toujours incertains et peu satisfaisants ". »

Le fait est que le croisement chien et loup a été effectué à de nombreuses reprises, aussi bien par des éleveurs que par des zoos. L'infusion de sang de loup a même été volontairement utilisée au siècle dernier par les éleveurs allemands pour créer leur fameux berger, d'où son nom de chien-loup, ainsi que par les Esquimaux du Nouveau Monde pour leurs chiens de traîneau huskies. L'expérience de M. Messi n'a donc rien d'original et, chose plus grave, se traduit en fait par un retour en arrière et non un progrès.

Le chien domestique actuel, qu'il descende d'un ancêtre loup ou chien sauvage (je pencherais pour cette dernière hypothèse) est en effet le résultat de plusieurs millénaires de sélection, avec pour résultat l'animal en tous points exceptionnel que nous connaissons aujourd'hui.

Le croisement avec une race sauvage ne peut qu'annuler la plus grande partie de ce travail, notamment en ce qui concerne les caractères psychiques si originaux du chien. Il peut aussi, il est vrai, redonner certaines aptitudes physiques à des animaux affaiblis par une longue domestication. La difficulté est de doser et de conserver les caractères positif et négatif des deux parents. Les lois de l'hérédité, dites lois de Mendel, sont à ce sujet formelles, les descendants de première génération seront tous des hybrides avec des caractères physique et psychique hérités des deux parents. Certains de ces caractères sont dits dominants, ce sont eux qui apparaissent chez les hybrides. D'autres sont dits récessifs, c'est-à-dire cachés, et ne resurgissent que dans les générations suivantes.

Chez les descendants de deuxième génération, ajoute encore le Dr Pfeffer, c'est-à-dire des hybrides se reproduisant entre eux, les caractères hybrides ne subsistent que dans 50 p. cent des cas. Les autres 50 p. cent reviennent pour moitié (donc 25 p. cent) au type de chacun des deux premiers parents de race différente. Autrement dit, le type hybride ne peut être maintenu qu'au prix d'une sélection constante et au prix d'un déchet de 50 p. cent des produits obtenus.

Le Dr Pierre Pfeffer n'est pas, on le constate, tendre pour le créateur et pour les « supporters » de cette prétendue nouvelle race, mais je suis de ceux qui l'approuvent totalement. Cette affaire du loup d'Italie laisse d'ailleurs ses admirateurs sur leur faim. En effet, l'Association nationale de la cynophilie italienne, qui est l'équivalent de notre Société centrale canine, devant cette avalanche de publicité, a refusé de reconnaître cette race. Les acheteurs éventuels de produits de l'élevage de M. Messi sont donc prévenus, ils ne recevront qu'une fiche d'état civil délivrée à titre privé et n'ayant aucune valeur officielle.

Il n'était pas inutile de signaler cette affaire du loup d'Italie, ne serait-ce qu'en raison des arguments peu fiables des partisans de cette race et des arguments scientifiques irréfutables avancés par le Dr Pfeffer.

Comment explique-t-on la domestication du chien ? Ceux qui croient que le chien descend du loup et qui dans certains cas sont des cynophiles distingués, écrivent quelque chose de très émouvant sur cette première rencontre, sur ce premier contact entre l'homme et la bête sauvage ; une rencontre que l'on s'accorde à faire remonter à une centaine de siècles environ : l'homme, une énorme massue dans ses mains nerveuses, monte la garde à l'entrée de sa caverne. Sa famille repose à l'intérieur, séparée du veilleur par la lueur d'un petit feu. Tous dorment, épuisés d'un sommeil sans rêves, confiants en la vigilance du guetteur. Il faut dire que la journée avait été rude pour les chasseurs. Ils étaient parvenus à encercler un troupeau de rennes et avaient eu la chance d'abattre une vingtaine de ces animaux. Une bande de loups avait bien tenté de participer au carnage, mais les lourdes massues étaient entrées en action et trois de ces prédateurs avaient laissé leur vie sur le terrain, mêlant leur sang à celui des rennes, tandis que deux autres, durement atteints, s'étaient traînés dans les buissons.

Ce sont les péripéties de cette chasse heureuse qui se déroulent dans l'obscur cerveau de l'homme qui veille, tandis qu'un éclair de joie passe dans son regard à la pensée que la viande est là, en abondance, faisant fuir, pour de longs jours, le spectre tant redouté de la faim. Brusquement, l'homme tend l'oreille, il hume l'air (en ce temps-là, les hommes avaient du flair). Un bruit, une plainte, le vent peut-être ? Mais non, c'est un gémissement qui provient d'un épais fourré, tout proche de l'entrée de la caverne. L'homme, les mains crispées sur la massue, avance lentement, sur ses gardes. Il distingue alors une forme qui approche en rampant. Le premier réflexe de l'homme est de frapper, mais on ne sait par quel lumineux pressentiment, il retint son bras, tout comme Abraham lorsqu'il était sur le point d'égorger son fils Isaac. La bête maintenant toute proche lui léchait les pieds.

L'homme se pencha ; avec douceur, sa main se posa sur le crâne de l'animal, un des loups qui avait été blessé au cours de la journée. L'homme venait de contracter une alliance avec le loup, avec le premier chien ! Voilà le genre de prose qu'il m'a été donné de lire.

Je demande à ceux qui me liront de bien vouloir m'excuser d'être si peu poète, mais enfin une parcelle de bon sens aurait évité aux auteurs d'écrire de tels contes. En effet, si l'on admet que des loups ont été apprivoisés, il y a une centaine de siècles, il est tellement plus simple et beaucoup plus logique de penser que ces hommes de la préhistoire, désireux d'apprivoiser des loups, ont commencé par capturer des louveteaux. Les louveteaux n'ont à cet âge tendre pas encore appris à connaître la terreur que l'animal vertical inspire aux loups, de sorte qu'ils sont faciles à apprivoiser, infiniment plus en tout cas qu'un loup adulte que l'on aurait capturé dans la nature, lequel resterait toujours si effrayé qu'on n'aurait aucune chance de lui faire accepter le moindre contact avec un homme.

Si donc il y a eu des louveteaux capturés à cette lointaine époque dans le but d'en faire des collaborateurs dociles, des auxiliaires de l'homme, ces bébés loups ont-ils été les ancêtres de nos chiens ? Avant de répondre, il est nécessaire de dire quelques mots sur les rapports qui sont susceptibles de s'établir entre des loups et des chiens.

Tout d'abord, je ne crois pas que la haine entre le chien et le loup, dont on parle beaucoup, soit un argument contre cette supposition. Cela parce que je ne crois guère à cette haine dite ancestrale. Il m'est arrivé souvent de mettre en présence des chiens et des loups et tout s'est bien passé. Les louveteaux ont toujours manifesté leur curiosité pour un chien adulte, mais également leur intérêt.

Lorsque je fais pénétrer mon chien, un chien de montagne allemand, un léonberg, dans un enclos, les louveteaux se précipitent vers lui, ils se dressent sur leurs pattes postérieures afin de lui mordiller les joues et les babines. C'est leur façon de quémander de la nourriture. Ils en sont pour leurs frais, alors que, s'ils agissent de cette façon à l'égard d'un loup, ce dernier ne résistera pas à ce genre de sollicitation et il vomira de la viande pour les gentils louveteaux. Quant à mon chien, même s'il a l'estomac bien rempli, il ne vomira pas le moindre morceau de nourriture.

L'attitude des louvarts et même celle des jeunes loups âgés d'un an à deux ans se définiront envers le chien par un comportement semblable à celui de louveteaux. Avec la différence que si le chien, considéré comme un sujet dominant, se lasse d'être importuné et grogne en découvrant ses crocs, les jeunes loups feront immédiatement acte de soumission, c'est-à-dire qu'ils se coucheront aux pieds du chien, sans pour autant cesser de sortir la langue pour le lécher. En ce qui concerne les loups adultes et hors la période de rut, pendant laquelle je me garderais bien de faire rentrer mon chien dans leur enclos car il risquerait de passer un mauvais quart d'heure, ils ne demandent qu'à jouer. Mon léonberg, qui répond au nom de Roc et qui est âgé de cinq ans, est particulièrement copain avec cinq jeunes loups du Canada âgés de dix-huit mois. Dès qu'ils sont en présence, les jeunes loups se précipitent sur lui, le lèchent, lui mordillent les pattes, grimpent sur son dos; c'est une véritable avalanche qui s'abat sur Roc. La gentillesse des loups, on ne dira jamais jusqu'à quel point elle peut se manifester. Que l'on ne s'imagine pas que j'exagère; des milliers et des milliers de visiteurs des parcs à loups en sont chaque année les témoins, ce qui n'est pas, je dois le dire, sans les étonner. Un étonnement qui n'est pas surprenant de leur part, car ils ont toujours plus ou moins tendance à voir dans les loups des animaux extrêmement dangereux.

Loïs Crisler, qui a vécu avec son mari en Alaska et qui a élevé des loups en totale liberté, parle aussi des rapports entre sa chienne Tootch et ses loups. « Il nous fallut, dit-elle dans son livre *Artic Wild*, en premier lieu protéger les cinq grands loups contre la chienne. Ils brûlaient du désir de l'embrasser, mais elle leur mordait le museau. Puis il nous fallait recevoir le trop-plein d'affection qu'ils n'osaient pas manifester à la chienne. Ils débordaient d'affection. La chienne et les loups vivaient dans des mondes psychologiques différents. Les loups sont extraordinairement observateurs; ils possèdent ce que nous appelons la générosité des bêtes sauvages. Nous nous rendions compte que c'était quelque chose de plus profond : le sens de la responsabilité sociale. Nous devions en voir d'autres manifestations. Nous avions déjà vu des loups et des louves prendre sur eux la responsabilité de nourrir et de protéger contre nous des louveteaux qui n'étaient pas les leurs. Les loups en feront autant pour des chiots; ils régurgiteront aussi. Notre loup Coonie, que nous élevâmes plus tard, kidnappa un chiot non pour le tuer mais pour en prendre soin. Les loups adorent les chiots. En outre, ils se font du souci pour une bête qui a des ennuis. Au cours d'une promenade, un jour, un chien eut son nez hérissé de piquants de porc-épic. Tout au long du chemin du retour, une louve, Alatna, tourna autour de lui, gémissant quand le chien essayait de se débarrasser des piquants. Les autres chiens qui nous accompagnaient n'y faisaient même pas attention. Un nouveau chien enchaîné criait ; toute la nuit un loup resta près de lui, pleurnichant quand le chien criait ; les autres chiens dormaient ! La première fois qu'Alatna assista à une bataille de chiens, elle fut affreusement bouleversée. Elle ne se joignit pas à la mêlée, comme l'aurait fait un chien, mais elle s'efforça d'y mettre fin. Elle ne savait pas comment s'y prendre. En fin de compte, chose incroyable, elle écarta l'agresseur en le tirant par la queue ! »

Il y a évidemment des exceptions ; l'homme a créé un si grand nombre de races de chiens, si totalement différents de taille, de poids, de forme qu'une personne non avertie pourrait à bon droit croire qu'il ne s'agit pas seulement de races mais d'espèces différentes. Il y a par exemple beaucoup moins de différences entre un loup et un renard qu'entre un danois et un basset ou entre un boxer et un caniche nain. C'est pourquoi un loup peut très bien considérer un teckel comme une proie, le tuer et le manger ; le teckel ressemblant beaucoup plus à un lapin qu'à un saint-bernard.

Bien entendu, si des loups vivant à l'état sauvage et affamés rencontrent un chien, même de forte taille, ils risquent fort de le tuer, comme s'il s'agissait d'une proie quelconque. Si un loup peut dévorer un chien, ce dernier n'apprécie pas la chair du loup. A l'époque où, dans notre pays, les loups étaient nombreux et où on les chassait à courre, on essayait, dans le but de rendre les chiens plus ardents, de leur donner les loups abattus à manger. Mais on prétendait que la chair du loup était difficile à digérer et que les chiens ne manquaient pas d'avoir un flux de sang s'ils en mangeaient sans qu'elle fût cuite, bouillie dans l'eau. Mais, rôtie comme du gros pain, elle se digérait mieux encore. On recommandait de la préparer de cette façon pour la donner en curée après l'avoir tout d'abord coupée en quartiers, prélevant les épaules et les gigots et les faisant cuire au four pour les mélanger à la nouée avec du lait et de la graisse. Il paraît, selon les anciens veneurs, que sur vingt chiens, quatorze refusaient de manger la chair du loup.

Un jour, j'ai été témoin d'un spectacle curieux. Dans l'un de mes enclos vivait une famille de loups; la mère, le père et quatre louvarts âgés de sept mois. Deux chiens bergers allemands couraient autour de l'enclos en aboyant sans arrêt. Les deux loups adultes, considérant qu'il s'agissait d'un jeu, couraient parallèlement aux chiens, mais les louvarts étaient, eux, absolument terrorisés. Ils se précipitèrent contre le grillage, à l'endroit précis où je me tenais et cela dans le but on ne peut plus évident de se placer sous ma protection. La scène se répéta une dizaine de fois et toujours les louvarts se dressaient contre le grillage et contre moi, tant le comportement des chiens les effrayait. C'était la première fois que ces jeunes loups voyaient des chiens aussi excités; ils s'imaginaient poursuivis par eux. Lorsque les chiens parvenaient à leur hauteur, ils lançaient des coups de gueule dans le vide.

J'ai beaucoup apprécié cette attitude des louvarts; je m'efforce toujours de gagner la confiance des loups et ce jour-là, en recherchant ma protection contre les chiens, ils me donnèrent la preuve que j'avais su la leur inspirer. Il arrivait autrefois que des chiens chargés de la garde des troupeaux soient victimes des loups. Afin de les protéger, on les munissait d'un collier hérissé de pointes de fer. Il existait plusieurs modèles de ces colliers que l'on ne trouve plus guère que dans les musées ou chez quelques collectionneurs.

En Russie, à l'époque des tsars, des chasses aux loups étaient organisées avec le concours de chiens, des lévriers à poil long, les barzoïs. Deux ou trois de ces chiens étaient capables de maîtriser un louvart et de l'étrangler mais, lorsqu'il s'agissait d'un loup adulte, le problème se compliquait sérieusement. Les barzoïs parvenaient tout juste à ralentir la course du loup, ce qui permettait aux chasseurs à cheval de parvenir sur les lieux et de tuer le fauve. Si les chasseurs se trouvaient trop distancés, le loup pouvait échapper à trois lévriers et il n'était pas rare qu'un ou deux des chiens se retirent du combat avec de sérieuses blessures. Les barzoïs ont cependant une puissante mâchoire et leur fourrure leur assure une certaine protection.

Après ces digressions qui ne me paraissent pas inutiles, sur les rapports entre chiens et loups, venons-en à l'origine du chien. Tout d'abord, je donnerai l'opinion de quelques spécialistes en la matière. Jacques Graven rappelle qu'en 1949, une expédition de chercheurs de l'université de Pennsylvanie a découvert dans une grotte d'Iran les restes du plus ancien chien connu. D'après les datations effectuées au carbone 14, cet animal aurait vécu il y a 11 480 ans. Dans une grotte du mont Carmel en Palestine, on a découvert un autre chien, plus jeune, mais néanmoins âgé de 10 800 ans, toujours d'après la méthode de datation au carbone 14, laquelle consiste à recourir à un isotope du carbone (14 C) accumulé par tous les animaux vivants par l'intermédiaire de la nutrition. Quand les animaux meurent, l'accumulation cesse et le carbone 14 se transforme en un isotope de l'azote (14 N). Le taux de déperdition est connu, aussi, en comparant la quantité de 14 C avec celle présente dans l'os à la mort, il est possible de dater cet os. Toutefois, au bout de cinquante mille ans, il reste si peu de 14 C que la datation exacte devient un leurre. C'est pourquoi d'ailleurs on a eu recours à d'autres méthodes de datation lorsque les découvertes remontent à des centaines de milliers ou à des millions d'années; telles la datation au potassium-argon, la datation par traces de fission ou la datation géomagnétique. Mais la datation au carbone 14 étant fiable jusqu'à cinquante mille années, est suffisante pour le sujet qui nous intéresse.

Le squelette trouvé dans une grotte du mont Carmel serait celui d'un très grand chien assez proche du loup d'Arabie; il porte des marques incontestables de domestication.

Il y a une vingtaine d'années, Konrad Lorenz, le père de l'éthologie, qui fut prix Nobel de médecine avec Niko Tingergen et Karl Von Frish, envisageait deux hypothèses à propos de l'origine du chien. Le premier chien à demi domestiqué descendait selon Konrad Lorenz du chacal doré *(Canis aureus)*, y compris les grandes races comme le danois. Le chien dit loup, le berger allemand, n'aurait pas, ou très peu, de sang de loup dans sa lignée. En revanche, d'autres races doivent beaucoup plus au loup : les chiens des Esquimaux, huskies, malamutes, groenlandais, ceux des Lapons, les samoyèdes, de même que les chow-chows de Chine. Pourtant, par la forme du corps et la teinte du pelage, ces chiens n'ont souvent qu'une lointaine ressemblance avec les loups. Mais les pommettes hautes, les yeux obliques, le nez retroussé sont des caractères toujours présents dans cette parenté.

L'essentiel de l'argumentation de Konrad Lorenz allait plus loin, elle s'appuyait sur les caractères physiologiques de ces animaux. Un chien possédant du sang de loup n'est jamais servile; vous ne parviendrez jamais à le dresser. Un tel chien est votre ami jusqu'à la mort; il n'est jamais votre esclave, il se donne tout entier à son maître et s'il n'en trouve pas ou s'il se perd, il devient indépendant à la manière des chats vivant à côté de l'homme sans contracter une alliance profonde. C'est le cas de la grande majorité des chiens de traîneaux.

Le chien qui descend du chacal est soumis, ce qui en fait un compagnon docile, commode, toujours prêt à exécuter vos ordres.

Je dois donner encore la théorie de Zeuner qui croit à une descendance unique, à partir du loup, de tous les chiens connus. Il fait remarquer, ainsi que d'autres spécialistes, que le caractère de la dentition est en partie déterminant lorsqu'on étudie la parenté des espèces zoologiques. Par ailleurs, d'autres caractères ostéologiques corroborent l'argument de la dentition.

Pour Pierre Pfeffer, sous-directeur au Muséum d'histoire naturelle de Paris, le chien de race berger allemand descendrait du loup d'Europe du Nord, qui par suite d'imprégnations successives aurait perdu, après plusieurs générations, de plus en plus ses caractéristiques et sa taille de loup.

L'origine du chien, il faudrait la voir dans le chacal; des expériences ont permis de dire et de prouver que le croisement entre le chien et le chacal ne présentait aucune difficulté, de même que le chacal et le loup se fécondent mutuellement. Un spécialiste a même pu obtenir un sujet qui réunissait, en proportions égales, les sangs de chien, loup et chacal.

Mentionnons le dingo, ce chien sauvage d'Australie *(Canis lupus familiaris)* qui serait, d'après certains naturalistes, un chien domestique redevenu sauvage; il présente des indices de parenté avec les chiens domestiques d'Indonésie. Pour d'autres et grâce à la découverte, faite par Maccoy, de restes de dingos mêlés à ceux de grands marsupiaux tertiaires *(Nototherium Diprodon)*, ce canidé serait d'origine sauvage, la présence de l'homme à cette époque étant douteuse. Le dingo, quoi qu'il en soit, ne peut entrer dans la catégorie des espèces ayant engendré notre chien.

Alors faut-il considérer le loup comme l'ancêtre du chien? Oui, si l'on en croit l'Allemand V. Goerttler, s'appuyant sur les recherches de W. Here. Aucun doute, écrit-il, ne subsiste. « Le loup est l'ancêtre unique de nos chiens domestiques. La supposition sur quelques traits de comportement que le chacal entre dans cette ascendance est caduque. » Voilà qui est clair et net, mais pas certain pour autant, même si l'on sait que Konrad Lorenz a révisé son point de vue à la suite de cette sèche mise au point de Goerttler.

Le chien constituerait-il une espèce à part? C'est mon point de vue. Je dois dire que longtemps j'ai pensé que notre chien descendait du chacal et cela pour des raisons que j'ai jugées solides. Pour moi, les hommes vivant tout autour de la Méditerranée il y a un peu plus de cent siècles avaient des possibilités infiniment plus grandes d'apprivoiser de jeunes chacals que des louveteaux. Par ailleurs, le chacal est nettement plus facile à apprivoiser qu'un loup. Enfin, les pays nordiques de l'Europe n'étaient pas peuplés, en raison du très grand froid qui y régnait à cette époque qui était celle de la dernière glaciation, celle du Wurm.

Je ne suis pas un généticien distingué, il s'en faut, mais j'ai un peu de peine à croire qu'en l'espace d'une centaine de siècles, le chien ait pu acquérir toutes les qualités qui l'ont transformé en fidèle serviteur de l'homme et perdre, dans le même temps, tout ce qui le sépare du loup, en particulier dans le domaine du comportement.

Remontons très loin, jusqu'à l'origine des canidés. On la situe à trente millions d'années avec l'apparition du Cynodicte, à la fois ancêtre des canidés, des ours et des ratons laveurs. Sur le continent américain apparaissaient le *Daphaenus* et le *Cynodesmus*. Entre quinze et dix millions d'années vivait *Tomarctus*, le descendant de *Cynodesmus*, et l'on voit en lui l'ancêtre de tous les canidés.

Cinq cent mille ans avant notre ère apparaissaient le loup en Europe, en Amérique du Nord et en Chine; le coyotte en Amérique du Nord, le chacal en Europe.

Ce n'est qu'entre quinze mille et dix mille ans, au néolithique supérieur, qu'apparaît le chien domestique sous la forme de fresques magdaléniennes en Espagne, de squelettes que l'on a découverts en Urss, à Afontova-Gora, entre Tomsk et le lac Baïkal. Ce n'est qu'entre dix mille ans et six mille ans avant Jésus-Christ que l'on connaît le *Canis familiaris palustris* – le chien des tourbières. Ce chien des tourbières ressemble à un chien de traîneau; il était utilisé en tant que tel si l'on s'en réfère aux gravures sculptées sur des bois de rennes. Grand, agressif selon Maurice Gottaz dans *Le Grand Livre du chien*, il aurait deux mille ans avant la première grande civilisation égyptienne envahi le globe dans quatre directions. Vers l'est (Russie, Europe centrale et Asie), le sud-est (Moyen-Orient), l'ouest (Angleterre) et le sud (Espagne), où l'on trouve encore de nos jours un chien fort semblable.

Datant de cette époque, les fresques rupestres d'Allemagne occidentale ne nous montrent qu'une seule race de type spitz, à oreilles droites et à queue enroulée sur le dos, chez ces chiens.

Encore une espèce pouvant être envisagée comme pouvant être à l'origine du chien : il s'agit du loup des Indes *(Canis pallipes)* dont il a été question dans le chapitre réservé aux enfants loups. Ce loup des Indes est plus petit et il se rapproche beaucoup de la taille moyenne des chiens; il ne hurle pas, mais aboie et, selon Jacques Gravin, il se pourrait que le chien ait été domestiqué en plusieurs points du globe. Ce serait alors différentes races ou différentes espèces de loups qui se seraient transformées en notre ami, si peu mystérieux en apparence seulement.

Le loup du Japon, celui de Syrie, celui d'Espagne et le petit loup du Mexique peuvent encore briguer l'honneur d'être les ascendants de nos chiens.

Cette hypothèse de la pluralité des ancêtres du chien s'accorde avec les observations de Konrad Lorenz.

C'est ainsi que les chiens nordiques peuvent descendre du loup d'Europe. D'autres races de chiens proviendraient de loups différents qui n'ont peut-être pas de codes suffisamment précis et une hiérarchie aussi stricte que notre loup.

On peut encore envisager une autre possibilité. Les chiens de type chacal ne sont-ils pas des chiens de domestication très ancienne et qui par conséquent auraient perdu un certain nombre de caractéristiques issues de cette espèce? Les chiens nordiques seraient d'origine plus récente, ou bien des croisements incessants leur auraient permis de conserver certaines de leurs particularités primitives.

D'autres, beaucoup d'autres questions se posent. Par exemple, la question du climat est à prendre en considération. Lors de la dernière glaciation du Wurm, qui en Amérique du Nord correspondait à la glaciation du Wisconsin, le froid était excessif, de sorte que les glaciers des Alpes descendaient jusqu'à Lyon. Quelles espèces vivaient à cette époque dans le sud-ouest de la France? Elles étaient très nombreuses, beaucoup se retrouvent de nos jours, soit en montagne (bouquetins, lièvres variables, lagopèdes), soit dans l'Arctique (renards polaires, chouettes harfangs), soit des espèces disparues (mammouths, rhinocéros laineux). Vers la fin du Wurm IV, le climat moins rigoureux, plus humide obligeait les rennes à entreprendre des migrations qui les conduisaient du sud-ouest de la France vers ce qui est aujourd'hui le département du Rhône.

Les peuples chasseurs devaient, au moins une partie d'entre eux, suivre ces migrateurs et revenir avec eux à la fin de la belle saison.

Plus tard, le réchauffement s'accentuant, les rennes montèrent vers le nord, où leurs descendants vivent de nos jours semi-domestiqués par les Lapons, bien que l'on puisse dire que c'est le renne qui a civilisé le Lapon (civilisation du renne).

Ces hommes, ces peuples chasseurs d'il y a dix mille ou quinze mille ans avaient-ils domestiqué des loups? Des restes de chiens provenant du gisement de Saint-Thibault-de-Couze (Dordogne) ont été trouvés. Par ailleurs, notre *Canis familiaris* serait représenté dès le préboréal en Aquitaine. Des dents et ossements – certains présentent des traces nettes de section – récoltés dans la couche 2 du gisement du Pont-d'Ambon sont datés de 9 640 ans (d'après Françoise Delpech, *Faunes du paléolithique supérieur dans le sud-ouest de la France*).

Ces chiens bien sûr étaient les contemporains des loups. Les deux espèces présentaient déjà des différences, et depuis fort longtemps sans doute, ce qui ne les empêchait nullement de cohabiter.

De quoi me conforter dans mon hypothèse, à savoir que notre gentil toutou descend non du loup, mais d'une espèce ou de différentes sous-espèces de chiens sauvages.

Lorsque l'on s'intéresse aux racines de l'humanité, on présente les ancêtres de l'homme sous la forme d'un arbre avec de nombreuses branches; la plus lointaine : les insectivores, puis les tarsiers, les loris, suivis des lémuriens, les petites espèces de singes du nouveau monde, les petits singes de notre ancien monde et les grands singes. Longtemps on a pensé que l'homme descendait de l'une des espèces de grands singes, les anthropoïdes, gibbons, orangs-outans, gorilles, chimpanzés; puis on a été amené à considérer les choses d'un regard plus critique, jusqu'à ce que l'on envisage une autre branche de cet arbre, celle qui serait porteuse de l'homme, le roi de la création. A cette très lointaine époque, plus de trois millions d'années, le cerveau d'un grand singe, tel le gorille, était de quatre cent cinquante centimètres cubes, soit sa capacité actuelle en admettant qu'il n'ait pas évolué. La capacité des représentants de l'espèce humaine, les Australopithèques, était du même ordre.

Si donc, l'on a admis une différence entre les grands anthropoïdes et l'homme, on admettra peut-être un jour, lorsqu'on établira les racines du chien, que l'une d'entre elles diverge depuis fort longtemps de celle du loup, depuis bien avant que nos lointains ancêtres songent à apprivoiser le chien sauvage qui se distinguait du loup.

En envisageant, plus exactement en adoptant l'hypothèse selon laquelle le chien n'aurait pas le loup pour ancêtre, je dois dire que je me trouve non pas isolé, mais en excellente compagnie, le Dr Pierre Pfeffer penchant pour l'hypothèse du chien sauvage en tant qu'ancêtre de notre toutou.

Nous verrons que si certains caractères (développement de la capacité cervicale, poids du cerveau) peuvent se modifier, en plus ou en moins, en l'espace de quelques générations, il n'en est pas de même en ce qui concerne le comportement, lequel suppose une longue adaptation à de multiples situations. La complexité, la subtilité du comportement, chez un animal aussi hautement socialisé que le loup, ne peuvent s'acquérir qu'au cours des millénaires.

Nous allons aborder la seconde partie de cet ouvrage qui nous permettra de mieux connaître le loup, de le voir vivre, chez lui, à l'état sauvage dans différents pays où il est encore présent. Nous le verrons également avec quelques différences dans son comportement, dans son existence en semi-liberté. Dans ce cas, il est tributaire de l'homme, mais, lorsqu'il bénéficie de vastes enclos, d'un biotope qui lui convient, avec des arbres, des prés, des landes, de l'eau, lorsque les clans sont livrés à eux-mêmes la plus grande partie de leur vie, alors il est possible de mieux les étudier, de mieux comprendre certains comportements de leurs frères sauvages.

10

Bialow et Toundra

Bialowieza, un immense massif forestier coupé en deux par la frontière séparant la Pologne de l'Urss, ce sont des millions d'arbres géants, des conifères en grande partie, mais aussi des chênes dépassant quarante-cinq mètres de haut; ce sont aussi d'immenses clairières herbeuses, contenant cette fameuse herbe à bisons, riche en couramine. Bialowieza, c'est un parc national dans lequel vivent des bisons, des cerfs, des chevreuils, des martres, des lynx et des loups.

En mai 1961, une louve mit bas quatre louveteaux sous l'abri constitué par un énorme sapin renversé, à quelques centaines de mètres à peine d'une clairière, traversée par une petite rivière. Ces louveteaux ne devaient pas connaître les joies et les risques de la liberté. Un garde découvrit le liteau, un jour de la fin juin, et s'empara des petits. La louve inquiète regardait le ravisseur; elle le suivit longtemps à travers la forêt alors qu'il emportait sa petite famille.

Elle n'intervint pas; la peur de l'homme était trop forte, elle la paralysait presque et c'est comme un automate qu'elle regagna l'abri sous le sapin mort qui n'avait pas suffisamment dissimulé les louveteaux. Elle renifla leur odeur, mais en même temps celle exécrée de l'homme. Son compagnon, un grand loup de cinq à six ans, la rejoignit, il comprit aussitôt le drame, exactement comme s'il en avait été le témoin.

Quelques mois plus tard, après qu'ils eurent effectué un séjour au zoo de Varsovie, je recevais deux de ces louveteaux, devenus louvarts. Je baptisais le mâle Bialow, en souvenir de sa forêt natale, et la louve reçut le nom de Toundra. Je devais conserver pendant quelques semaines mes deux pensionnaires, dans une grande cage car l'enclos dans lequel ils auraient une idée de la liberté n'était pas terminé. Ils y trouveraient un petit bois de pins, des landes à genêts, à plus de onze cents mètres d'altitude.

Les jeunes loups ne tardèrent pas à bien connaître leur nom. Toundra vint la première prendre le morceau de sucre ou le biscuit que je lui tendais derrière la grille. Bialow avait un caractère bien différent. Je devais d'ailleurs, au cours des années, me rendre compte que dans presque tous les cas les femelles se montraient moins peureuses face aux représentants de l'espèce humaine. Bialow me lançait des regards terribles lorsque j'approchais de lui, mais son air farouche ne m'intimidait guère, au contraire, il forçait mon admiration. En réalité, ce mâle déjà impressionnant avait terriblement peur de moi, alors que cependant je faisais tout mon possible pour essayer de gagner sa confiance. Il ne pouvait supporter de me voir nettoyer sa cage et il se vengeait sur le balai; il devait m'en briser deux en l'espace de quelques jours. Je le trouvais magnifique.

Bialow avait un défaut, il manquait vraiment de galanterie envers Toundra; il se montrait même brutal lorsque je distribuais la viande. Il s'empressait d'avaler les morceaux qui lui étaient destinés, avant de foncer sur Toundra pour lui arracher le morceau qu'elle était en train de déchiqueter. Il lui arrivait même de déposer dans un coin de la cage un des morceaux qui lui étaient attribués, puis de foncer sur la louve pour lui enlever sa part. Cela n'allait pas toujours sans quelques coups de dents, mais Toundra finissait assez vite par céder devant la force nettement supérieure du mâle. Bien entendu, Toundra ne souffrait pas de faim; lorsqu'elle avait été victime de la voracité de Bialow, je lui apportais quelques morceaux supplémentaires qu'elle mangeait tranquillement, sans se presser parce que je restais auprès d'elle, ce qui suffisait à tenir le loup à l'écart.

Je fis hâter la construction de l'enclos; il me tardait de donner un vaste espace à mes loups et j'étais également impatient de les voir évoluer enfin chez eux dans un biotope qui leur conviendrait parfaitement.

J'avais encore une raison de transférer les loups dans leur enclos. Chaque nuit en effet, depuis quelque temps, ils avaient pris l'habitude de se mettre à hurler. Au début je trouvais cela merveilleux, mais les habitants des villas voisines ne partageaient pas mon admiration pour les loups et encore moins pour leurs hurlements. Je n'osais pas croire qu'ils étaient terrorisés; il y avait pourtant de cela et plus que je ne pouvais l'imaginer. En revanche, ils supportaient sans se plaindre, trouvant sans doute cela naturel, les aboiements de tous les roquets du quartier et souvent pendant des heures, aussi bien le jour que la nuit, alors que les loups avaient la sagesse de ne hurler que pendant quelques minutes au cours de la nuit. Chaque fois que les loups hurlaient, soucieux du repos nocturne de mes voisins, je me levais avec l'espoir d'interrompre leur petit concert, mais il arrivait qu'ils recommencent alors que j'avais à peine regagné mon lit. Leurs hurlements devaient bientôt prendre fin, plus que quelques jours et ils seraient dans leur domaine, à deux kilomètres environ des habitations les plus proches.

Je ne me doutais guère que leur transfert aurait lieu plus tôt que je ne le prévoyais. Une nuit, je rêvais que les loups se trouvaient dans leur enclos et qu'ils me poursuivaient! Les bonnes gens m'avaient tellement prédit que les loups finiraient par me dévorer que j'avais fini par les croire, mais uniquement en rêve. Ces loups donc me poursuivaient et alors que j'avais réussi à atteindre la porte avant qu'ils ne me bondissent dessus, je m'éveillais brusquement. Les chiens de mon voisin le docteur, un loulou de Poméranie et un cocker, aboyaient à qui mieux mieux. Ils m'avaient réveillé et, tandis que je pestais contre ces maudits chiens, mon épouse me dit d'un ton sec que je n'avais que le droit de me taire, car c'était probablement un de nos chats qui traversait le jardin, ce qui provoquait la fureur des chiens.

Je tentais de me rendormir, mais une buse (j'avais aussi une buse dans mon jardin) se mit à « miauler ». Il ne manquait plus que celle-là maintenant, dis-je en essayant de fourrer ma tête sous les draps. A quoi, toujours placide, mon épouse répliqua que, très souvent le matin, la buse criait de cette façon, mais je dormais si bien que je ne l'entendais pas. Je tentai de me rendormir et j'allais y parvenir car je possède une remarquable capacité de sommeil, lorsque, croyant rêver, j'entendis ma voisine, la femme du docteur propriétaire des chiens, qui m'appelait criant : « Monsieur Ménatory, il y a un loup dans le jardin ! » Je n'en croyais pas mes oreilles ; le 1er avril était passé depuis longtemps ; je ne pouvais par ailleurs suspecter de badinage ma voisine, femme pondérée entre toutes. Je bondis et, torse nu, je me précipitais vers la porte que j'ouvris toute grande. Toundra était là. On eût dit qu'elle m'attendait ; je suis persuadé que, si je m'étais effacé, comme pour inviter une grande dame à entrer, elle m'eût suivi dans le vestibule.

La curiosité semblait être son mobile. Néanmoins, j'étais inquiet. Où était Bialow ? Comment Toundra avait-elle pu s'évader ? J'avançai vers la louve qui, devant moi, sans se presser descendit les escaliers, se mit à trottiner en se dirigeant derrière la villa où se trouvait sa cage. La porte de la cage, le bois d'une porte à glissière s'était desséchée et la louve était parvenue à la déplacer suffisamment pour se glisser à l'extérieur.

Bialow était encore dans la cage, tout étonné de s'y trouver seul. J'étais, quant à moi, dans la situation du monsieur qui se trouve assis entre deux chaises. D'un côté, si je fermais la porte de la cage, je ne pouvais plus espérer faire rentrer Toundra dans son domicile ; de l'autre côté, si je laissais les choses ainsi, je courais le risque de voir Bialow, qui s'agitait terriblement à ma vue, prendre à son tour le chemin de la liberté.

J'étais d'autant plus inquiet que, à gauche de la maison, le jardin ne surplombait la route que d'une hauteur de deux mètres à peine. Et, de l'autre côté de la route, il y avait un terrain de camping occupé par plus d'une centaine de tentes. J'imaginais déjà la surprise de ces paisibles campeurs voyant apparaître l'énorme tête de Bialow par l'ouverture de leur abri de toile. Je mis rapidement un frein à mon imagination; j'avais mieux à faire. Je suivais Toundra essayant de la diriger vers la cage, mais elle trottait dans le jardin, tout autour de la maison, très à l'aise et n'ayant apparamment nulle envie de rentrer chez elle.

L'esprit toujours pratique, mon épouse survint avec un beau gigot qu'elle était prête à sacrifier. Seulement la louve n'avait pas faim, du moins ignora-t-elle le gigot.

Bientôt mon voisin le docteur qui assistait avec sa femme, son fils et sa belle-fille au déroulement de cette scène, voyant que mon épouse, une faible femme, n'était pas attaquée par la louve, vint à notre aide avec un balai; son fils et sa belle-fille se joignirent à lui. Mais pendant ce temps Bialow, qui s'ennuyait tout seul, était sorti à son tour.

Les événements se précipitaient. J'établis rapidement une stratégie toute simplette. Avec mon épouse, je me plaçai d'un côté de la maison; le docteur et ses enfants de l'autre côté. C'est de leur côté que les deux loups se dirigèrent résolument, avec un bel ensemble, et tous trois s'écartèrent pour leur céder le passage. Toundra s'arrêta quelques mètres plus loin sur la terrasse tandis que Bialow descendait les escaliers et parvenait devant l'entrée du garage. La porte de la petite cour d'entrée donnant sur l'avenue était heureusement fermée.

Je rejoignis le loup qui s'était assis et qui s'appuyait sur la porte du garage dont l'un des battants était, je ne sais par quel heureux hasard, un peu entrouvert. Je me trouvais à deux mètres du loup lorsqu'il commença à me montrer sa magnifique denture. Cette attitude de fermeté freina un tantinet mon emportement. Nous nous observâmes donc un moment lorsque je me rendis compte que le loup venait de risquer un œil à l'intérieur du garage par l'ouverture qui n'était guère qu'à cinquante centimètres de lui. Je déduisis de ce regard que le loup avait l'intention, s'il se sentait menacé, de fuir dans le garage. Alors je n'hésitais plus, poussai un hurlement de Sioux et fonçai sur Bialow. Ainsi que je l'espérais de toutes mes forces, le loup se précipita à l'intérieur du garage, dont je fermais rapidement la porte en disant : « En voilà un à l'abri. »

Nous ne rencontrâmes aucune difficulté avec Toundra. Elle se trouvait à cinq ou six mètres de notre petit groupe, lorsqu'elle se retourna pour nous lancer un regard, puis comme si elle estimait que la petite plaisanterie avait assez duré, elle s'en alla de cette magnifique allure des loups, souple, légère, harmonieuse, et elle rentra comme une grande dans sa cage. Là encore, je fermai la porte très vite, en prenant toutes les précautions pour qu'elle ne renouvelle pas une semblable escapade.

Il ne pouvait être question de laisser Bialow

dans le garage. Nous entreprîmes tout d'abord de sortir ma voiture ; je m'installai au volant, mais je n'osais mettre le moteur en marche, craignant d'effrayer davantage encore le loup. Mes voisins tirèrent donc la voiture par l'arrière en prenant soin de ne laisser aucun espace entre elle et la porte.

La voiture sortie, mon voisin déclara qu'il avait très faim et que, lorsqu'il aurait pris son petit déjeuner, je pourrais compter sur lui si je le jugeais nécessaire. Je ne savais trop comment capturer le grand loup, je décidai d'aller déjeuner : l'estomac plein, on réfléchit mieux. Un quart d'heure plus tard, je me rendis chez un pharmacien pour lui demander s'il n'aurait pas « quelque chose pour endormir un loup ». Le brave homme me regarda comme si j'arrivais de Vénus et il me répondit qu'il n'avait rien de tel. Je courus alors chez le vétérinaire. Une de ses filles me répondit : « Papa n'est pas là aujourd'hui, vous pensez bien, c'est l'ouverture de la chasse, il ne risquait pas de manquer ça. »

Aux grands maux, les grands remèdes, me dis-je en retournant chez moi. J'ôtai ma veste et ma chemise, je pris un manche à balai, pour sait-on jamais parer au plus pressé, et je pénétrai dans le garage.

Bialow s'était offert de la distraction ; il avait cassé quelques bouteilles, démoli une étagère et brisé la vitre d'une petite fenêtre. Dans un angle du garage, il y avait une caisse, celle justement dans laquelle Bialow était arrivé chez moi après son départ de Varsovie. Je soulevai la porte à glissière de cette caisse, espérant naïvement que le loup irait s'y réfugier et que je n'aurais qu'à rabattre cette porte.

Les choses se passèrent un peu différemment. Je m'efforçai de diriger le loup vers la caisse en évitant le plus possible de l'effrayer. Pendant près de dix minutes, il courut comme un fou à travers le garage avant de commencer à donner des signes de fatigue. Sa langue, très longue, pendait hors de sa gueule. Enfin, il s'arrêta, essoufflé, au milieu du garage. J'avançai vers lui et aussitôt il montra ses terribles canines et puis, sans que je l'eusse prévu le moins du monde, il bondit sur moi, sans avoir pris le temps de se ramasser sur lui-même comme l'aurait fait un chien. Je me courbai instinctivement, tout en essayant de lui donner un coup de mon manche à balai. Les mâchoires du loup avaient claqué à quelques centimètres de mon oreille gauche. Par ailleurs, le plafond du garage était assez bas, mon manche à balai le heurta rudement et il se cassa en deux.

Je me retrouvais donc avec un morceau de bois de quatre-vingts centimètres environ pour lutter contre un animal que la peur rendait agressif. La poursuite reprit, quand, à nouveau le loup s'arrêta. J'étais sur mes gardes et cependant, pour la deuxième fois, ses mâchoires claquèrent tout près de mon visage. Une troisième fois, la même scène se répéta, puis une quatrième.

Je crus alors que le loup m'avait enlevé un morceau de joue au passage; je sentais en effet un liquide tiède me couler sur la figure et j'imaginai que c'était du sang. En réalité, il s'agissait d'un long jet de bave. Heureusement Bialow manquait un peu d'entraînement; les semaines passées dans une cage ne l'avaient pas prédisposé à être en grande forme. Quant à moi, hormis un peu d'émotion, je me sentais assez bien et puis cet affrontement m'excitait un peu.

Après cette dernière tentative pour défendre son existence qu'il pouvait à bon droit croire menacée, le loup s'appuya contre le mur, à un mètre à peine de l'entrée de la caisse. Je repris espoir. J'avançai, je parvins à un mètre de Bialow qui avait la gueule grande ouverte. Je ne m'attardais pas à l'admirer. De la main gauche (j'ai été un gaucher contrarié), je saisis fermement ce qui me restait du manche à balai et le fourrai sèchement entre les mâchoires du loup, qui mordit à fond. En même temps, de la main droite, je lui appliquais, sur les fesses un coup plutôt rude qui le projeta dans la caisse dont je refermai vivement la trappe de ma main gauche libérée de mon bâton. Tout cela se passa si vite que je fus presque surpris de voir le grand loup prisonnier. Cette explication avait duré environ vingt minutes et elle se terminait à l'avantage de l'homme sur l'animal. J'en déduisis que l'on avait beaucoup exagéré la férocité du loup, mais il est évident que, si j'avais accordé quelque crédit aux contes, aux vieux récits, j'aurais peut-être perdu mon sang-froid et les choses auraient pu alors tourner à l'avantage du fauve.

Que l'on ne s'étonne pas du comportement agressif du loup. Il n'avait aucune possibilité de s'enfuir, prisonnier des quatre murs, et sa peur était telle qu'il n'avait d'autre solution que celle de se défendre en m'attaquant. Il s'agit d'un cas exceptionnel qui ne peut se dérouler dans la nature. Un simple chat domestique se trouvant dans une situation similaire m'aurait sauté à la figure. Et l'on ne prétend pas de ce fait que le chat est un animal dangereux.

Le lendemain, une équipe d'ouvriers, plus nombreuse, terminait l'enclos et Bialow avait la joie de courir sous les arbres et d'entendre au-dessus de sa tête le souffle du vent dans les branches. Deux jours après, Toundra, la jolie louve aux formes ondulantes, le rejoignait. Les loups étaient désormais chez eux. Ils disposaient auprès d'un églantier d'un abri en rondins, qu'ils ne devaient d'ailleurs pratiquement jamais utiliser, préférant dormir sous les étoiles, quel que soit le temps.

C'est dans cet enclos que je devais commencer à me mêler à la vie privée des loups. Ce n'est que deux ans après que Toundra et Bialow eurent quatre louveteaux. Mais bien avant, j'avais pu étudier les différences de caractère du couple. Toundra était beaucoup moins farouche ; elle n'avait aucune peur de moi et lorsque je pénétrais dans l'enclos, elle s'approchait presque jusqu'à me toucher, levant haut la tête, pour me regarder dans les yeux. Si je m'asseyais, elle tournait autour de moi et, si je sortais un biscuit de ma poche, elle venait le prendre au bout de mes doigts.

Bialow n'en était pas là et durant toute sa vie, il refusa de m'approcher. Lorsque j'étais dans l'enclos debout, il n'arrêtait pas de courir, empruntant toujours rigoureusement le même passage. Après quelques semaines, il avait tracé un sentier et si je me postais tout prêt, il ne déviait pas sa course, passant à moins d'un mètre de moi ; il avait acquis un comportement stéréotypé. Ce loup se souvenait de notre affrontement dans le garage et il ne parvint jamais à l'oublier, bien que je me sois toujours efforcé de l'amadouer en lui tendant des morceaux de viande. Il se montrait moins timide avec des gens qu'il voyait pour la première fois, les jugeant, qui sait, moins dangereux que moi. Toujours est-il qu'il me considéra, non seulement comme le sujet dominant mais comme un dominant qu'il craignait plus que tout. Lorsque j'étais assis dans l'enclos ou mieux quand je m'allongeais, Bialow avait moins peur, mais il ne courait plus, se tenant debout, m'épiant comme s'il s'attendait toujours à ce que je lui joue un mauvais tour.

En Europe de l'Est, de même qu'au Canada et en Sibérie, les accouplements ont lieu généralement aux environs de la deuxième quinzaine de mars. Dans le Grand Nord et en Alaska, ce n'est guère avant le début avril que les loups s'accouplent. Dans les parcs à loups vivant en semi-liberté, des parcs qui sont situés à onze cents mètres d'altitude, où règne de sucroît un climat presque continental, c'est autour du 15 mars que les coïts productifs ont lieu. Déjà toutefois, à partir de la mi-janvier, les louves commencent à être en chaleur et les mâles s'agitent sérieusement.

Chez les loups, l'accouplement se déroule de la même façon que le chien domestique, ainsi que chez tous les canidés. C'est à Pierre-Paul Grassé, le « père » du fameux *Traité de zoologie*, que l'on doit la description des modalités de l'accouplement. Il semble que cela soit tout simple, tout le monde ayant eu l'occasion de voir des chiens accouplés, et liés l'un à l'autre, pendant plusieurs minutes, en général un quart d'heure à vingt minutes, mais parce que le déroulement de cette « opération » est mal connu, je crois intéressant de le décrire.

Le mâle aborde la femelle par l'arrière et la monte dorsalement. L'érection du gland commence par l'extrémité antérieure ; c'est dans le vagin même qu'elle se poursuit, se propageant vers la base du gland de telle sorte que le bulbe caverneux se gonfle en dernier (il est irrigué directement par l'artère dorsale du pénis) ; il se loge dans le vestibule vaginal, s'appliquant très étroitement contre ses parois et coinçant ainsi le pénis qui ne se déplace plus. La première phase du coït est alors achevée. Le pénis étant solidement maintenu en place, le mâle descend du dos de la femelle, se tourne en passant une de ses pattes postérieures au-dessus du pénis intromis ; les deux sujets s'opposent alors par le dos, tout en restant accouplés. Cette posture est possible parce que la partie postérieure du pénis se plie au cours de la torsion imposée par le changement d'attitude du mâle, tandis que le bulbe caverneux demeure coincé dans le vestibule vaginal.

La deuxième phase du coït, dite de l'accrochage, peut durer longtemps, dépassant parfois une demi-heure. L'éjaculation s'effectue pendant cette deuxième phase. Le sperme émis s'appauvrit en spermatozoïdes au fur et mesure que le coït avance ; à la fin, il n'est plus qu'un liquide limpide dépourvu de spermatozoïdes (vingt centimètres cubes de liquide émis par coït par un mâle de taille moyenne). Le sperme éjaculé du chien ne se coagule pas ; il contient une fibrinogénase qui supprime le pouvoir coagulant du plasma sanguin. La turgescense du bulbe caverneux diminuant, le couple se disjoint.

J'ai eu plusieurs fois l'occasion de voir des loups s'accoupler, mais je voudrais dire ce qu'a écrit à ce sujet Donald Carr, professeur de chimie expérimentale et auteur, entre autres, du livre *La Grande Leçon sexuelle des animaux.* Le loup dominant, dit-il, surveille constamment les mâles inférieurs, et les écarte impitoyablement des femelles en chasse. Le contrôle exercé par la femelle alpha est encore plus rigoureux ; elle attaque en grondant toute femelle inférieure qui paraît se prêter à l'accouplement. Sous la férule de cette louve cruelle et tyrannique, les femelles sont tellement apeurées que, même montées par le mâle, elles frissonnent au point de rendre l'intromission impossible. Malgré toutes ces brimades et restrictions, un certain nombre d'accouplements sont couronnés de succès à chaque saison, mais la plupart du temps entre les deux mêmes animaux. (Curieusement le mâle alpha chef de la horde est rarement le géniteur, bien qu'il soit sollicité par la femelle alpha et par d'autres louves d'une place dominante dans la hiérarchie. Il semble trop occupé ou trop fier, pour céder à leurs avances.)

Au moment où se produit l'accouplement des deux élus, la horde devient très agitée. Réunis autour du couple, les loups, profitant de la période où ils se trouvent liés, les agressent et les mordent (le mâle actif est en général l'héritier qui deviendrait alpha lui-même, si celui dirigeant la horde était tué ou perdait son autorité).

Quand la femelle alpha est liée à son tour, les autres femelles ont quelques instants d'indépendance qu'elles mettent à profit en courtisant le mâle de leur choix. Mais l'intolérance du chaperon ne diminue pas, bien au contraire. On a observé le cas d'une femelle alpha dans un tel état de rage qu'elle traîna le mâle lié à elle pour attaquer un couple essayant de copuler. D. Carr ajoute : « Bien qu'il n'eût jamais été prouvé que les loups sauvages choisissent une compagne à vie, on est sûr qu'un vieux loup ne s'intéresse pas sexuellement à une partenaire plus jeune que lui. »

Mes observations diffèrent sur quelques points de celles que décrit D. Carr. J'ai observé que l'agitation qui prélude au rut débute en janvier. Mais si des tentatives d'accouplement ont bien lieu, je puis dire que ces tentatives ne débouchent pas sur des accouplements. Ce n'est qu'à partir de la mi-mars que les coïts sont productifs et les naissances ont lieu soixante-deux à soixante-trois jours plus tard. J'ai noté également que le mâle alpha ne se contentait pas de corriger vertement les mâles de rang inférieur mais que, dans quelques cas, assez rares il est vrai, il allait jusqu'à les éliminer en les étranglant. Il semble dans ce cas agir préventivement, comme s'il ne voulait pas avoir de problèmes pendant qu'il s'accouple.

J'ai assisté à des accouplements en mars, mais il arrive parfois que la femelle ne soit pas disposée à accepter le mâle. Une fois, un mâle tenta de s'accoupler avec sa femelle, une dizaine de fois au moins il la chevaucha, pendant quelques secondes, mais sans qu'il y ait eu intromission. Après quelques coups de reins, il retombait sur ses pattes et la femelle s'éloignait. Chaque fois alors, le mâle poursuivait, pendant quelques secondes ses mouvements rythmiques d'accouplement dans le vide, agissant comme s'il chevauchait toujours sa compagne. Peut-être n'était-il pas suffisamment motivé ou bien il manquait de punch!

Dans un parc où il n'y a qu'un couple de loups, tous ces problèmes n'existent pas. Les difficultés surgissent dans un clan qui dispose d'un territoire trop exigu. Des batailles extrêmement violentes se produisent alors; elles ont pour but l'élection du sujet dominant. Ici, pas de bulletins de vote, pas de magouille, c'est la force avec parfois l'appoint de circonstances qui peuvent favoriser un sujet moins robuste mais qui aura profité d'une situation donnée mieux que ses adversaires.

On sait qu'il existe un code chez les loups, lequel est généralement respecté. C'est-à-dire qu'au cours d'un combat, l'individu qui a le dessous se couche sur le dos, présentant à son adversaire sa gorge et son ventre. Il s'agit d'une position humiliante. Le plus fort, les crocs découverts, se contente alors de menacer son adversaire; il peut le maintenir de longues secondes dans cette situation, ensuite, lorsqu'il juge que la leçon est bien comprise, il se retire lentement, l'air encore menaçant, la queue tendue presque à l'horizontale, sûr de lui, de sa force, de son bon droit.

Les combats peuvent se répéter tous les jours. Le loup qui aura reçu une bonne correction se tiendra en général à l'écart, tout au moins pendant quelque temps.

Aucun des mâles dominés, qu'ils aient été vaincus au cours d'une violente bagarre ou qu'ils aient accepté la loi du plus fort en faisant acte de soumission sans s'être battus, ne se reproduiront. Ils seront à ce point stressés, inhibés, que l'on a pu dire très justement qu'ils étaient frappés de castration psychologique. Il en est de même pour les femelles; elles auront une telle peur de la femelle alpha qu'elles n'entreront même pas en œstrus. On a une idée de l'influence, du pouvoir que font peser sur eux les individus dominants.

On parvient à des situations plus complexes dans des enclos beaucoup plus vastes, disons de plusieurs hectares de superficie, dans lesquels peuvent vivre vingt ou trente loups. Des clans se forment alors, chaque clan fait respecter son propre territoire, ce qui ne va pas sans quelques escarmouches, les limitations de frontières n'étant pas toujours très strictement respectées.

Depuis deux années, j'ai des contacts fréquents, presque quotidiens, avec une trentaine de loups vivant dans un parc de plus de quarante mille mètres carrés. Il y a des loups de Pologne, des loups de Hongrie et des loups de Sibérie. Les loups du Canada disposent d'un parc voisin. Dans le parc des loups de Sibérie, de Pologne et de Hongrie, il y avait à l'origine, c'est-à-dire avant que les loups y soient introduits, beaucoup de lapins (il y en a aujourd'hui beaucoup moins), mais il en reste suffisamment pour donner l'occasion aux loups de les chasser et d'en croquer quelques-uns de temps en temps, ce qui agrémente leur menu. Mais il arrive parfois qu'un lapin poursuivi par la dizaine de loups de Hongrie se dirige vers le territoire des loups de Pologne. Le clan des Hongrois lancés à la poursuite du lapin ne fait pas attention aux limites, ils foncent avec une telle ardeur que les loups polonais les voyant arriver chez eux avec tant de détermination, commencent à reculer de quelques mètres, puis brusquement, comme s'ils se rendaient compte que les envahisseurs exagéraient, ils se reprennent et les chassent.

Le jeu pouvait durer un quart d'heure, car le clan des polonais avait à son tour tendance à envahir le territoire des hongrois et ces derniers alors reprenaient l'offensive après avoir fui. Tout enfin rentrait dans l'ordre, mais les loups avaient pris un peu d'exercice.

Le même type de situation se présente lors de la distribution de la viande. Tous les deux jours, les loups reçoivent cinq kilos de viande chacun. Leur pourvoyeur, dans le but de limiter les disputes, donne deux ou trois morceaux pour chacun des loups, des morceaux de deux à trois kilos. Ainsi, ce sont au moins une centaine de morceaux de viande qui sont distribués en trois ou quatre points différents de ce parc. Malgré ces précautions, il est fréquent qu'un loup ou deux, ou même trois ou quatre, emportant un gros morceau s'enfuient, poursuivis par d'autres qui auront délaissé pour le plaisir de la poursuite les morceaux qui sont au sol, tout près d'eux. C'est donc à nouveau l'occasion pour les loups de bafouer les frontières des clans.

Les conflits ont lieu aussi, bien évidemment, au sein de chacun des clans et en particulier lors de la période de reproduction. Jusqu'ici, et même si le dominant d'un clan ne se montre pas particulièrement tendre pour ses subordonnés, aucun d'entre eux n'a envisagé de changer de clan. Il faut dire qu'il serait très probablement mal reçu, de sorte que cette probabilité contribue à l'attachement au clan.

Naturellement, les conditions d'existence des loups qui vivent à l'état sauvage, sont différentes. Nous les étudierons dans d'autres chapitres, mais revenons à Bialow et Toundra.

Pas de concurrence pour ce couple qui fila le parfait amour sans craindre des interruptions dues à des sujets dominés et jaloux. C'est ainsi que Toundra mettait bas sa première portée au pied d'un arbre, dans une légère excavation. Un des nouveau-nés était plus chétif que ses frères et sœurs.

Après qu'ils eurent été sevrés et nourris de viande régurgitée par les adultes, les jeunes loups s'emparaient des morceaux de viande et s'en allaient les dévorer chacun de son côté. Mais le louveteau malingre était tellement effrayé par ses frères et sœurs qu'il n'osait pas s'approprier un morceau, craignant que l'un d'eux ne bondisse sur lui pour le lui enlever. Il était stressé au point qu'il serait mort de faim si sa mère Toundra ne lui avait permis de prendre une part des morceaux qu'elle déchiquetait. Elle n'aurait pas toléré une semblable familiarité d'un de ses autres petits en bonne santé. Ce louveteau se développa moins vite que les autres; il ne participait pas aux jeux et aux disputes auxquels se livraient ses frères et sœurs pour dépenser un trop-plein d'énergie. Sans la compréhension de sa mère, il serait mort de faim. A l'âge de dix mois, il pesait moitié moins que ses frères et Toundra ne lui laissait plus prendre une part de sa nourriture. Elle était de nouveau en œstrus, elle devait songer à sa prochaine portée, de sorte que le louvart malingre mourut avant d'avoir atteint sa première année. Il est probable qu'il n'aurait pas vécu aussi longtemps dans la nature.

C'est au prix d'une grande rigueur que les animaux sauvages se maintiennent en bonne condition; c'est de la sélection naturelle.

Quand Toundra allaitait les louveteaux de sa deuxième portée, je voulus prendre quelques photos de cette scène charmante. Je commençais par installer mon appareil muni d'un téléobjectif sur un pied à une vingtaine de mètres du liteau. La louve était couchée et m'observait. Je me croyais suffisamment loin pour ne pas l'inquiéter. Ce n'était pas ce qu'elle pensait. A peine avais-je commencé à faire la mise au point que la louve se leva rapidement, décrivit un arc de cercle assez vaste pour me couper la retraite.

J'abandonnai mon matériel photographique et sortis rapidement du parc; la louve, les dents découvertes, n'était plus qu'à un mètre de moi à peine. Je dus attendre longtemps pour récupérer mon matériel. J'avais fait plusieurs tentatives, mais chaque fois la louve se levait vivement. Elle s'approchait du pied, le reniflait, puis rassurée, elle allait se recoucher avec ses petits. Finalement, j'eus recours à une petite diversion. Je lançai une poule morte à Toundra qui s'empressa d'aller s'en emparer. J'en profitai pour récupérer mon appareil et je remis à plus tard le plaisir de photographier une scène de famille chez les loups.

C'est là un exemple qui montre combien une louve qui a des petits est capable de les défendre, si elle est habituée à l'homme. Elle a beaucoup moins peur et elle n'hésiterait pas à charger. Encore, je dois dire que cela dépend des individus.

Dans la nature, le photographe qui découvrirait une portée de louveteaux pourrait les photographier sans problème, la louve s'empresserait de déguerpir ; sa terreur de l'homme étant plus forte que l'amour, l'attachement qu'elle porte à ses petits. On a souvent cité le cas de ce braconnier qui, au début du XIXe siècle, s'était emparé de nombreuses portées de louveteaux afin d'obtenir le paiement des primes. Or ce braconnier ne fut jamais attaqué et pas même menacé par les louves auxquelles il déroba les petits. Il racontait qu'elles se tenaient à quelques dizaines de mètres, épiant ses faits et gestes, tandis qu'il plaçait les louveteaux dans un sac. Ce braconnier n'avait qu'un bâton pour toute arme.

Il ne s'agit pas de quelques cas isolés : en Pologne, en Hongrie, très fréquemment des gardes s'emparèrent de portées de louveteaux sans que leurs mères osent intervenir. Quand je voulais prendre des louveteaux à Toundra et à bien d'autres louves qui ont mis bas dans les enclos, je n'avais pas grande difficulté. Toutefois, ces louves manifestaient une certaine agressivité à mon égard, de sorte que je devais prévenir leurs attaques. Je n'avais bien entendu aucune arme. Ces louves n'étaient pas effrayées par un bâton ; en revanche je lançais quelques pierres dans leur direction et elles s'éloignaient. Les pierres sont bien plus efficaces que les bâtons. C'est là, d'ailleurs, encore une des différences de comportement entre des louves chargées de famille et vivant en liberté et des louves vivant en semi-captivité. Et cela toujours pour la même raison qui veut que les louves sauvages ont infiniment plus peur de l'homme que les louves qui, parce que des contacts s'établissent entre elles et leurs soigneurs, ont perdu une partie de la crainte des hommes.

Il arrivait, de temps en temps, que Toundra et Bialow « chassent » dans leur enclos. Il n'était pas rare que, repus, ils dissimulent quelques morceaux de viande, soit en les enterrant, soit plus simplement en les recouvrant à peine avec des feuilles ou des aiguilles de sapin. Il restait aussi des morceaux qui n'étaient pas cachés et qui n'échappaient pas à l'œil vigilant des pies et des corneilles. Ces corvidés perchés dans les arbres se laissaient tomber sur les morceaux de viande. Leur manège attira très vite l'attention des loups. Les louvarts, comme tous les jeunes en mal d'expérience, se précipitaient la gueule ouverte vers ces oiseaux qui n'avaient aucune difficulté à leur échapper. Ils s'envolaient toujours à temps et ils finirent par n'être plus guère impressionnés par ces loups bondissants, mais pas du tout dangereux. Pies et corneilles perdirent peu à peu leur méfiance. Elles devaient devenir bientôt plus circonspectes. Elles avaient jusque-là ignoré la différence, trop subtile pour elles, malgré le haut degré d'intelligence qu'on leur accorde, entre un loup et un louvart.

Un jour, Toundra se dissimula derrière le tronc d'un gros sapin et attendit. Les corneilles recommençaient leur manège, sans même que les louvarts aient manifesté le désir de se présenter; repus, ils étaient couchés côte à côte dans une tache de soleil sous les arbres. Ils avaient peut-être compris l'inutilité de chasser ces noirs oiseaux qui paraissaient les narguer.

Maintenant, cinq ou six corneilles se disputaient un gros morceau de viande; elles étaient si excitées, si préoccupées à échanger des coups de bec que leur prudence se relâcha totalement. Au point culminant de leur querelle, la louve qui se trouvait à cinq ou six mètres, bondit et ses mâchoires se refermèrent sur l'un des oiseaux. A deux reprises, en l'espace de trois jours, une scène semblable se renouvela alors que je me trouvais à une cinquantaine de mètres de là, dans un petit bois. Mais il y eut d'autres corneilles et quelques pies qui furent victimes des loups. Un jour, alors que j'étais dans l'enclos des loups, Toundra vint me montrer fièrement une corneille qu'elle tenait dans sa gueule. A plusieurs reprises, elle passa devant moi, à quelques pas, pour bien me faire voir sa prise.

La nuit, tant en hiver qu'en été, j'allais rendre visite aux loups. Je m'asseyais sous les arbres et rendus moins peureux, car ils sont à l'aise dans l'obscurité, ils venaient auprès de moi, alors que je subissais le handicap de l'obscure clarté qui tombe des étoiles, quand le ciel n'était pas couvert. Même Bialow se montrait moins timide; les louvarts s'enhardissaient jusqu'à venir renifler mes bottes et ma veste. Quant à Toundra, elle venait fourrer son nez dans mes cheveux. Une nuit, elle tenta de me saisir la tête dans sa gueule comme si elle avait voulu m'emporter. Je n'eus qu'à prononcer son nom, doucement et au son de ma voix, elle ne poursuivit pas sa tentative.

Un jour, en compagnie d'un naturaliste, je l'appelai ; elle vint, mais s'arrêta à quelques mètres. Je n'avais rien qui pût la tenter, pas un biscuit, pas le moindre morceau de sucre. Je sortis alors un mouchoir de ma poche et le lui tendis. Elle s'approcha, le saisit rapidement. Le mouchoir était parfumé à la lavande et la louve montra que cette odeur lui plaisait. En effet, après l'avoir déposé sur le sol, elle le sentit, puis frotta son museau à plusieurs reprises sur le mouchoir avant de se rouler dessus, et finalement l'emporta plus loin, pour recommencer ensuite comme si elle voulait s'imprégner de l'odeur. Une demi-heure plus tard, elle avait déchiré le mouchoir mais elle continuait à le sentir.

Je dois dire que, même si le mouchoir n'avait pas été parfumé, elle aurait agi de la même façon. J'ai fait la même expérience avec des mouchoirs qui n'avaient aucune odeur particulière et non seulement Toundra, mais les jeunes loups faisaient preuve du même comportement.

Nous allons voir dans le prochain chapitre l'histoire d'une louve nommée Taïga.

11

L'histoire de Taïga

Taïga est la fille de Toundra et Bialow. Elle est née à la fin d'une journée de mai, dans une légère dépression du sol, au pied d'un églantier. Le soleil jetait ses derniers feux sur les monts; les merles sifflaient dans les vallons; un pouillot véloce faisait inlassablement entendre son chiff-chaff et une petite troupe de mésanges babillait dans les branches d'un pin sylvestre à quelques mètres au-dessus des loups, tout en prenant des poses acrobatiques, pour décortiquer les pommes.

C'est dans cette ambiance que Taïga et ses cinq frères et sœurs, six petites boules de fourrure, firent leur entrée dans le monde. Le peuple des loups venait de s'enrichir de six nouvelles vies. Les bébés loups se pressaient contre le ventre de leur mère, recherchant sa chaleur et ses mamelles. Ils se mouvaient avec une extrême lenteur, semblables à des larves.

Rien apparemment ne distinguait la petite Taïga de ses frères et sœurs; seul le hasard devait lui faire connaître une vie bien différente. Lorsqu'elle eut cinq jours, mettant à profit un instant d'inattention de la louve, je lui enlevai un de ses petits. Cinq louveteaux ou six, cela ne faisait guère de différence pour Toundra qui n'a jamais su compter jusque-là ; elle ne se rendit donc pas compte du rapt.

Ce n'est pas toujours aussi simple. Il arrive que la louve ne relâche pas son attention et il faut la distraire, par exemple en lançant au loin un morceau de viande vers lequel elle ne manque pas de se précipiter. On peut, en mettant à profit ce moment de distraction lui enlever un petit. Il n'est pas toujours facile de le replacer dans le liteau avec les autres louveteaux, mais il suffit de le déposer au sol. La louve s'approche, le renifle et l'emporte dans sa gueule pour qu'il retrouve ses frères et sœurs.

Taïga ne devait pas retourner chez les loups ; elle ne devait jamais connaître la vie du clan. Elle avait, je l'ai dit seulement cinq jours lorsque je l'enlevais à sa famille. Ses yeux étaient fermés mais elle avait déjà une idée précise du monde des odeurs et savait donc qu'elle avait quitté sa mère et le liteau. Tandis que je la portais, elle renifla longuement mes mains.

En arrivant à mon domicile je lui donnais, dans un biberon, du lait concentré sucré, mais elle devait marquer une préférence pour le lait de vache additionné d'un peu d'huile de foie de morue. Taïga s'habitua vite au biberon et chaque fois qu'elle venait téter, c'est-à-dire dix ou douze fois toutes les vingt-quatre heures, je lui mouillais légèrement le ventre pour lui permettre d'uriner. Il faut savoir que les mères des tout jeunes mammifères lèchent le ventre de leurs petits et qu'il ne s'agit pas d'une question de propreté comme beaucoup le croient mais d'une nécessité vitale. Les bébés des mammifères n'étant pas capables d'uriner sans cette aide. C'est le contact de la langue humide qui provoque la miction.

Des chasseurs, des promeneurs qui ont découvert de tous jeunes animaux et qui ont souhaité les élever, les ont vus mourir parce qu'ils ignoraient ce détail. Ils auraient d'ailleurs mieux fait de les laisser où ils étaient, car selon toute probabilité, leur mère les aurait retrouvés. Pour Taïga, une petite éponge mouillée remplaçait la langue de sa mère. Le soir, je couchais la petite louve dans un carton dans lequel je déposais une bouillotte enveloppée d'une petite couverture. Attirée par la chaleur, elle rampait aussitôt vers la bouillotte, contre laquelle elle s'endormait tout de suite.

Soucieux de jouer au mieux mon rôle de mère de famille et en même temps de ménager mon sommeil, je donnais un biberon à Taïga juste avant d'aller au lit, le plus tard possible, c'est-à-dire aux environs de minuit, parfois une heure du matin.

Vers trois heures du matin, la faim tenaillait la petite louve; elle poussait des cris qui me réveillaient. Je bondissais afin de lui préparer un autre biberon. Après quoi, je pouvais espérer dormir jusqu'aux environs de six heures du matin.

Mon épouse était fort surprise; il ne m'était jamais arrivé de donner le biberon à mes enfants et voilà que je jouais parfaitement les nourrices. Parfaitement, peut-être pas tout à fait, car alors que je m'occupais si bien de Taïga depuis trois jours (elle n'avait pas encore ouvert les yeux), ma femme me fit remarquer que je ne connaissais pas la position idéale pour lui donner la tétée. Elle me prit la louve et le biberon mais, à son grand étonnement, la petite louve refusa de téter : « Elle n'a plus faim sans doute, dit-elle. – Mais si », rétorquais-je et je le lui démontrai en donnant le biberon que la louve absorba goulûment.

Pourquoi donc avait-elle refusé le biberon qui lui était présenté par mon épouse ? Tout simplement, ainsi que je l'avais remarqué, elle avait senti une odeur qu'elle ne connaissait pas et qui lui faisait peur. Elle était en revanche bien habituée à ma propre odeur. C'est dire qu'un petit animal qui n'a pas encore ouvert les yeux peut déjà, grâce à son odorat, avoir une idée du monde qui l'entoure.

C'est entre le neuvième et le dixième jour, parfois onzième, que les louveteaux ouvrent les yeux. A dix jours, les yeux de Taïga s'ouvrirent. Oh ! son regard n'était pas encore très vif ; elle ne devait pas distinguer très nettement les choses de son proche environnement et j'en fis l'expérience en passant ma main à plusieurs reprises au-dessus de ses yeux. C'est pourquoi je ne crois guère aux descriptions de naturalistes romanciers qui, décrivant ce grand moment, écrivent ce genre de chose : « La petite bête ouvrit les yeux et promena un regard étonné sur le monde. »

Ce ne fut que quelques heures plus tard que Taïga, qui connaissait si bien mon odeur, compléta cette connaissance avec son regard. Dès lors, elle devait me considérer à la fois comme son père et comme sa mère. Pour elle, j'étais à son image ou elle était à la mienne. Deux ou trois jours plus tard, je la conduisis auprès de Toundra sa mère, de Bialow et de ses frères et sœurs. Non seulement elle les ignora, mais elle en eut grand peur, en particulier lorsque Toundra s'approcha pour la renifler.

Agée de trois semaines, Taïga aimait se pelotonner contre moi ; je la glissais entre ma peau et ma chemise et il lui arrivait de s'endormir. J'ajoutais de la farine de viande à son lait. A un mois, elle courait partout et aussitôt qu'elle m'apercevait se jetait dans mes jambes aussi vite que le lui permettaient ses courtes pattes. Je la prenais alors dans mes bras, elle me léchait et gémissait de bonheur. Quand je l'abandonnais, elle pleurait comme un bébé. Je devais apprendre qu'un loup, et plus encore un louveteau, abandonné par ses congénères souffre terriblement de la solitude. Cela est tout à fait logique pour une espèce éminemment sociable.

Elle dormait dans un carton, mais elle eût vite appris à l'escalader pour retomber de l'autre côté et se mettre à ma recherche dans toutes les pièces de la maison.

Lorsque la petite louve eut quarante jours, je commençai à lui donner de la viande hachée; elle se développa très vite et son appétit grandit tous les jours. Je fus étonné de la rapidité avec laquelle elle fit le rapprochement entre le bruit du papier de boucherie et la viande.

Un jour elle entreprit de descendre les escaliers conduisant dans le jardin. Tout se passa bien pour la première marche, mais entraînée par son élan elle roula les marches suivantes pour atterrir, un peu froissée, vexée, effrayée dans le jardin ; elle remonta vers la terrasse mais à dater de ce jour et pendant quelques semaines, elle n'emprunta plus les escaliers. Elle préférait sauter de la terrasse lorsqu'elle voulait me rejoindre dans le jardin. Pour cela elle sautait dans la banquette de marguerites qui avaient été l'objet des soins les plus attentifs de ma femme ; laquelle, il faut le préciser était en vacances au bord de mer avec les enfants. J'étais donc seul à la maison avec Taïga qui faisait ses quatre volontés. Un bon mois de vacances pour la petite louve.

Lorsque ma famille fut de retour, le premier regard de mon épouse se posa sur ses chères marguerites. « Que s'est-il passé ? », me demanda-t-elle. Pris au dépourvu (il y avait un bon bout de temps que je ne pensais plus aux ravages de ma petite louve dans le domaine des fleurs), je répondis que c'était un orage qui était la cause de ce mini-désastre. (Je dois préciser que ces magnifiques marguerites, hautes de plus d'un mètre, ne formaient plus qu'un amas informe, la louve, en sautant plusieurs fois par jour, avait fini par les écraser.) Étonnée, mon épouse maugréa quelque chose comme « quel fichu pays » puis elle vit, à quelques mètres de là, des fleurs qui n'avaient absolument pas souffert et elle ajouta : « C'est curieux, là-bas, tout est intact. » J'expliquai qu'un orage c'est toujours très localisé mais elle ne me paraissait pas totalement convaincue quand Taïga choisit ce moment pour sauter sur les défuntes marguerites... Je ne vous conterai pas la suite !

Les rideaux, les fauteuils souffrirent quelque peu du trop-plein d'énergie de Taïga ; mais je pensais que cela était tout naturel; un loup ne peut comprendre l'éternel besoin de confort des hommes.

Ma petite louve était toujours d'excellente humeur, toujours prête à jouer, hormis lorsqu'elle dévorait sa part de viande. Dans ces moments-là, elle savait se défendre. A un mois et demi, nos deux chats parvenaient à l'intimider en lui décochant des coups de patte avec l'espoir de s'emparer d'un bout de viande. Leur supériorité ne dura pas longtemps. Taïga était d'un tempérament plutôt vif et, bientôt, elle fonça sur les chats, sans même chercher à éviter les coups de griffe. Mes chats n'avaient jamais vu un toutou aussi plein de détermination. Il est vrai que ce toutou n'était pas du tout prisonnier des règles de bienséance de la vie en groupe.

Taïga était devenue l'amie des enfants; même ma fille âgée de cinq ans la prenait dans ses bras. Elle adorait jouer avec eux et semblait prendre un malin plaisir à leur mordiller les mollets, en prenant soin de modérer la force de ses mâchoires car, déjà, ses dents de lait très pointues faisaient mal. Elle ne buvait plus au biberon (elle en avait déchiré plusieurs) mais appréciait toujours le lait que je lui donnais dans une écuelle.

Malgré toute l'affection qu'elle portait à mes enfants, elle n'hésitait pas à les abandonner au milieu de leurs jeux pour se précipiter à ma rencontre lorsque je rentrais du bureau. Elle adorait que je lui abandonne mon bras qu'elle serrait dans ses dents en pleurant de joie, plus exactement des gémissements très doux, comme tous les louveteaux qui de cette façon manifestent leur affection à leurs parents. Cette cérémonie des retrouvailles qui se produisait plusieurs fois dans la journée ne durait guère plus de trois ou quatre minutes, après quoi la jeune louve partait à fond de train, courant, bondissant après un papillon, recherchant toutes les occasions pour dépenser son trop-plein de vie.

Je devais, lorsqu'elle n'avait pas atteint son troisième mois d'existence, lui mettre un collier; un collier rond qui ne casse pas le poil tout en offrant plus de solidité. La jeune louve n'avait jamais entendu parler de la fable de La Fontaine « Le loup et le chien », car le collier fut accepté sans la moindre émotion. Je commençais à la promener en laisse dans le jardin et je fus heureux de voir la rapidité avec laquelle elle marcha docilement à mes côtés. Logiquement, je n'aurais pas dû être surpris, car j'étais tout pour Taïga et il m'eût suffi de faire le rapprochement entre elle et ses frères et sœurs qui suivaient leur mère pas à pas, les uns derrière les autres, à la queue leu leu.

Les promenades dans le quartier assez calme succédèrent aux promenades dans le jardin. Au début je m'inquiétais un peu. Comment la louve réagirait-elle lorsqu'elle rencontrerait des étrangers? Et les voitures qui passaient à toute vitesse? Accepterait-elle de marcher tout près de ces monstres? Je fus vite fixé. En ce qui concerne les étrangers, elle ne leur accorda pas l'ombre d'un regard. S'il s'agissait de quelqu'un qui me connaissait et qui s'arrêtait un instant pour parler, elle le flairait des chaussures aux genoux, puis venait se réfugier dans mes jambes; parfois, si la conversation durait un peu, elle se couchait.

Avec les voitures, il y eut quelques émotions. La première fois, ce fut un gros camion qui nous frôla. Taïga se précipita sur moi avec une telle force qu'elle faillit me faire tomber. Il y eut aussi un automobiliste qui donna un grand coup de klaxon. A ce « cri », qui ne correspondait, qui n'émanait d'aucun animal familier, la louve eut si peur qu'elle tenta de s'enfuir en tirant très fort sur sa laisse.

Ce n'était que le premier jour et elle s'habitua vite aux passants, aux véhicules et aux mille bruits de la rue, de la vie des hommes.

Je la conduisis au marché et dans les quartiers les plus animés. Un jour, cependant, elle bondit sur le filet à provisions d'une ménagère, qui contenait quelques côtelettes. Je retins Taïga in extremis, ses mâchoires avaient claqué à deux ou trois centimètres à peine du filet, mais la pauvre femme, passablement effrayée, me cria : « Quand on a un chien comme cela, on le laisse à la maison ! » Si elle avait su !

Un beau jour j'emmenai ma jeune louve en ville, dans mon bureau. A peine étions-nous rentrés que, sans regarder à droite ni à gauche et pas davantage les secrétaires, elle se précipita sur la corbeille à papiers. Lorsqu'elle eut tout déchiqueté et constaté qu'il n'y avait là pas une once de viande, elle fit un mouvement pour sauter sur ma table de travail, ensuite elle inspecta les lieux. Enfin, elle crut pouvoir aller dans la rue, au milieu des passants mais elle se heurta violemment à la devanture vitrée. Un piège qu'elle sut éviter par la suite. Elle n'avait pas encore eu l'expérience d'un mur qui permettait de tout voir, mais qui n'en constituait pas moins un obstacle infranchissable.

Taïga ne se plaisait pas beaucoup dans ce lieu de travail ; elle n'avait pas la mentalité d'un rond-de-cuir et ce n'est certes pas moi qui le lui reprocherai. Elle aimait en revanche se promener en laisse, de sorte qu'en peu de jours, lorsqu'elle me voyait prendre son collier, elle se précipitait vers le portail. La jeune louve eut quatre mois. C'était désormais un louveteau musclé, toujours joueur. Ses dents de lait tombèrent : un jour qu'elle me mordillait, je reçus une de ses dents de lait dans le creux de ma main. Des dents robustes, éclatantes de blancheur remplacèrent les fines dents de lait, pointues comme des aiguilles. Cette métamorphose s'opéra apparemment sans douleur. La jeune louve courait de plus en plus vite, sautait de plus en plus haut et presque sans élan, à la manière de ses frères sauvages.

Elle m'étonnait toujours par sa façon si particulière de monter les escaliers. Elle commençait par courir très vite et prenant fermement appui sur les premières marches, elle paraissait s'envoler ; son corps se courbait comme un arc et elle « atterrissait » cinq ou six marches plus haut. Ce mouvement était si beau, si harmonieux, si plein de grâce que je le lui faisais répéter plusieurs fois par jour, pour le plaisir de l'admirer.

De temps à autre, tandis que nous nous promenions en ville, des chiens s'approchaient de la louve, pour faire sa connaissance. La première fois ce fut un gros chien qui tenait assez vaguement du berger allemand. Taïga lui fit mille politesses, comme si elle avait un grand seigneur devant elle, mais le gros chien s'en alla sans manifester plus de curiosité. Une vie déjà longue passée en ville à fouiller les poubelles en avait fait un parfait abruti. Néanmoins les rapports entre la jeune louve et la plupart des chiens qu'elle rencontrait étaient plutôt cordiaux. C'est pourquoi, un jour, alors qu'elle venait d'avoir cinq mois, je lui adjoignis un compagnon, un jeune berger allemand à poils longs, de deux mois son aîné.

L'entente était on ne peut plus parfaite entre les deux animaux, sauf au moment des repas. Lorsqu'elle mangeait, la louve ne supportait pas la présence du chien à ses côtés ; il devait s'éloigner au moins à cinq ou six mètres d'elle, faute de quoi, elle fonçait sur lui, les crocs découverts. Je dois dire qu'il ne l'attendait pas. Je ne crois pas qu'il agissait par galanterie mais bien parce qu'il était impressionné par la belle denture de la louve.

Dans les jeux, parfois assez violents, auxquels les deux animaux se livraient, le chien, quoique plus âgé et pourtant très vigoureux, légèrement plus grand, plus élancé que sa compagne, avait régulièrement le dessous. La louve donnait une impression de plus grande puissance ; ce qui ne l'empêchait pas d'être beaucoup plus souple. Je me rendis compte que son pelage, très épais et protégé par de longs poils rêches déconcertait un peu le chien, ses dents ne paraissant pas y trouver de prise ferme. Mais il n'y eut jamais de véritables batailles entre les deux compagnons. Souvent, tandis qu'ils luttaient, la louve usait d'une technique assez particulière. Avec l'une de ses pattes antérieures, elle donnait un coup violent sur les pattes du chien, en même temps qu'elle le bousculait fortement d'un coup d'épaule. Deux fois sur trois, le chien, perdant l'équilibre, allait à terre.

Taïga, comme tous les loups, jouait silencieusement, tandis que le chien aboyait autour d'elle, paraissant se demander pourquoi elle ne lui répondait pas par des aboiements. De temps en temps, j'emmenais Taïga en voiture, dans le parc où vivaient les membres de sa famille, distant de sept kilomètres de mon domicile. Ces voyages pour être très courts n'en étaient pas moins très mouvementés. Dans une voiture, la louve n'avait pas la passivité d'un chien. Avec une souplesse de félin, elle bondissait de la banquette arrière à la banquette avant et vice versa. Parfois elle voulait à tout prix s'installer sur mes genoux alors que je conduisais ou bien elle mordait mes chaussures, ou encore elle tentait de se coucher à mes pieds. Cela produisait de brutales accélérations et des coups de freins non moins brutaux.

Une fois, pour avoir la paix, j'eus l'idée de la mettre dans le coffre de ma voiture. Je me disais qu'elle ne souffrirait pas, pour un voyage de quelques minutes. Je devais me repentir de mon initiative. Taïga avait déchiqueté la moquette, les garnitures, coupé les fils électriques, brisé les ampoules des feux arrière. Elle était vraiment contre la claustration.

Toundra, la mère de Taïga, était intriguée lorsqu'elle voyait sa fille, mais je n'osais pas faire pénétrer la jeune louve dans l'enclos; elle n'en manifestait d'ailleurs pas l'envie; je crois qu'elle n'aurait pas fait bon ménage avec ses parents. Je devais garder Taïga pendant huit mois. Le soir, je l'enfermais dans un enclos de quelques dizaines de mètres carrés où elle passait la nuit, mais il ne m'était plus possible de continuer à la faire vivre ainsi. Non qu'elle soit devenue dangereuse, au contraire, son affection pour moi ne faisait que croître avec sa force, mais voilà, elle poussait quelques hurlements chaque nuit. C'était sans doute magnifique, enfin à mon goût, mais les voisins ne partageaient pas mon point de vue ; ils n'appréciaient pas les hurlements, si harmonieux qu'ils puissent paraître à une oreille musicale, ou simplement à celle d'un naturaliste.

C'est Grey Owl qui a dit qu'il se sentait bien lorsqu'il entendait la musique des loups, mais tout le monde n'est pas Grey Owl. C'est pourquoi je dus me séparer de Taïga. Bien entendu, j'allais la voir tous les jours dans le parc que j'avais aménagé, tout proche de celui de ses parents. Et très souvent, je la libérais pour de longues promenades à travers bois. Lorsque je n'étais pas trop occupé ailleurs, je ramenais la jeune louve chez moi, mais un animal sauvage qui a subi l'imprégnation ne peut être trop longtemps séparé de celui qu'il considère comme son maître, faute de quoi il est très malheureux.

Dans la première parution de ce livre en 1969, aux Éditions Stock, j'écrivais dans les dernières lignes du chapitre consacré à la jeune louve que je lui donnerais un jour un mari. J'ajoutais que Taïga et ses frères et sœurs étaient peut-être promis à une vie meilleure, une vie plus libre. Ce n'est pas ainsi que les choses devaient se passer pour la jeune louve. J'ai dû, au début des années soixante-dix, mettre fin à mon élevage de loups. C'est ainsi que Toundra, Bialow, leurs descendants et Taïga devaient être transférés dans des enclos au parc zoologique du Gévaudan, au nord de la charmante petite ville de Marvejols, où ils disposèrent de vastes enclos.

Aussi souvent que possible, et malgré les quelque quarante kilomètres qui désormais me séparaient de mes loups, j'allais les voir. Taïga vivait seule dans un enclos. Mes visites lui causaient une joie profonde qu'elle traduisait par des bonds, par des marques d'affection si touchantes que c'est toujours avec un vif regret que je devais l'abandonner à sa solitude. Elle saluait mon départ par de longs hurlements.

Un jour le propriétaire du parc me téléphona afin de me suggérer qu'il serait bien de donner un mari à Taïga qui était alors âgée de près de quatre ans. On était à la fin de janvier et je capturai un mâle dans le grand enclos voisin qu'il partageait avec une dizaine de compagnons. Aussitôt qu'elle vit ce nouveau venu, Taïga fut transportée de joie ; elle bondissait autour du loup, le mordillait, mais il était loin de partager le bonheur de la louve. Elle insistait pourtant beaucoup ; elle débordait d'enthousiasme, se montrait provocante, bref, elle l'aimait sans vergogne.

Le loup ne répondit jamais à ses avances, il la repoussait. Je ne comprenais pas ; c'était la période du rut qui commençait et normalement ce loup âgé de trois ans aurait dû être « intéressé ». Je partis néanmoins avec un peu moins de regret, espérant que les choses n'allaient pas tarder à s'arranger. Et cela dura dix jours. Un matin, le propriétaire du parc zoologique me téléphona pour une triste nouvelle. « Taïga est morte », me dit-il : le loup l'avait étranglée !

C'est une autre vie dont j'avais rêvé pour Taïga, je regardais son cadavre, je croyais, j'espérais qu'elle allait se réveiller, me bondir dessus, la mort ne lui avait rien ôté de son élégance. C'est alors que j'observais le grand loup. Il se tenait à quelques mètres le nez obstinément fixé contre le grillage, essayait d'apercevoir plus loin, en contrebas, ses congénères dans leur enclos. Je m'approchais et je vis une jeune louve âgée de deux ans qui de son côté avait également le nez collé contre le grillage, essayant d'apercevoir le loup qui avait mis fin aux jours de Taïga.

Alors je compris mon erreur. J'avais donné à Taïga un loup déjà « fiancé » à une jeune louve. Ce genre de situation se produit fréquemment. Un jeune mâle et une jeune femelle, quoique n'ayant pas encore atteint l'âge de se reproduire, s'entendent fort bien ; ils ne se quittent pas, ils mangent ensemble ; bref, c'est une amitié amoureuse qui les unit et qui plus tard débouche sur l'union totale.

J'expliquais cela au propriétaire en lui disant qu'il était nécessaire de capturer cette jeune louve et de la placer dans l'enclos du loup meurtrier de Taïga. « Mais il va la tuer, elle aussi, dit-il. – Absolument pas », répondis-je.

Je capturais donc cette jeune louve. Alors il fallait voir avec quelle joie ce couple se retrouva. Les deux amoureux couraient comme des fous, ils s'arrêtaient brusquement, se mordillaient les joues, s'embrassaient, se léchaient les babines. C'était le bonheur retrouvé.

Un an plus tard, le couple avait charge d'âmes ; la louve mettait bas quatre louveteaux. Alors conclusion ?

Bien que je me garde toujours de tout anthropomorphisme, je suis certain que le loup a tué

Taïga parce qu'il était attaché à une autre louve; il avait tué par fidélité. Je ne vois pas une autre raison. Et je me demande si quelque naturaliste distingué ou quelque éthologiste non moins distingué pourrait me donner une explication différente de celle que j'avance sur le comportement de ce loup.

Taïga, ma jolie louve, avait hélas fait les frais de cette fidélité. Je dois dire que dans cette lamentable affaire, ma responsabilité se trouve quelque peu atténuée par le fait que je ne pouvais me rendre trop fréquemment au parc. Dans le cas contraire, je n'aurais jamais commis l'erreur de désunir un couple de loups trop jeunes pour se reproduire, mais déjà « fiancé ». Enfin, je veux dire que jamais je ne recommencerais une telle expérience et je ne recommanderais à personne de la tenter.

12

Wotan, Gabor, Ilonka et quelques autres

Wotan, Gabor, Ilonka étaient de jeunes loups du Canada. Ils avaient deux mois lorsqu'en 1963, un jeune naturaliste suisse me les apporta. Alain Bongard était un ami des loups, il les connaissait bien. Pendant trois années, trois rudes hivers, il avait participé à des recensements de ces animaux dans le Grand Nord canadien. Alain Bongard devait mourir jeune, victime de sa grande passion pour la vie sauvage; une vie courte mais cependant bien remplie, avec le regret de n'avoir pu laisser une trace de ses travaux, de ses observations.

J'élevais, dans un enclos voisin des loups de Pologne, les trois louveteaux du Canada. Wotan avait un pelage noir; son frère Gabor et sa sœur Ilonka étaient très clairs, presque blancs, hormis des poils noirs, notamment sur le dos.

Wotan, c'est le nom donné par les Allemands à Odin, le dieu de la mythologie scandinave qui gouvernait le monde. Wotan ne gouvernait pas le monde, mais il s'imposait comme un dominant envers son frère et sa sœur.

Je devais noter scrupuleusement pendant longtemps les habitudes de ces louveteaux qui ont contribué à m'apprendre beaucoup de choses sur leur comportement. J'avais fait construire une cabane en rondins dans leur enclos, mais je dois dire que malgré leur âge, ils ne l'utilisèrent pas; ils préféraient déjà coucher à la belle étoile. Wotan manifesta sa supériorité peu après son arrivée. Jusque-là, ainsi que me l'avait indiqué Alain Bongard, c'est Gabor qui était le plus fort, le dominant, c'est lui qui s'appropriait le plus rapidement des morceaux de viande. Les choses ne tardèrent pas à changer.

Les louveteaux avaient vécu, avant leur arrivée, dans une cage. La semi-liberté dont ils disposaient tout à coup non seulement les surprit mais les inquiéta. En effet, ils étaient un peu perdus sur ce terrain tourmenté où croissaient de jeunes pins et des genêts. Je crois que Wotan fut le premier à faire face à ce nouvel environnement, à ne plus le considérer comme hostile. Il s'accoutuma plus rapidement à cette vie nouvelle. Il fit preuve, avant les autres, d'un certain esprit d'indépendance, d'aventure, en allant renifler le pied des arbres, en contournant les touffes de genêts. Il découvrit même que les genêts le mettaient à l'abri des rayons trop ardents du soleil et que, par la même occasion, ils pouvaient le dissimuler aux yeux de son frère et de sa sœur sur lesquels il aimait bondir par surprise.

Outre la viande, de bœuf ou de mouton, je donnais souvent des poules aux loups. Il s'agissait de poules malades ou blessées qui provenaient d'un élevage voisin. L'éleveur ne possédait pas moins de cinq mille pondeuses et plus d'un millier de coqs vivant sur plusieurs hectares. Cet élevage était tout proche de la route que j'empruntais pour me rendre aux parcs des loups et l'éleveur me laissait presque chaque jour un sac dans lequel il y avait quelques poules mortes ou ne valant guère mieux. Un jour, un beau jour pour des loups, à la suite d'un bang provoqué par un avion franchissant le mur du son, ce furent soixante poules qui moururent étouffées; prises de peur, elles s'étaient précipitées avec un bel ensemble vers les entrées des poulaillers pour y chercher refuge. Cette précipitation fut fatale à soixante d'entre elles. Parfois aussi, lorsqu'une sirène annonçait un feu ou un accident, le bruit avait un effet dévastateur sur les poules de l'élevage. Le propriétaire n'était pas content; les loups auraient pu quant à eux penser que le malheur des uns... faisait leur bonheur. En dévorant les poules, les loups bénéficiaient d'une nourriture presque naturelle.

La première fois que je donnai des poules aux louveteaux, Alain Bongard était présent et c'est lui qui libéra une poule assez mal en point dans l'enclos des trois louveteaux du Canada. La poule qui n'avait pas aperçu les louveteaux faisant la sieste à l'ombre des genêts, se mit à picorer tranquillement, en poussant de temps en temps des gloussements de satisfaction. Soudain, alors que la poule se trouvait à quelques mètres d'eux, les louveteaux s'éveillèrent brusquement et aperçurent le volatile. Ils furent tellement surpris (ils n'avaient jamais eu l'occasion de voir une poule) qu'ils tentèrent de se dissimuler davantage dans les genêts, mais leurs mouvements de retrait effraya la poule qui s'enfuit en criant.

Cette réaction de fuite provoqua immédiatement chez Wotan le réflexe de poursuite. Il rattrapa rapidement la poule qui se débattit en criant. Je dirais à l'intention des âmes sensibles qu'elle ne souffrit pas longtemps; les petites dents fines comme des aiguilles eurent tôt fait de découvrir le cou, aussi vite qu'aurait pu le faire le couteau d'un professionnel.

Je crois que si la poule n'avait pas été prise de panique, les louveteaux auraient peut-être tenté de jouer avec elle, du moins pendant un certain temps... Mais allez donc demander à une poule d'avoir le bon réflexe! De toute façon, il ne fut pas question de cela; le jeune fauve étrangla la poule, lui ouvrit le ventre et commença à la dévorer, à se délecter des viscères. Gabor et Ilonka, rassurés, s'approchèrent avec l'intention de prendre leur part du festin, mais Wotan entendait défendre sa proie; il retroussa les babines, grogna; les deux autres jugèrent qu'il était préférable de ne pas insister et ils se tinrent à distance respectueuse, se contentant de le regarder manger. C'est alors que Bongard eut l'idée de lâcher une autre poule.

Gabor et Ilonka regardèrent cette chose blanche qui courait et, avant qu'ils fussent revenus de leur étonnement, Wotan, abandonnant son repas, se lança à la poursuite de la nouvelle venue, la rattrapa et avec une technique qui avait fait ses preuves quelques instants auparavant, la tua. Son frère et sa sœur qui avaient maintenant bien compris, se jetèrent sur les restes de la première poule et les dévorèrent tandis que Wotan, à petits coups de gueule arrachait les plumes de sa deuxième victime. Il était devenu le dominant et il l'avait mérité par son esprit d'initiative, sa promptitude à agir, à s'emparer d'une proie. Dans la nature, il aurait été le plus apte à survivre. Peut-être sa position de chef aurait-elle pu changer au profit de Gabor, plus tard, lorsque des batailles auraient opposé les deux mâles pour une femelle. Les combats sont alors d'une grande violence et c'est le plus résistant, celui qui encaisse le mieux, qui en même temps donne les coups les plus durs, qui devient le sujet alpha.

Wotan ne devait pas connaître une telle situation. Il était devenu très grand, très beau, un animal magnifique, sûr de lui. Un triste jour, il venait d'avoir onze mois, il était parvenu à s'évader de son enclos et il avait aussitôt mis en œuvre ses talents de tueur. En quelques instants, il égorgea trois chèvres naines, un hibou grand-duc et il tenta ensuite de tuer une vache qui, dans le pré tout proche, paissait avec une dizaine de ses congénères.

J'ai observé pendant plusieurs minutes le véritable combat que menait ce jeune loup déterminé contre une grosse vache rousse. Il tournait autour d'elle comme s'il voulait d'abord l'affoler, lui faire perdre sa placidité. La vache donnait de grands coups de cornes dans le vide, le loup étant toujours hors de portée, grâce à son extrême mobilité. J'ai eu le sentiment que la vache n'allait pas tarder à se rendre compte qu'elle n'avait pas affaire à un chien de ferme, mais à un ennemi dangereux. Elle fut assez vite fatiguée, ses coups de cornes devinrent moins rapides, ils s'espacèrent, elle s'essoufflait tandis que ses compagnes continuaient à brouter paisiblement sans se préoccuper de son problème. Je veux ouvrir une courte parenthèse pour dire que, très souvent, j'ai lu et entendu raconter des histoires de loups attaquant une vache, mais se trouvant vite mis en fuite par tous les membres du troupeau chargeant le fauve pour courir au secours de leur compagne. La seule expérience qu'il m'ait été donné de connaître, c'est Wotan qui me l'a procurée. Dans ce cas, les vaches n'ont pas du tout réagi comme le prétendent ceux qui le déclarent, alors qu'ils n'ont jamais été les témoins de ce qu'ils racontent, avec un ton qui se veut convaincant. A moins que les vaches qui assistaient à l'attaque du loup fussent trop peu belliqueuses pour intervenir!

Cela dit, Wotan poursuivait son action; par moments ses mâchoires claquaient à quelques centimètres des tendons des pattes postérieures de la vache. Il était impossible de récupérer le loup; il ne pouvait être question de lui laisser tuer une vache. Un chasseur qui se trouvait là, et qui observait la scène depuis le début, finit par me convaincre. Ce loup va tuer la vache, il va lui briser les tendons et, lorsqu'elle sera couchée, il lui sera facile de l'égorger. Il avait raison, je le savais. Alors des chevrotines mirent un terme à la courte vie de Wotan.

Je regretterai beaucoup ce grand loup noir au regard diabolique. Il ne pouvait savoir que, dans une région que les hommes qualifient de civilisée, il n'y a pas de place pour les loups. Je le revois étendu sur l'herbe, un mince filet de sang coulant de ses lèvres ; on eût pu croire qu'il souriait à quelque saint du paradis des loups.

Gabor et Ilonka ont eu une vie plus longue ; ils ont connu les joies d'une vie qui n'était pas tout à fait celle que connaissent leurs frères libres et sauvages du Grand Nord, mais cette restriction avait eu au moins l'avantage de les mettre à l'abri de la civilisation. Un grand mot qui signifie détruire ce qui peut gêner les hommes.

Chaque loup a son caractère ; je serais tenté de dire sa personnalité. Je citerais à ce propos Loïs Crisler et son mari qui en Alaska ont élevé cinq louveteaux et deux loups adultes nommés Trigger et Lady, et ont dépeint le caractère propre à chacun. Comme Trigger, Arctique était le type du loup seigneurial quoique timide et adorant le luxe. Mais Alatna était la plus jolie ; elle avait une boucle dans le doux poil de son front. Les autres louveteaux présentaient des personnalités toutes nouvelles pour nous. Miss Killik était une brave bête simple et affectueuse, ni jalouse ni exigeante. De fait, elle était presque mystérieuse en ce sens qu'elle n'avait pas de particularité bien définie. M. Barrow était tout à fait différent de M. Arctique, il n'était pas du type seigneurial ; trapu, agressif, il avait au début fait la loi. Il s'en prenait particulièrement à Miss Toundra. Mais quand les positions eurent été égalisées en les faisant boire tous ensemble leur lait à l'abreuvoir, Miss Toundra ne fut plus la faible victime, ni M. Barrow le tyran ; alors, chose curieuse ou naturelle peut-être, ils devinrent sociaux. La personnalité la plus énigmatique était celle de Miss Toundra. Elle était sérieuse, douce et réservée. Elle avait une expression bizarre, légèrement railleuse, que lui donnaient ses « lunettes » grises et son museau finement ourlé. Elle se laissait porter gentiment; les autres, à son retour sautaient sur elle, la roulaient sur le sol, la sentaient, la mordillaient comme s'ils voulaient laver son poil impur. Puis Miss Toundra s'épanouit brusquement. En l'espace de cinq minutes, elle changea pour toujours. Cris dit : « Elle vient de décider qu'il est agréable de vivre »; c'était une agréable conversion.

On peut également citer Doug Princott, de l'Ontario, qui a lui aussi élevé une portée de louveteaux et qui a consacré un chapitre entier d'un livre aux « loups en tant qu'individus ». Il écrit : « Dagwood et Blondie étaient de grosses blondes complètement libérées et amoureuses folles, du genre humain. Lupus était amicale elle aussi, mais elle savait qu'il y avait des différences fondamentales entre les loups et les hommes. Elle n'appréciait pas que l'on tourne trop autour d'elle et ne tardait jamais à vous faire savoir si vous dépassiez les limites de la bienséance. Puppet était le brandon de discorde et l'espiègle de la portée. »

Naturellement, j'ai étudié les caractères de très nombreux loups du Canada, mais davantage de loups de Pologne, de Sibérie, de Hongrie. On ne peut qu'être frappé par ces différences, subtiles très souvent, qui échappent donc à l'observateur superficiel et à plus forte raison à ceux qui voient des loups avec l'idée préconçue que tous se ressemblent!

Il serait trop long et peut-être un peu fastidieux de définir le caractère des nombreux loups que j'ai élevés. Je dirais seulement qu'il est intéressant de noter les changements qui interviennent chez un même individu. Un loup qui se montre timide, réservé, qui ne s'approchera de ses congénères, y compris au sein de son propre clan, que la queue repliée jusque sous le ventre, ce qui est l'attitude de soumission la plus poussée – ce même loup semblera prendre un jour conscience de sa force, de sa personnalité. Un exemple, avec un loup de Russie qui répond (pas toujours) au nom de Popoff. Il se tient constamment sur ses gardes dès qu'il aperçoit les membres du clan des loups de Pologne (ces loups vivent dans un même enclos de 42 000 mètres carrés). Mais lorsque je pénètre dans cet enclos, Popoff se montre plus confiant et il a très vite appris qu'en s'approchant de moi, il se trouvait en sécurité, le groupe des polonais n'osant pas alors s'approcher à moins de trois ou quatre mètres. Mieux, Popoff est tellement sûr de lui qu'il fonce sur les plus proches pour les mettre en fuite; Popoff accepte que je lui caresse le sommet du crâne et le derrière des oreilles, même lorsqu'il mange un biscuit. En revanche, il n'accepte pas ce genre de familiarité lorsqu'il déchiquète un gros morceau de viande. Cela parce que la viande est en quelques sorte assimilée à une proie. La viande est d'une telle appétence pour les prédateurs, qu'ils ne supportent pas le moindre geste de familiarité, qui à leurs yeux se traduirait par la peur qu'on leur enlève cette nourriture. Popoff n'est pas, il s'en faut, le souffre-douleur du clan des loups de Pologne. Lorsque l'un d'entre eux, voire deux sont isolés de leur groupe, il les poursuit vigoureusement.

Dans ce même enclos, les loups de Hongrie sont les plus nombreux, avec dix-sept individus, les polonais sont six, les russes trois et les loups de Sibérie six. On ne peut peut-être pas conclure que les loups sont racistes, bien qu'ils restent groupés par pays et que chaque clan défende son territoire. Mais ils sont arrivés, jeunes et ensemble, ils sont issus, en ce qui concerne les russes, les polonais et les sibériens, d'une seule et même portée; quant aux hongrois, ils représentent trois portées. Ils restent solidaires et ne tiennent pas du tout à fréquenter les autres clans.

J'ai constaté par ailleurs que si les loups d'Europe et de Sibérie ont un caractère assez sauvage, les loups du Canada et d'Alaska sont en général plus familiers; ils perdent plus vite la crainte de l'homme. Il y a bien sûr des exceptions; elles ne font que confirmer ce qu'un quart de siècle de vie avec les loups m'a appris. Un exemple conforte mon point de vue. Au parc zoologique de Francfort vivaient en 1964, dans un enclos de 300 mètres carrés environ, sept grands loups du Canada. L'un des mâles était âgé de sept ans, il était le chef de la meute. Les deux autres mâles étaient âgés de deux ans et il y avait quatre louves... Chaque année, il y avait des portées et le vieux loup tolérait les autres mâles.

Dans un espace aussi relativement restreint, le comportement de loups d'Europe ou de Sibérie n'aurait pas été aussi pacifique. Des combats très durs auraient eu lieu au moins pendant la période du rut et il y aurait eu très probablement des victimes.

Toujours au sujet des différences entre loups d'Europe et du Canada, je tiens à raconter une scène qui s'est déroulée au parc zoologique de Thoiry. Cela parce qu'elle est significative d'une part des nuances entre les modes de communication (hurlements) des loups d'Amérique du Nord et d'Europe, d'autre part de l'incroyable ignorance de certains individus. J'avais été invité, par France-Culture, en mars 1972, à participer à une émission sur les loups, en compagnie du comte Paul de La Panouse, propriétaire du parc de Thoiry. Une trentaine d'élèves de différents lycées parisiens et leurs professeurs étaient réunis afin de nous poser des questions devant l'enclos des loups.

Les loups, il y en avait huit; ils étaient très beaux et issus de croisements entre loups du Canada et loups d'Europe. A la demande d'une élève de terminale, je provoquai le hurlement de ces animaux en hurlant moi-même. Je souligne que Paul de La Panouse m'avait prévenu; les loups, dit-il, ne hurlent pas en plein jour, mais parfois la nuit on les entend. Je poussai tout de même quelques hurlements qui restèrent sans écho mais, brusquement, je me rendis compte que j'avais imité les hurlements des loups d'Europe. Je ne manquais pas de le signaler et il y eut quelques sourires, et même quelques rires parmi le public. Je n'en tins pas compte, sinon en souriant moi aussi, et je hurlai dans le langage des loups d'Amérique du Nord. La différence entre les deux langages, c'est que chez les loups européens, ce sont les houhou houhou qui dominent largement, tandis que chez les loups canadiens, il y a beaucoup plus de ouah ouuahoououa. Les huit loups me répondirent avec un bel ensemble, alors même que je n'avais pas encore terminé de hurler.

Le public était ravi; quant à Paul de La Panouse, il était très étonné et il en déduisit que je connaissais le langage des loups. Quelques instants après, un professeur me demanda si je pouvais pénétrer dans l'enclos, au milieu de ces loups que je ne connaissais pas; je les voyais effectivement pour la première fois. Bien sûr, dis-je, pourquoi pas? Mais le comte de La Panouse répliqua que l'on ne pouvait pénétrer qu'armé dans l'enclos. J'étais stupéfait. Nous entrâmes donc chez les loups, le comte, deux gardiens robustes armés de fourches et moi. Nous voici donc tous quatre chez les loups, contre le grillage; les loups s'étaient retirés à une dizaine de mètres. J'effectuai alors quelques pas dans leur direction, ils ne bougèrent pas, mais ils étaient inquiets et je les sentais sur le point de fuir. Je me tournais vers le public pour expliquer que les loups avaient toujours peur de l'homme debout et que je devais m'accroupir pour que cette peur diminue. Je me mis à quatre pattes et aussitôt les loups m'entourèrent, tout en restant sur leurs gardes. Je m'allongeai et ils s'approchèrent tout contre moi, reniflant mes vêtements, mordillant mes chaussures; l'un d'entre eux me lécha les mains. Nous étions devenus amis; ils n'avaient plus peur de moi: allongé, en effet, un homme ne représente plus aucun danger pour un loup.

C'est tout juste si l'on ne me considéra pas comme un héros, alors qu'un « exploit » de ce genre est à la portée de n'importe qui. Mais je n'avais pas tout vu. Deux mois plus tard en effet, une jeune femme chargée des relations publiques à Thoiry me téléphona pour m'apprendre, en riant, que j'avais laissé un souvenir impérissable à Thoiry et elle s'empressa d'ajouter : « Ce n'est pas ce que vous croyez. » Elle m'apprit alors que les gardiens, ceux qui avaient pénétré avec moi dans l'enclos, munis de fourches, avaient prétendu que j'avais passé un liquide sur ma peau, sans lequel les loups m'auraient attaqué ! Tout simplement ahurissant, de quoi faire reculer les limites de la bêtise. D'une part, j'ignorais que j'allais pénétrer chez des loups que je n'avais jamais vus auparavant, d'autre part je me demande encore quel liquide miracle j'aurais pu passer sur ma peau, qui m'aurait préservé de l'attaque des loups.

La réalité est que ces braves gardiens étaient tout bonnement marqués par cette peur panique des loups et qu'ils étaient un tantinet vexés qu'un étranger ait pu se faire adopter si facilement par le clan. Pour un peu, ils auraient été prêts à me considérer comme un loup-garou. A quoi tiennent les réputations !

Il reste évident que les différences de caractère chez les loups se traduisent parfois par des comportements qui peuvent s'opposer. Ainsi, une louve qui allaitera ses petits fera preuve d'une grande passivité, laissant approcher un homme à un mètre à peine. Telle autre se montrera menaçante. Je parle ici bien entendu de loups vivant en semi-liberté, qui sont succeptibles d'être plus agressifs que des loups sauvages – cela contrairement à l'opinion de quelques ignorants.

Pour ce qui est des loups sauvages, on a vu que si un homme s'approche du liteau, la louve se lèvera et se tiendra à distance respectueuse. L'homme pourra lui enlever ses louveteaux ; elle se gardera bien d'intervenir, sa peur étant plus forte que son instinct maternel. Chez les loups vivant en semi-liberté, les choses se passent de façon différente, mais une même louve pourra avoir des réactions différentes. Je peux citer deux exemples qui en donneront une idée précise.

Un jour de la deuxième quinzaine de mai, on me prévint qu'une louve du parc de Gévaudan avait mis bas cinq louveteaux au cours de la nuit précédente. Dans l'après-midi du même jour, je me rendis au parc pour prendre quelques photos des nouveau-nés et de leur mère. La mise bas avait eu lieu au pied d'un pin sylvestre et je devais traverser presque tout le parc pour atteindre le liteau. J'étais parvenu à une dizaine de mètres de la louve et de ses petits, lorsqu'elle tenta de m'intimider en ouvrant la gueule. Je m'arrêtai aussitôt pendant une bonne minute ; la louve rassurée referma ses longues mâchoires. J'avançai d'un pas. Aussitôt, même attitude menaçante de la louve, et même tactique de ma part, avec un nouvel arrêt. En dix minutes environ, je m'étais rapproché sans avoir trop inquiété la louve et je me trouvais à un mètre d'elle. Elle avait parfaitement compris que je ne lui voulais aucun mal. Je m'immobilisais et, sans faire de gestes brusques, je pris très tranquillement plusieurs photos. Je me retirai en reculant lentement; la louve ne s'occupa plus de moi.

Le lendemain, le gardien qui m'avait observé de l'extérieur de l'enclos, se dirigea vers la louve. Il ne prit pas autant de précautions que moi. Alors qu'il était près du liteau, la louve se leva, décrivit un demi-cercle, approcha vivement derrière l'homme qu'elle mordit très cruellement au mollet. Il demeura hospitalisé pendant trois semaines, et deux mois après il ne pouvait marcher sans le secours d'une canne...

Deuxième exemple. L'année suivante, une autre portée de louveteaux voyait le jour dans un petit bois de pins. Le gardien du parc et un de ses amis pénétrèrent dans l'enclos afin de voir les nouveau-nés. Ils s'étaient armés de bâtons et le mâle, qui était couché à environ deux mètres des louveteaux, s'avança très vite vers les deux hommes qui s'empressèrent de vider les lieux.

Or, ce jour-là, on devait tourner quelques séquences d'un film sur la Bête du Gévaudan et je devais démontrer que les loups ne pouvaient absolument pas être les auteurs des crimes commis pendant cette période, de 1764 à 1767.

Lorsque j'arrivai, les cinéastes étaient quelque peu effrayés; le gardien et son ami venaient tout juste de leur raconter comment le mâle les avait chargés. Ils n'avaient dû leur salut qu'à un repli stratégique. Ce compte rendu avait à ce point impressionné les cinéastes qu'ils n'étaient pas du tout enthousiasmés à l'idée de pénétrer chez des loups aussi agressifs. Pour peu, ils auraient été sur le point de croire, comme certains, que la Bête du Gévaudan était bien un loup!

Je me mis à rire, parce qu'il y avait vraiment de quoi, et je pénétrai très tranquillement dans l'enclos, sous le regard inquiet des membres de l'équipe de cinéastes. Je m'approchai du liteau; le mâle était couché à deux mètres de là et il me montra les dents. Je l'ignorai totalement. La louve vint alors droit sur moi et je lui lançai un morceau de sucre, qu'elle ramassa du bout des dents et qu'elle laissa tomber aussitôt, le trouvant peut-être sans intérêt. Pour la rassurer, je m'assis à un mètre du liteau, qui se trouvait entre le mâle et moi. Ce dernier se calma un peu, c'est-à-dire qu'il referma ses mâchoires, mais sans me quitter un seul instant du regard. Assis, j'étais pour lui dans une position qui le rassurait. Quant à la louve, je lui tendis, du bout des doigts de la main gauche, un autre morceau de sucre; elle le prit en faisant claquer ses mâchoires et elle le mangea sans se presser; je demandai alors aux cinéastes de me rejoindre. Eux aussi semblaient un peu plus rassurés et ils me rejoignirent.

Toutefois, ils se demandaient pourquoi le couple de loups ne m'avait pas attaqué alors qu'ils étaient disposés à bondir sur le gardien et son ami. Je dus leur expliquer que je n'avais rien fait d'extraordinaire, que je n'étais pas un meneur de loups, mais que, tout simplement, je connaissais suffisamment leurs réactions, pour éviter des conflits ouverts. Je précisai que n'importe qui pouvait faire ce que je venais de montrer. Il suffit, en somme, de ne pas paniquer pour rien et surtout ne pas se montrer menaçant envers des bêtes qui ont de toute façon plus peur que vous. Si le gardien et son collègue étaient entrés dans l'enclos sans être armés de bâtons, les loups ne les auraient pas chargés. J'ai d'ailleurs fait assez souvent l'expérience de prendre un bâton et de le montrer d'un geste menaçant à une louve qui a des louveteaux; eh bien, chaque fois, elle m'a chargé et elle avait parfaitement raison. Un peu de bon sens suffit pour éviter un conflit avec une louve qui vient de mettre bas.

A l'heure actuelle, les parcs à loups du Gévaudan se situent à onze cents mètres d'altitude. Le climat est rude et même si les journées d'été sont chaudes, les nuits restent toujours relativement fraîches, de sorte que les loups qui préfèrent des températures de vingt degrés sous zéro plutôt que trente degrés à l'ombre, récupèrent fort bien. Ils ont de l'eau à volonté, des arbres suffisamment nombreux, parmi lesquels des pins, des hêtres qui donnent une ombre très fraîche, des sorbiers et des landes à genêts ainsi que des prés. Le relief est assez accidenté, bref, ils vivent dans un milieu qui leur est particulièrement favorable. Enfin dans ce Gévaudan devenu département de la Lozère, il y a fort peu d'habitants durant la plus grande partie de l'année. L'été, évidemment, il y a de très nombreux touristes et parmi eux beaucoup rendent visite aux loups.

Tous les jours de la belle saison, je fais pénétrer des dizaines de personnes dans les enclos afin qu'ils se trouvent en contact direct avec ces fauves; c'est le face-à-face homme-loup ou femme-loup, car les femmes bien souvent, lorsque je propose aux visiteurs de les faire pénétrer dans les enclos, sont les premières à accepter; elles semblent moins hésiter que certains représentants du sexe dit fort.

Comment les choses se déroulent-elles? Le plus simplement du monde. Je recommande à ceux et à celles qui souhaitent photographier les loups de s'accroupir afin que ces animaux s'approchent davantage. Car, bien sûr, ce sont les loups qui sont le plus intimidés, ce sont eux qui marquent toujours une tendance à la fuite; ce sont eux qui ont peur, au moins autant que les plus peureux des hommes. Ainsi, les touristes ont-ils la possibilité de photographier des loups, sans avoir l'inconvénient d'un grillage et à une distance idéale : deux ou trois mètres. Mais il suffit de faire un geste un peu vif, de se relever brusquement et les loups s'écartent d'une dizaine de mètres ou davantage. Pour les faire se rapprocher, je leur lance quelques croquettes, ou mieux quelques petits bouts de viande, dont l'effet est infiniment plus attractif.

Cependant, parmi les diverses bandes de loups, quelques individus sont moins timides. Il en est par exemple deux ou trois que je parviens à caresser. Il leur arrive de se montrer espiègles et de faire preuve d'une grande curiosité en venant sentir les gens; ils cherchent parfois à s'emparer d'un sac d'appareil photographique et ils y parviennent quelquefois. Cela ne manque pas de faire rire, mais il faut courir un bon moment pour leur faire abandonner leur prise. Il arrive aussi que certains de ces loups, après avoir senti le pantalon d'un touriste, tirent un peu dessus.

Au cours de l'été 1986, par exemple, un reporter d'une chaîne régionale de télévision était tout heureux de se trouver à mes côtés dans l'enclos réservé aux loups du Canada. Une femelle au pelage très clair et dotée d'un humour extraordinaire reniflait cet excellent homme qui s'assit adossé contre un rocher, et étala ses jambes. La louve sentit le pantalon et commença à tirer un peu dessus. Je la repoussai, mais le reporter me dit : « Laissez-la donc. – Mais, dis-je, elle va vous déchirer le pantalon. – Aucune importance », répliqua-t-il.

Alors, comme si elle avait compris qu'on lui donnait l'autorisation, la louve planta ses dents à la hauteur de la poche du pantalon et tira d'un coup sec. La jambe du pantalon fut ouverte jusqu'à la cheville... « Je vous avais bien prévenu, dis-je. – Aucune importance, au contraire, me répondit le reporter, car c'est plutôt rare d'avoir un pantalon déchiré par un loup et je vais conserver celui-là. – Si vous êtes content, je peux bien l'être aussi. » Toutefois, il ne tendit pas son autre jambe bien que la louve, pas le moins du monde intimidée, cherchât à récidiver.

On peut organiser avec les loups des safaris photos et les photographes sont heureux de posséder des clichés pris par un ami ou par leur épouse, qui les montrent en compagnie de ces animaux. Ils apportent la preuve qu'ils les ont bien approchés. Ce genre de preuve, je ne suis pas contre, car elle sert la cause des loups, ce qui est bien souvent nécessaire.

C'est le cas d'une petite fille d'une dizaine d'années qui se trouvait en classe lorsque la maîtresse fit un exposé sur les loups. Elle les présentait comme des animaux dangereux, qui dans le passé avaient dévoré de nombreuses personnes. C'est alors que la fillette intervint pour dire que, pendant les vacances, elle avait vu des loups et qu'elle avait pénétré dans leur enclos avec ses parents, lesquels avaient pris des photos. Toute la classe éclata de rire, y compris l'institutrice.

Cette gosse avait heureusement de la suite dans les idées; elle raconta à sa mère ce qui s'était passé en classe le matin même. Sa mère l'accompagna l'après-midi; elle apportait les photos qu'elle avait prises quelques mois auparavant dans les enclos du Gévaudan et les montra à l'institutrice qui reconnut avoir fait état d'idées reçues. Elle révisa complètement son point de vue, et elle fit honnêtement profiter toute la classe de son savoir. Ces élèves sauront désormais que le loup n'a pas mangé le Petit Chaperon rouge ni la grand-mère.

Lorsque je parle des loups du Gévaudan, je dois préciser que ces animaux qui vivent dans les enclos ne sont pas du tout originaires de cette province. Il y a fort longtemps qu'il n'y a plus en Gévaudan de loups à l'état sauvage. Malgré l'éloignement, malgré le relief particulièrement tourmenté de cette région, les loups ont été traqués et exterminés. C'est pourquoi, bien qu'ils portent le nom de loups du Gévaudan, les loups que l'on peut voir sont originaires de Pologne, de Hongrie, de Sibérie et du Canada. Il s'agit de loups dits de steppes, ce qui ne les empêche pas de vivre en forêt et de s'y réfugier le cas échéant. Lorsque, par exemple, dans certains pays, les loups sont chassés à l'aide d'un hélicoptère, la forêt est le meilleur des refuges.

On peut considérer aussi qu'il est heureux que l'heure de vol d'un hélicoptère coûte très cher, de sorte qu'il est infiniment plus rentable de rembourser le prix de quelques moutons que ces canidés auront dévorés plutôt que leur donner la chasse du haut des airs.

Revenons à nos loups du Gévaudan pour dire que le but de cette réalisation, de cet élevage en semi-liberté est de réhabiliter ces animaux. Rien ne saurait remplacer l'expérience des safaris photos. Ce sont, chaque année, des milliers de visiteurs qui pénètrent dans les enclos, qui prennent des photos à bout portant ou presque. Ils les voient vivre, heureux, détendus, chez eux en un mot. Tous ceux qui ont eu l'occasion d'approcher ainsi ces animaux sont désormais convaincus qu'ils ne sont pas assoiffés de sang; ils ont appris qu'un seul geste de leur part suffit pour éloigner ces prédateurs à qui on a fait une si mauvaise réputation totalement injustifiée.

Lorsque les participants aux safaris photos sortent de l'enclos, ils sont contents; ils emportent un souvenir qui restera vivace dans leurs mémoires et qui supplantera ces récits plus ou moins idiots, et souvent plus que moins, qu'on leur a contés dans leur jeune âge. Eux, au moins auront appris quelque chose; ils auront la satisfaction de ne pas mourir imbéciles.

J'insiste sur le fait que photographier un loup en pleine nature relève à la fois de l'exploit et d'une énorme part de chance, un loup sauvage étant d'une méfiance extrême et craignant, à juste titre, la présence d'un homme, même si ce dernier est animé des meilleures intentions à son égard.

On verra dans les pages qui suivent les différences de comportement existant entre loups vivant en liberté et ceux qui ne jouissent que d'une semi-liberté. En ce qui concerne l'aspect physique, il n'y a aucune différence entre les deux, pour peu évidemment que l'habitat des loups vivant en enclos se situe dans un biotope similaire à celui de loups libres. Il va de soi que des loups qui sont installés dans un parc zoologique sur quelques mètres carrés de ciment ne ressemblent que de loin à ceux qui disposent de milliers de mètres carrés dans la nature.

Hormis ces quelques différences et en faisant abstraction des nuances qui existent entre les caractères particuliers de chaque individu ou si l'on préfère la « personnalité », c'est le mode d'existence, la vie en couple ou en clans sur de vastes territoires, les méthodes de chasse, la reproduction, le caractère timide ou plus souvent fuyard que portent les différences essentielles.

Il faut dire que ce ne sont pas les observations des chasseurs du siècle dernier, ou du premier quart de ce présent siècle, qui nous ont apporté quelques lumières sur la vie et les mœurs des loups. A cette époque, l'étude des animaux en milieu naturel n'en était même pas à ses balbutiements. En particulier, lorsqu'il s'agissait d'espèces classées nuisibles. On ne recherchait alors que le meilleur moyen de s'en débarrasser, ce qui, on en conviendra, était un peu juste pour permettre des études sérieuses sur leur comportement. Cela explique que, pendant des siècles, on en soit resté à ressasser les mêmes contes, les mêmes légendes.

Au XIXe siècle, on en était resté, dans le domaine de la zoologie, à l'état des connaissances d'un Pline ou d'un Aristote. L'intérêt pour les bêtes sauvages, pour leur étude chez elles, dans leur milieu naturel, ne date guère que d'un demi-siècle. Et cela quoique le terme d'éthologie ait fait son entrée dans le répertoire scientifique dès le milieu du XIXe siècle, grâce au célèbre naturaliste Isidore Geoffroy Saint-Hilaire.

Je crois utile de souligner que le savant zoologiste qui ne travaillerait qu'en laboratoire, sans confronter ses observations avec celles de l'animal sauvage dans son milieu, ne saurait avoir une connaissance approfondie de son sujet. De même, l'éthologiste qui étudie une espèce vivant en liberté aura tout intérêt à connaître le comportement en captivité ou en semi-liberté de l'espèce concernée.

Konrad Lorenz d'ailleurs le dit fort bien dans *Les Fondements de l'éthologie* : « La connaissance de l'animal que nécessite toute recherche éthologique suppose également un certain “ sens clinique ” qui ne peut s'acquérir qu'au terme d'une longue expérience. » Konrad Lorenz reproche à un grand nombre de jeunes chercheurs qui se prétendent éthologistes « un cruel manque de connaissances sur le monde animal et un cruel manque de sens clinique ».

J'ajoute que, si expérience vaut mieux que science, il est tout de même fort utile d'ajouter un peu de science à l'expérience.

Nous allons maintenant voir se dérouler la vie des loups chez eux. C'est grâce à plusieurs voyages dans les pays « à loups », grâce à des enquêtes menées auprès de gens de terrain qui savent voir les choses telles qu'elles sont et non avec des idées préconçues, grâce enfin à de nombreux correspondants, savants, gardes, hommes des bois de différentes régions peuplées de loups, que je suis parvenu à avoir des connaissances précises sur la vie de l'éternel pourchassé.

13

Des loups et de quelques animaux domestiques

Avant de nous rendre dans les solitudes du Grand Nord canadien ou en Laponie, voyons les rapports qui s'étaient établis, qui s'établissent d'ailleurs encore, entre les loups et les animaux domestiques de nos régions.

Le loup aime bien le mouton. Pourquoi ? Ne pourrait-il se contenter d'une poule, d'une oie, d'une dinde. En réalité, les volailles sont mieux gardées que des moutons car elles ne s'éloignent guère de la ferme. Les moutons, eux, se dispersent sur de vastes pâturages, entourés souvent par des bois ou par la forêt, qui offrent un refuge au loup. Et puis le mouton, c'est la proie idéale ; un poids respectable qui assure de la nourriture pour quelques jours, une proie facile, le bêlant animal n'étant pas renommé pour sa pointe de vitesse. Enfin, le mouton est le contraire d'un animal agressif, si l'on excepte quelques béliers en période de reproduction.

Aucune résistance donc de la part de l'animal, mais il est surveillé par la bergère ou le berger et ses chiens. C'est le seul risque pour le prédateur, un risque très sérieux mais qu'il est possible de contourner. La preuve est qu'en Italie, dans les Apennins, les loups tuent et mangent bon nombre de moutons. Voici quelques chiffres qui montrent que le loup et le mouton forment ce que l'on peut appeler un couple économique.

En 1974, dans le parc national des Abruzzes, les fermiers ont été indemnisés pour les méfaits causés par les loups. Dans la province de l'Aquila, ce sont 1092 têtes de bétail (987 moutons, 70 chèvres, 20 veaux et 15 chevaux) qui ont été payés en dédommagement des pertes subies par 112 fermiers. Dans la province de Pescara, 22 fermiers se sont vu rembourser les 191 bêtes tuées par les loups, soit 184 moutons, 3 chèvres et 4 cochons. Dans la province de Chieti, 18 éleveurs ont perdu 109 bêtes, soit 92 moutons et 17 chèvres.

Le montant total des dédommagements s'est élevé à 37 736 400 lires. Il est possible qu'actuellement les dommages causés aux fermiers soient moins importants. En effet, l'Italie protège ses derniers loups depuis 1966; leur avenir semble donc moins sombre, même si de temps en temps un porteur de fusil ne résiste pas à la tentation de tuer un de ces prédateurs. Le décret interdisant la destruction des loups a été signé par M. Giovanni Macora, ministre de l'Agriculture et des Forêts. Ce décret assure une protection totale et définitive aux loups. De plus, le ministre a également accepté une demande d'interdiction d'utilisation d'appâts empoisonnés dans la lutte contre les prédateurs, appâts qui étaient responsables de la mort de nombreux autres mammifères et oiseaux. Le décret stipule que cette action est approuvée par les milieux scientifiques, qui estiment qu'il faut maintenir l'équilibre naturel.

Cent à cent cinquante loups vivent encore en Italie dans les Apennins par petites meutes disséminées. Au cours de ces dernières années, une équipe de recherche du Fonds mondial pour la nature, composée d'Eric Zimen, de l'institut Max-Planck, et de Luigi Boitani, biologiste italien, a capturé des loups et les a munis d'émetteurs radio afin de pouvoir suivre leurs déplacements. Cette expérience démontre que les loups dépendent beaucoup pour leur nourriture des dépôts d'ordures à proximité des villages, surtout en hiver.

Ce phénomène a amené le Fonds mondial pour la nature à financer la réintroduction en forêt de cerfs (*Cervus elaphus*) et de chevreuils (*Capreolus capreolus*) afin d'améliorer les moyens naturels de subsistance des loups. Des cerfs ont été également offerts par le parc national de la forêt bavaroise.

En ce qui concerne le parc national des Abruzzes, l'introduction de cervidés était absolument nécessaire. En effet, on pouvait considérer que ces loups étaient beaucoup moins favorisés que leurs frères sauvages des solitudes du Canada ou de Sibérie. Réduits à « faire les poubelles », ils présentaient de graves carences. Eric Zimen et Boitani sont à force de patience parvenus à marquer une louve avec un collier émetteur. Cette louve, âgée de huit ans environ, présentait une mâchoire en très mauvais état (dents anormalement usées, canine manquante), témoignant d'une énorme carence alimentaire : manque de calcium, phosphore et autres sels minéraux. Son poids ne dépassait pas vingt-cinq kilos alors que le loup d'Italie, qu'il soit des Apennins ou du parc national des Abruzzes, pèse invariablement trente-cinq à quarante-cinq kilos.

Dans le sud de l'Espagne, où vivent encore des loups, on a noté que certains sujets fréquentaient aussi des décharges d'ordures aux environs des villages. Un couple de ces loups avait pris l'habitude de se ravitailler la nuit, à proximité d'un élevage de volailles élevées en batterie, afin de dévorer les viscères qu'on jetait en contrebas d'un champ.

Il est possible, il est souhaitable que, grâce à l'apport en nourriture naturelle (cerfs, chevreuils), les loups des Abruzzes délaisseront quelque peu les moutons, pour devenir de véritables chasseurs, des tueurs nobles, et leur état de santé ne pourra que s'en trouver amélioré.

Je signalerai une note d'un de mes amis, grand connaisseur des loups – Bernard Goltschalk –, dans laquelle il fait part de son inquiétude au sujet de ces loups dégénérés. Il pense qu'il est bien tard pour que les jeunes retrouvent à la naissance un équilibre physiologique normal, les carences alimentaires étant trop importantes.

Tout doit dépendre en fait de la quantité de cervidés réintroduits. Si le Fonds mondial pour la nature consacre des sommes suffisamment importantes, on pourra espérer en la survie des loups d'Italie.

Le naturaliste suisse Robert Hainard relate qu'en mars 1976, en Slovénie, la neige atteignit

1,50 mètre et la température s'est maintenue à 24 degrés sous zéro pendant plusieurs jours. Ce sont 170 cerfs qui ont péri pendant cette période, soit 7 p. cent par les lynx, 30 p. cent par les loups, le reste étant mort de froid et de faim. Pendant la même période, ce sont 182 chevreuils qui ont trouvé la mort, dont 24 p. cent tués par les lynx et 8 p. cent par les loups.

Robert Hainard signale par ailleurs qu'un de ses correspondants en Russie, qui fut précepteur des enfants de Tolstoï, lui raconta qu'on voyait souvent des loups le soir. Qu'il avait rencontré au détour d'un bois une louve et deux louveteaux qui ne parurent nullement agressifs ni très effrayés, qu'il en vit également d'assez loin en circulant en traîneau. Il dit aussi que les loups ne paraissaient pas inquiéter beaucoup les paysans qui s'amusaient à hurler pour les faire répondre. En revanche, ajoute ce correspondant, les loups prenaient souvent dans les villages les chiens et les volailles, rarement les moutons. Hainard souligne qu'il y a un peu plus d'une centaine d'années, les bergères bien souvent, lorsque le loup saisissait un mouton, retenaient la victime par une patte et mettaient l'agresseur en fuite, à coups de trique ou de sabots.

Changeons de pays, changeons de continent, transportons-nous au Canada, ce qui nous permettra de mieux connaître la vie de ces prédateurs du Grand Nord.

14

Des caribous et des loups

Pour mieux étudier les loups, il faut suivre les caribous, ces animaux célèbres par leurs migrations et qui sont souvent victimes des loups.

Le caribou (*Rangifer tarandus caribou*) est une forme géographique de notre renne d'Europe septentrionale (*Rangifer tarandus tarandus*). Les rennes font partie des cervidés, sous-famille des rangiférinés. Ils se distinguent notamment des autres cervidés parce que, chez eux, les femelles portent des bois comme les mâles, quoiqu'un peu moins développés. A Terre-Neuve, 30 p. cent des femelles n'en portent pas. Sans faire le portrait détaillé des caribous, je dois faire part d'une particularité intéressante qui est une adaptation à l'habitat. Il s'agit des sabots en forme de croissant qui facilitent la marche sur la neige et dans les marécages.

Ces sabots présentent un cycle de croissance étonnant. En été, les coussinets plantaires hypertrophiés et mous font saillie sous les sabots usés et aplatis, de sorte que ce sont ceux-là qui reposent sur le sol. En hiver, au contraire, les sabots se développent considérablement, alors que les coussinets se rétractent et durcissent, se couvrant du poil qui émerge en touffes d'entre les orteils. A cette époque, c'est le bord calleux des sabots qui supporte l'animal, tandis que les coussinets charnus ne viennent pas en contact avec le sol.

Les migrations de caribous pouvaient être comparées à celles des gnous de Tanzanie et du sud du Kenya par leur importance. On estimait qu'au début du siècle, les populations de caribous de la toundra canadienne comptaient probablement 2 millions et demi de bêtes. Elles se sont abaissées à 670 000 têtes en 1949, à 270 000 en 1955 et à 200 000 en 1964. En 1967 on nota avec satisfaction que le nombre d'animaux était à 357 000. Par ailleurs, une étude sur le troupeau du Porcupine, menée en 1972 dans le nord du Yukon, a permis de dénombrer 110 000 têtes qui migrent annuellement entre cette région et le nord-est de l'Alaska.

Les caribous sont des animaux grégaires, vivant dans des régions que l'on peut qualifier de très dures, voire d'hostiles. Il faut pouvoir supporter le froid intense, 40 degrés sous zéro, 50 parfois, et l'obscurité pendant des mois. La période de soleil est très courte, mais grâce à leur surprenante adaptabilité, les caribous, les loups, les renards polaires, les lièvres variables, de nombreuses espèces de petits rongeurs et d'oiseaux parviennent à vivre et à prospérer.

L'instinct grégaire des caribous est lié au nomadisme, mais les migrations qui rassemblent des milliers et des milliers de ces animaux méritent d'être décrites; elles nous permettent en effet de mieux comprendre le comportement des loups pendant les périodes de ces longs déplacements. Laissons à ce sujet Farley Mowat décrire une de ces migrations : « Tout d'abord, je ne voyais qu'une espèce de ligne en mouvement. Puis il me sembla que les versants de la baie se rapprochaient tout doucement, que d'innombrables pierres, des morceaux de roc émergeaient des collines et se mettaient à descendre au ralenti sur le sol gelé vers la vallée. Enfin cette lente avalanche arriva sur la rive opposée de la baie et commença à s'étendre sur le lac.

« En rangées désordonnées ou compactes, isolés ou rassemblés en un large front, les caribous se déversaient sur la glace du lac et se dirigeaient vers le nord en une masse large de plusieurs milles. Cette grande masse se dénoua alors en d'interminables files de bêtes qui se tenaient aussi exactement l'une derrière l'autre que des rangées de perles. Ici et là un faon marchait à côté d'une femelle, elle-même à nouveau gravide. Pas un seul mâle dans ce fleuve de biches qui, toutes prêtes à mettre bas, étaient attirées par un instinct irrésistible vers la vaste toundra du Nord, lieu de naissance de tous les caribous. A présent, les hardes se pressaient en dessous de notre poste d'observation; elles étaient à dix pas de nous, puis à cinq; il nous fallut nous lever et agiter les bras pour ne pas être broyés par leurs sabots.

« Les bêtes nous regardaient, impassibles et sans curiosité, s'écartèrent d'un mètre et poursuivirent leur route vers le nord, toujours vers le nord, sans dévier d'un pas. Les heures fuyaient comme des minutes tandis que le fleuve ininterrompu d'animaux passait près de nous sans diminuer d'intensité, jusqu'à ce qu'enfin le soleil descende sur l'horizon. A cette vague de migration composée uniquement de femelles, succédait, quelques jours plus tard, une autre composée de mâles. De multiples observations ont permis d'apprendre que la plupart des grands troupeaux rejoignaient en été la toundra des Barren Grounds, dans le Grand Nord, et revenaient en automne pour passer l'hiver sous la protection des immenses forêts arctiques du Sud. »

On peut maintenant voir le rôle qu'a joué le loup, qu'il joue encore au sein des populations de caribous. Il est l'un de leurs prédateurs les plus importants après les Esquimaux et les Indiens, pour lesquels les caribous constituent encore de nos jours un facteur notable de leur économie.

C'est à E. Kuyt, biologiste du Service canadien de la vie sauvage à Fort Smith (Territoires du Nord-Ouest) que l'on doit une étude à ce sujet publiée dans *Les Cahiers de biologie*. Cette étude qui a demandé huit années de patients travaux, de minutieuses observations (entre 1960 et 1968), s'est déroulée dans le refuge de gibier de la rivière Thelon ainsi que dans les régions boisées du nord-est de Yellowknife et de Fort Smith. Le naturaliste a noté que, tout particulièrement en hiver, le loup ne s'éloigne presque jamais du caribou des toundras. Près de la ligne de végétation arborescente, au sud du refuge de gibier de la rivière Thelon, on trouve les aires préférées des louves en gestation. En même temps que les loups entretiennent leur liteau, les caribous se groupent dans leur aire de mise bas, à proximité du lac Aberdeen, à deux cents milles de là. A la migration d'automne, les hardes de caribous descendent vers le sud en passant dans la région des tanières des loups, alors que les louveteaux, peuvent déjà suivre leurs parents.

Arrivés au Sud, dans l'habitat forestier des caribous, les familles de loups hivernent à faible distance de leur proie préférée.

E. Kuyt et ses assistants ont capturé 31 louveteaux dans 11 tanières, âgés de six semaines environ, et les ont relâchés après avoir marqué l'oreille et noté les mensurations de chacun. Par ailleurs ils ont relevé, au printemps et en été 595 déjections de loups près des tanières, occupées ou vides, dans la région de la rivière Thelon, afin de les analyser en laboratoire. En outre, les restes de 298 loups abattus en hiver et de 6 autres abattus en été ou trouvés morts dans la toundra ont été examinés.

Les spécialistes ont également étudié minutieusement 17 caribous tués par les loups durant l'hiver ainsi que les restes de 151 caribous trouvés dans la toundra en été. La majorité de ces 151 caribous avaient été tués par des loups.

Des 31 louveteaux marqués à l'oreille, 9 ont été repris. Les restes des 151 caribous morts au printemps ou durant l'été indiquent que 51 d'entre eux, soit 33,8 p. cent, étaient des veaux. Les études sur les loups marqués confirment l'étroite corrélation entre les loups de la toundra et les caribous migrateurs. Les loups de la toundra sont capables de migrer sur 200 milles, deux fois par année.

La mortalité des louveteaux avant six semaines (ainsi que probablement les pertes prénatales) fait baisser la production des petits de 5,8 p. cent à 3,5 p. cent par femelle. Les études basées sur les marques à l'oreille apportent une autre preuve de la mortalité élevée des louveteaux après qu'ils ont quitté la tanière. Sept louveteaux avaient moins d'un an, un autre avait quatorze mois, tandis qu'un seul âgé de cinq ans et demi pouvait être considéré comme adulte. Kuyt et ses collaborateurs ont relevé des preuves que la mortalité des louveteaux au sud de la rivière Clarke (où les caribous sont absents durant la saison de mise bas) est plus importante que celle des louveteaux élevés plus au nord. Cet écart de mortalité pourrait être dû, en partie, à la différence de régime alimentaire révélée par les analyses des déjections.

Les caribous sont la nourriture principale des loups qui les suivent dans leur habitat hivernal. Cette préférence vaut aussi pour le printemps et l'été, mais alors le régime des loups est quand même beaucoup plus varié qu'en hiver.

Le loup attrape beaucoup de petits mammifères, de petits oiseaux, d'œufs et de poissons, surtout dans les régions temporairement démunies de caribous. Pendant le printemps et l'été, que le caribou soit présent ou absent, le loup se nourrit abondamment de petits rongeurs (lemmings et campagnols).

E. Kuyt et ses collaborateurs n'ont pas relevé de preuve de prise au jarret par les loups. A l'examen, ils ont constaté que le point d'attaque initial du loup, après avoir renversé le caribou sous la force de son assaut, est ordinairement le cou. La chair du cou et de la gorge, la langue, le foie, le cœur, les reins et les poumons font ses délices. En hiver, il dévore le caribou en entier, mais en été, il en laisse souvent une bonne partie en pâture aux mammifères et aux oiseaux. Enfin, au cours de cette étude, il a été permis de relever une densité de population allant jusqu'à un loup par 6,9 milles carrés. Ce maximum n'est atteint que lors des concentrations importantes de caribous dans leur habitat hivernal. Il a été calculé qu'un loup vivant dans ce secteur des Territoires du Nord-Ouest dévorait en une année 23 caribous, qui se décomposent en 5 veaux, 2 caribous d'un an et 16 autres âgés de deux ans ou plus.

Il ne faudrait pas conclure hâtivement que les loups mettent en péril les populations de caribous. Il convient de tenir compte que le caribou mange le lichen et les arbustes qui poussent très lentement, de sorte que les caribous sont obligés de parcourir de grandes distances pour rechercher leur nourriture. On peut aisément conclure qu'une pénurie de lichen peut devenir mauvaise pour le caribou, mais bonne pour le loup. Les lichens, sous un autre angle, sont bons pour les loups. Les gens tendent à considérer quelquefois les travaux d'interrelation comme un phénomène réversible... Les loups sont bons pour les lichens et pour les caribous. Si les populations de caribous deviennent trop abondantes, elles consommeront toute la végétation en pousses. La famine s'ensuivra. En mangeant les caribous, les loups aident à maintenir la population en symbiose avec la nourriture existante. Ainsi, comme les chasseurs qui souvent sélectionnent les spécimens selon leur comportement physique, les loups sont fréquemment capables de capturer et de tuer des animaux malades, prêts à mourir ou malformés.

Les populations d'animaux se remettent facilement des réductions minimes causées par les prédateurs, mais la disparition de la nourriture peut sérieusement réduire une population jusqu'à un point où le remembrement s'avère long, parfois même impossible.

F. Mowat donne quelques précisions d'un grand intérêt. Un caribou bien portant peut battre facilement à la course un loup, et même un faon de trois semaines est plus rapide que le prédateur. Les caribous sont parfaitement conscients de leur supériorité et savent que normalement ils ont peu à craindre des loups, lesquels ne tentent que très rarement de poursuivre un caribou en bonne santé, sachant très bien que ce serait un gaspillage d'effort insensé.

Les loups adoptent une technique consistant à tester systématiquement l'état de santé et la condition générale des caribous, en s'efforçant d'en découvrir un qui ne soit pas en bonne forme. Lorsque les caribous sont nombreux, ce test s'accomplit en poursuivant chaque harde et en les faisant fuir assez longtemps pour qu'elles révèlent la présence ou l'absence d'une bête malade, blessée ou en quelque façon inférieure aux autres. S'il en existe une, les loups se concentrent sur elle et essaient de la tuer. S'il n'y en a pas, ils abandonnent rapidement la chasse et vont tester une autre harde. Lorsque les caribous sont difficiles à trouver, différentes techniques sont utilisées.

Plusieurs loups agissent de concert, rabattent parfois une harde vers une embuscade où d'autres loups les attendent. Si les caribous sont très rares, les loups peuvent utiliser un système de relais dans lequel un loup chasse une harde vers un autre loup posté à quelque distance qui continue la poursuite. Ces techniques diminuent bien entendu la supériorité naturelle des caribous. Mais c'est habituellement le plus faible, le moins capable des caribous qui devient la victime des loups lancés à leur poursuite. Mowat souligne que les hardes mixtes comportant des femelles et des jeunes sont beaucoup plus intéressantes pour les loups car le pourcentage des bêtes blessées, difformes ou malades n'a pas encore été soumis à une période prolongée de rigoureuse sélection naturelle. Les groupes de vieilles femelles stériles étaient également un objet de test favorable.

Parfois une de ces bêtes vieilles et affaiblies était cachée au milieu d'une harde d'animaux vigoureux. Mais les loups les repéraient invariablement et ils testaient ce qui à mes yeux était une harde bien portante et pleine d'activité.

Les faons étaient souvent testés de façon différente. Un loup pouvait tester un faon sur deux ou trois cents mètres. Mais si le jeune animal ne donnait sur cette distance aucun signe de faiblesse ou d'épuisement, la poursuite était généralement abandonnée. Lorsqu'un test permettait de détecter une bête malade ou blessée, la tournure de la chasse était différente. Le loup attaquant dépensait jusqu'à épuisement toute l'énergie qu'il avait conservée malgré la durée de la recherche. Il fonçait sur sa proie dans un fantastique élan de puissance et de vitesse qui, avec un peu de chance, l'amenait tout près derrière l'animal en fuite. Enfin, pris de panique, le caribou commençait alors à zigzaguer frénétiquement.

Contrairement à l'une des données du mythe du loup, je n'en ai jamais vu tenter de saisir un caribou au jarret. Enfin, rassemblant toutes ses forces, le loup courait parallèlement au caribou et bondissait vers son épaule. L'impact était en général suffisant pour faire perdre l'équilibre à la bête et, avant qu'elle se redresse, le loup la saisissait à la nuque et la faisait tomber en prenant garde aux sabots qui frappaient dans tous les sens. Une ruade peut transformer la cage thoracique d'un loup en petit bois!

Il est arrivé plusieurs fois à Mowat de trouver un caribou presque aussitôt après qu'il venait d'être tué. Il a dû chasser les loups qui s'éloignaient chaque fois avec une certaine timidité, quoique visiblement à regret.

Je dirais à ce propos qu'il est beaucoup moins facile de chasser un loup élevé en semi-liberté pendant qu'il dévore un morceau de viande, qu'un loup vivant à l'état sauvage alors qu'il vient d'abattre une proie. Cela confirme, si besoin est, qu'un loup libre est plus peureux que le loup qui vit en contact plus ou moins étroit avec l'homme. Je précise même qu'un loup occupé à dévorer un gros morceau de viande dans un enclos, même d'une superficie de plusieurs dizaines de milliers de mètres carrés, ne reculera pas devant un homme qui le menace. S'il en a la possibilité, il emportera sa nourriture, mais, s'il s'agit par exemple d'un mouton entier ou d'une cuisse de vache, il défendra cette nourriture et, si l'homme insiste, il le chargera. Je sais de quoi je parle, ayant bien souvent répété ce genre d'expérience, y compris avec des loups dont le comportement en temps normal n'est jamais agressif. Un loup sauvage, lui, n'attendra pas que l'homme approche trop de sa proie pour déguerpir. Il y a cependant des gens qui croient encore qu'un loup plus familier de l'homme est moins dangereux.

Revenons à Mowat pour une autre précision. Plusieurs caribous qu'il a examinés après avoir chassé les loups qui venaient de les abattre, étaient si gravement infestés de parasites externes et internes qu'ils étaient destinés à périr à bref délai. Encore une preuve que les loups jouent un rôle considérable dans l'état de santé des troupeaux de caribous.

Mais il faut bien souligner que le loup est un facteur d'équilibre; il ne tue pas pour le plaisir, comme tant de gens le croient encore.

A propos de la façon dont le loup attaque ses proies, on a vu que les témoins qui ont assisté à l'attaque de caribous mentionnent que le loup saute au cou ou à l'épaule et ne s'attaque pas aux jarrets. C'est bien entendu exact. Mais, lorsqu'il s'agit de proies plus volumineuses, par exemple, une vache, le loup tentera de lui briser un tendon. Il pourra agir de même s'il s'en prend à un élan.

15

Des loups et des élans

L'élan, c'est le géant des cervidés, un animal aussi impressionnant par sa haute stature que par l'importance de ses bois qui peuvent atteindre le poids de vingt kilos et de leurs larges empaumures souvent dotées de quarante cors.

Les systématiciens dénombrent sept sous-espèces d'élans réparties essentiellement dans les régions nordiques de l'ancien et du nouveau monde. L'espèce type (*Alce a. alces*) vit dans le nord de l'Europe ; elle est notamment largement présente en Suède, où l'on observe les plus fortes densités avec le sud-est de la Finlande et de la Norvège, en Pologne et en Urss.

La sous-espèce *Alces a. pfizemmayeri* se rencontre dans presque toute la Sibérie. La forme *Alces a. cameloïdes* vit dans l'est de la Mongolie et le sud-est de la Sibérie. La plus imposante des sous-espèces (*Alces a. gigas*) se rencontre en Alaska où les plus beaux spécimens atteignent le poids de huit cents kilos. La forme *Alces a. shirasi* est répandue dans l'ouest des États-Unis. La sixième des sous-espèces, *Alces a. andersoni*, vit dans tout le Canada, excepté au Québec où elle est remplacée par *Alces a. americana.*

L'élan est lié à la forêt – on le considère en effet comme un animal sylvicole – mais il délaisse l'uniformité des forêts résineuses climatiques pour les végétations arbustives et préclimacique, ou les bois intermédiaires de bouleaux ou de trembles, les feuilles de saules, d'alisiers, les plantes aquatiques.

Les lacs offrent aux élans, outre la possibilité de se nourrir, celle d'échapper aux myriades de moustiques pendant l'été. L'hiver il se nourrit d'aiguilles d'épicéas; il émigre d'ailleurs vers les pentes plus sèches, couvertes de buissons. Ce grand cervidé nage fort bien, il est capable de parcourir plusieurs kilomètres dans l'eau. C'est ainsi qu'au Canada, dans l'Ontario, D.W. Simkin, un scientifique, à bord d'un hélicoptère, chassa plusieurs élans vers la mer. Puis toujours dans son engin, il se posa tout près d'eux et, à l'aide d'une pince spéciale, leur fixa une marque aux oreilles. Un repère qui a permis de connaître leur longévité, leurs migrations ou leurs simples déplacements.

L'étude des migrations n'est pas facile. En général le domaine vital n'est pas très vaste, cinq à dix kilomètres, et les mêmes superficies sont occupées d'une année sur l'autre par les mêmes individus. Les mâles d'un an et les mâles en période de rut peuvent, dans certaines régions, occuper un domaine vital moins rigoureusement défini et plus vaste. Les déplacements d'un domaine vital à un autre connaissent plus d'amplitude et ils impliquent des changements considérables d'altitude. Les migrations se font en empruntant des tracés traditionnels mais le moment de la migration peut varier quelque peu. Il peut dépendre des conditions d'enneigement, de la qualité des ressources alimentaires ainsi que de certains stimulus internes.

En résumé, les migrations de l'élan lui permettent de se maintenir en toutes saisons dans un environnement optimal tant au point de vue physique, biotique que social.

Dans les lieux favorables, la densité des élans augmente beaucoup. Par exemple en Sibérie, à l'est du fleuve Lena, les élans avaient presque totalement disparu à la fin du siècle dernier. A nouveau ces territoires sont occupés par les élans dont la population est estimée à 220 000 ou 230 000 individus, tandis que la densité varie de 2, 3 à 13, 3 animaux par 100 kilomètres carrés. Mais dans les habitats particulièrement favorables comme par exemple les brûlis ou les vallées de rivière dominées par une végétation arbustive, la densité peut atteindre 62 animaux par 100 kilomètres carrés. Cela d'après une étude d'A.A. Kistchinski, du Laboratoire de conservation de la nature de Moscou.

Un exemple est particulièrement intéressant, qui montre une variation des densités d'élans et par là même une augmentation du nombre de leur principal prédateur (l'homme excepté, bien entendu). C'est lors d'un changement de végétation qui leur est profitable que l'on assiste à une prolifération des loups. En Carélie soviétique, à la fin des années quarante, les hommes ont favorisé l'expansion du loup en remplaçant les conifères par des feuillus.

Depuis 1968, les gardes-frontières finlandais

notent toutes les traces de loups qui traversent la frontière entre la Suède, la Norvège, l'Urss et la Finlande. De cette façon, il est possible d'étudier les mouvements de population de part et d'autre de ces limites. En Carélie soviétique, la population de loups est soumise à des opérations de contrôle importantes. Néanmoins, cette population a augmenté considérablement au milieu des années soixante-dix, du fait de l'augmentation des élans résultant d'une nouvelle gestion forestière. Et, depuis 1980, on a enregistré une augmentation du nombre des loups (5 à 7 pour 1000 kilomètres carrés).

On connaît bien les rapports prédateurs-proies; cette connaissance en ce qui concerne le loup et l'élan s'est trouvée facilitée grâce aux études de L.D. Mech, dans l'île Royale. Cette île se trouve aux États-Unis sur le lac Supérieur, à 80 kilomètres au nord-ouest de la péninsule de Keweenaw et à 32 kilomètres au sud-ouest de la frontière canadienne. Cette île s'étire sur une longueur de 72 kilomètres et sa largeur varie de 3 à 10 kilomètres; sa superficie atteint 340 kilomètres carrés.

L'île Royale est devenue parc national en 1940, mais déjà le défrichage, la chasse, la pêche, le trapping étaient interdits avant cette date. De septembre à mai, la neige recouvre l'île, mais, grâce à l'influence de l'immense lac Supérieur, les températures ne sont pas excessivement rigoureuses en hiver, elles se situent en moyenne à 10 degrés sous zéro, la moyenne de l'été étant de 15 degrés. L'herbe est abondante et près d'un tiers de l'île est constitué de forêts (épicéas, pins trembles, balsans, thuyas), bois et broussailles complétant la végétation.

En résumé, cette île est l'exemple type d'une réserve naturelle destinée à la sauvegarde d'une espèce en voie de disparition. Toutes les conditions de respect des lois de l'espèce, écologiques, spécifiques du loup se trouvent réunies et également les meilleures conditions pour les observations des loups, qui ailleurs sont difficiles à réaliser, compte tenu de la méfiance, de la timidité de ces prédateurs...

L'île était peuplée de lièvres, de castors, de petits rongeurs et d'oiseaux, mais un beau jour des élans arrivèrent. Ils avaient nagé et aussi marché sur la glace et ils pouvaient considérer l'île comme un paradis avec une nourriture abondante et variée et, de plus, aucun prédateur ne pouvait menacer leur existence. Tant et si bien qu'ils croissèrent et multiplièrent. Tout pouvait sembler pour le mieux dans le meilleur des mondes, mais trop c'est trop. Tant que la population d'élans se maintint à environ 500 à 600 individus, l'équilibre entre eux et la végétation dont ils pouvaient disposer se trouvait préservé. Malheureusement, les élans continuèrent à se multiplier; ils furent un millier et puis beaucoup plus encore. Alors, on assista au processus inéluctable de dégradation du biotope. Le surpâturage entraînant bientôt l'érosion des sols, conséquence pour les élans : amaigrissement. Les parasites qui n'avaient pas de prise sur des animaux en parfaite santé se développèrent sur ces pauvres bêtes qui mouraient de faim ou de maladie. La forêt était de plus en plus détruite et les biologistes n'étaient pas contents.

Heureusement pour ces savants et non moins heureusement pour les élans, la meilleure des solutions fut apportée par les loups.

Une très belle journée d'hiver où les températures étaient particulièrement rigoureuses, des loups profitant que le lac était pris par la glace se rendirent dans l'île. En quelques mois, ils assainirent la population d'élans, tuant et achevant les plus faibles. Des biologistes américains, D.L. Allan et L.D. Mech, notamment, s'intéressèrent alors de très près à cette nouvelle situation. Ils devaient pendant plusieurs années, à l'aide de moyens sophistiqués, étudier le comportement des loups. Un exemple qui donnera une idée du sérieux et de l'ampleur des recherches. D. Mech a survolé pendant 435 heures les trois zones de l'île Royale où il avait localisé ces canidés et en outre il a vécu plus d'une année (65 semaines) sur l'île. D'autres scientifiques ont aussi consacré beaucoup de temps à l'étude des loups de l'île Royale, de sorte que l'on peut dire que, depuis 1958, il y a toujours eu des spécialistes sur cette île afin de toujours mieux comprendre les loups en découvrant un peu plus leur vie privée.

Mech a confirmé que le loup, animal territorial, délimitait son fief en urinant fréquemment et que, comme on l'avait remarqué et comme le laissaient supposer les communautés captives, les bandes les plus nombreuses attaquaient et expulsaient hors de leur domaine les clans les plus petits.

J'ai effectué les mêmes remarques dans le vaste enclos des loups du Gévaudan où j'ai constaté que les incursions d'une bande de loups sur un territoire voisin sont rapidement réprimées par une bande plus forte qui n'accepte pas le moindre empiétement sur son domaine.

Dans l'île Royale, l'étendue du territoire du clan le plus nombreux (15 loups) était de 168 kilomètres carrés. Ce territoire était parcouru chaque jour, zone par zone. Mech a écrit que les animaux qu'il étudiait parcouraient en moyenne 50 kilomètres par vingt-quatre heures. Les loups empruntent toujours les mêmes itinéraires, allant en file indienne, à la queue leu leu, à une vitesse moyenne de 8 kilomètres à l'heure, compte tenu d'un certain nombre d'arrêts pour le repos.

Pour certains chercheurs, la capacité olfactive du loup est cent fois supérieure et sensitive à celle d'un homme. Une étude a été entreprise sur la sensibilité du flair du loup; il se situe au maximum de l'acuité comparée à celle du chien. Il dépend, il est vrai, de cette sensibilité pour survivre.

Dans de nombreux cas, un loup peut détecter un animal se trouvant à 300 yards sous le vent. Cependant, quand la proie n'est pas sous le vent, les loups ne peuvent pas la sentir et sont incapables de la localiser, se trouvant à contresens de l'odeur. Mech a observé un élan puissant, non détecté pendant vingt minutes, à cent yards d'un clan de quinze loups.

Il est impressionnant d'observer un clan de loups quand soudain les animaux saisissent l'odeur de la proie. Dans l'île Royale, il a souvent vu à l'occasion d'un survol, un clan au cours d'une poursuite en hiver. Pour connaître la direction du vent, les loups humaient en tous sens, cherchant la trace de l'élan. Atteignant cet instant, les loups s'arrêtaient soudain et pointaient le nez dans la même direction. Ils étaient sous le vent. Puis ils se rassemblaient nez à nez, secouant la queue pendant dix à quinze secondes, et se dirigeaient droit vers l'élan.

Les chasses ne sont pas toujours fructueuses; la bredouille n'est pas connue des seuls porteurs de fusils. A titre d'exemple, cette observation de Mech : « Le 24 février 1959, vers 18 heures, dix des quinzes loups de la grande harde avançaient en file indienne sur la rive du lac Sikiwit, à 1,5 kilomètre environ de distance des autres membres du groupe. Soudain, ils s'arrêtèrent. Trois élans galopaient au loin.

« Les uns derrière les autres, les prédateurs commencèrent à les pister en ligne droite pendant 250 mètres. Lorsqu'ils se trouvèrent à environ 30 mètres des ongulés, deux de ces derniers se rendirent compte qu'ils étaient poursuivis et accélèrent l'allure. Le troisième resta calme et fut aussitôt entouré. Il tenta de s'échapper mais n'y parvint pas. Cinq des carnivores le rejoignirent alors et lui mordirent les pattes arrière et les flancs. Il n'arrêta pas sa course pour autant et traîna ses assaillants derrière lui. Par deux fois il tomba au sol et se releva, mais la seconde fois, l'un des loups le saisit au museau. Il réussit quand même à se remettre debout et à gagner un bosquet.

« Là, il se décida à faire face. Une minute plus tard, les cinq autres loups étaient auprès de lui, mais, chaque fois que le groupe attaquait, l'élan se défendait à coups de cornes vigoureux. Le lendemain, Mech constata que le cervidé était toujours vivant, à la même place; les loups eux avaient disparu. »

Il les retrouva plus tard, en train de chasser à

26 kilomètres de l'endroit où il les avait vus la veille.

Le naturaliste écrit que la force du mordant d'un loup est incroyable. « J'ai observé, dit-il, des loups dans l'assaut sur la croupe d'un élan adulte, le lacérant, le tailladant sur une profondeur de quatre pouces, pour finalement le saisir à la tête, tranchant un épais morceau de cuir. »

De son côté, l'éthologiste Young dit qu'un loup peut cramponner ses crocs dans le mufle élastique d'un élan, qu'il peut ainsi se trouver suspendu au-dessus du sol. Un loup peut rompre d'un seul coup de dents la queue d'un grand cheval ou d'une grosse vache.

Le plus gros travail de coupe et de mastication est accompli par les carnassières ou dents mâchelières : la quatrième prémolaire supérieure et la première molaire inférieure. Ces dents spécialisées sont plus efficaces qu'une paire de cisailles et fonctionnent admirablement dans la coupe des tendons et de la viande coriace.

Lorsqu'il s'agit d'un élan, les loups l'attaquent aux flancs et aux pattes. J'ai relaté comment un jeune loup s'en prenait à une vache pour tenter de lui briser un tendon d'une patte postérieure. Quand il s'agit de proies moins volumineuses, rennes, faons de cerfs, biches, chevreuils, les loups leur bondissent directement dessus au cou ou à l'épaule.

Quand les loups ont abattu une grosse proie, un élan de 400 à 600 kilos, ou un cerf wapiti de 300 à 400 kilos, ils ne peuvent pas, même si le clan est composé d'une quinzaine de ces prédateurs, le dévorer entièrement. Si une telle proie est tuée à la belle saison, les loups se gavent et abandonnent le reste aux renards polaires, gloutons, oiseaux de proie, corvidés. En hiver en revanche, les loups restent à proximité de la proie ; repus, ils se couchent dans les environs proches, dans le but d'écarter d'autres prédateurs qui seraient tentés de leur dérober une partie de leur victime. Ils ne l'abandonneront que lorsqu'il ne restera plus rien de bon à manger.

Aux États-Unis, dans le Minnesota, où selon les recensements vivent plusieurs centaines de loups, 700 environ, le zoologiste G.E. Johnson a observé un loup se nourrissant d'une carcasse flottante d'élan ; le loup se déplaçait dans l'eau mettant l'élan en pièces. Il n'est pas rare que, lorsqu'un de ces cervidés géants se trouve poursuivi par des loups, il se réfugie dans un lac. Il s'agit bien d'un refuge car les loups sont obligés de nager de sorte que leurs attaques manquent de précision. Un élan adulte dans plus d'un mètre d'eau a toutes les chances de se tirer d'affaire.

Lorsque des loups doivent courir longtemps derrière une proie et quel que soit le résultat de leur chasse, le repos s'impose. Selon A. Murie, qui a publié un ouvrage passionnant sur les loups du mont Mac Kinley, en Alaska, lorsqu'un loup, après une longue chasse, arrive à sa tanière, il tombe lourdement, se relaxe complètement et n'apporte aucun changement dans sa position durant trois à quatre heures. Souvent, il ne relève même pas la tête pour regarder les intrus.

Dans l'île Royale, on note, en hiver, des

concentrations d'élans dans les peuplements de conifères bordant les lacs. Ils se sentent en sécurité par rapport à des secteurs non boisés de l'île et, même affamés, ils n'en sortent pas volontiers. D'une part, l'attachement à l'habitat est fort, d'autre part, les risques ne sont pas moins grands s'ils l'abandonnent. La neige est-elle un avantage pour les loups ? Oui et non, ce n'est pas une réponse de Normand, car cela dépend de l'état de la neige, de son épaisseur aussi.

On sait, par exemple, que le loup peut être avantagé parce qu'il exerce une pression relativement faible par rapport à certaines de ses victimes. Ainsi la pression d'un loup est de 140 à 158 grammes/centimètre carré alors qu'elle est de 300 à 400 grammes/centimètre carré pour un cerf et de 420 à 460 grammes/centimètre carré pour l'élan. Si la couche de neige est épaisse et molle, les loups sont gênés dans leurs mouvements. Toutefois, ils tirent souvent profit d'une augmentation de la densité de la neige et de la croûte découlant de son vieillissement.

La pression exercée par les élans est, on l'a vu, beaucoup plus forte, mais en revanche, leurs pattes plus longues les aident à se déplacer plus facilement que leurs adversaires dans une couche de neige épaisse et molle. D'après R.O. Peterson et D.C. Allen (*Écologie de l'orignal*), sur l'île Royale l'augmentation de la neige au sol entraîne une concentration des orignaux sur les peuplements de conifères bordant les lacs, lesquels constituent les principaux axes de déplacements des loups.

Par ailleurs, nouveau désavantage pour les

élans qui découle d'une mobilité moindre, laquelle entraîne une augmentation des cas de déficiences alimentaires, principalement chez les veaux, ce qui a pour effet d'augmenter leur vulnérabilité à la prédation des loups. Durant les années d'accumulation exceptionnelle de neige au sol, les loups ont généralement augmenté la proportion de veaux et de jeunes adultes dans leurs chasses. En outre, les veaux qui ont survécu à un hiver rigoureux semblent plus vulnérables que la normale par la suite.

16

D'autres proies

Il y a quelques années, dans le parc de Pless en Pologne, une bisonne de deux ans a été attaquée par une bande de loups et complètement déchiquetée. Rien de particulièrement étonnant, bien qu'une bisonne soit nettement plus agressive et surtout beaucoup plus agile qu'une vache domestique. Pendant la même période, on a signalé que la région de Cracovie souffrait également des dommages causés par les loups. Les statistiques indiquaient une disparition des chevreuils dans la proportion de 80 p. cent des faons de l'année et de 90 p. cent des marcassins. Ces chiffres eurent pour effet de faire porter à 200 zlotys la prime versée par le gouvernement à toute personne ayant tué un loup.

Mon point de vue est que ces chiffres sont fortement exagérés. Dans l'immense forêt de Bialowieza que je connais bien pour y avoir étudié les bisons et cherché les loups, les chevreuils sont, il est vrai, une des proies principales des loups. Or leur population ne s'en porte pas plus mal, si l'on considère qu'ils sont tellement nombreux qu'ils concurrencent sérieusement les bisons pour leur nourriture.

Au Canada, dans l'Ontario, a été créé le parc national Algonquin d'une superficie de 7 500 kilomètres carrés. Dans ce parc, grand comme un grand département français, la densité des populations de loups est plus importante que dans toute autre région du monde. Sur 25 kilomètres carrés vivent en moyenne un loup et 100 cerfs de Virginie. Le cerf de Virginie, nommé aussi cerf à queue blanche (*Odocoileus virginianus virginianus*) peut peser jusqu'à deux cents kilos. Lorsqu'il est effrayé, il prend la fuite et sa longue queue est dressée comme un fanion blanc, d'où le nom qu'on lui donne souvent de « cerf à queue blanche ». Ce cerf est dans le parc national algonquin la proie principale du loup.

Les meutes de loups sont fortes de cinq à dix individus. Un tel groupe consomme trois cerfs par semaine, ce qui signifie que la sélection est sévère.

Au Canada, dans le Wood Buffalo National Park, se trouve la plus grande population de bisons au monde. Leur nombre est de quinze mille environ, qui disposent d'un des plus grands parcs qui soient : sa superficie étant de 47 000 kilomètres carrés, elle est donc équivalente à sept de nos départements. Le Wood Buffalo Park est situé à cheval entre le nord de la province de l'Alberta et le sud de celle des Territoires du Nord-Ouest.

Cet immense territoire n'est pas, il faut le dire, l'idéal pour les descendants des immenses troupeaux qui peuplaient par millions l'Amérique du Nord et que les hommes ont bien failli exterminer. Dans ce parc, en effet, le climat est trop rude et, quoique le bison ne soit pas un animal des pays chauds ou tempérés, il est sujet à la tuberculose, à la brucellose, à l'arthrite notamment.

Dans l'Elk Island National Park situé en Alberta, à l'est d'Edmonton, où le climat est moins dur que dans le Wood Buffalo National Park, vivent plusieurs centaines de bisons. Néanmoins les bisons de l'Elk Island National Park n'échappent pas tous aux maladies. Dans le Buffalo Park, l'écrivain Frison-Roche a assisté aux soins préventifs que l'on donne aux bisons. Il écrit : « La tâche des gardiens du Wood Buffalo National Park est de déceler les moindres signes annonciateurs de maladie. Alors des soins énergiques sont donnés. Des corrals sont aménagés un peu partout, dans le parc, vers lequel on dirige à l'automne les hardes sauvages. C'est un spectacle extraordinaire que celui de milliers de bisons galopant flanc contre flanc, s'engageant dans le piège des corrals, se faufilant entre des barrières suffisamment rapprochées pour ne laisser passer qu'un individu à la fois.

« Et, à califourchon sur ces barrières, vétérinaires, assistants, gardiens vaccinent sans arrêt. Dans l'air tournent les hélicoptères et les petits avions, chiens de berger à l'échelle du grand troupeau ; sur terre cavaliers, engins tout terrain cernent et poussent devant eux les masses affolées qui ne feront que traverser le corral pour se perdre à nouveau, mais cette fois soignées et immunisées, dans l'immensité de la forêt. »

Les bisons d'Amérique sont encore présents dans d'autres parc du Canada et dans plusieurs parcs des États-Unis, le Yellowstone en particulier.

En Europe, le bison qui vit à l'état sauvage à Bialowieza est un peu différent morphologiquement de son cousin le bison américain. Il est moins puissant de l'avant-train, mais il est robuste de l'arrière-train.

Je puis dire, ayant eu la possibilité d'observer les deux espèces dans leurs habitats respectifs, que le bison européen a une tendance plus marquée à l'agressivité que le bison d'Amérique. Toutefois, on ne saurait trop se méfier des bisons américains, leurs réactions étant souvent imprévisibles. Il m'est arrivé d'être chargé à deux reprises par des bisons dans la forêt de Bialowieza (je les avais, c'est vrai, un peu provoqués), alors qu'au Canada j'ai trouvé les bisons plus placides. Un animal pesant près d'une tonne et doté d'une surprenante agilité est un adversaire à éviter à tout prix.

Le loup est l'un des rares ennemis du bison. Ce sont surtout des jeunes ou des individus très vieux ou malades qui sont généralement la proie de ces canidés. Tous les bébés bisons ne deviennent pas la proie des loups. Il faut savoir qu'il est capable de s'allaiter une demi-heure après avoir vu le jour et trois heures lui suffisent pour courir, se cabrer et suivre sa mère. Celle-ci le défend courageusement contre ses ennemis. Ce n'est que lorsqu'il est âgé de quelques semaines qu'il risque d'être victime des loups, car il commence à s'éloigner un peu de sa mère.

Dans le Wood Buffalo National Park, on enregistre une forte mortalité des jeunes. Alors qu'en septembre, les veaux constituent 20 p. cent des effectifs, ils n'en représentent plus que 12 p. cent en décembre et 8 p. cent seulement à la fin de l'hiver.

Toujours dans cet immense parc du Wood Buffalo, le Dr Fuller a examiné le contenu de 95 tubes digestifs et de 63 excréments de loups pour déterminer dans quelle proportion ces animaux attaquaient les bisons. Il découvrit que 36 estomacs ne contenaient rien, 39 renfermaient des morceaux de pelage, 9 des restes d'élans et les autres une grande variété de petits mammifères. Il retrouva des poils de bisons dans 83 p. cent des excréments.

Le Dr Fuller eut l'occasion de faire une étude sur onze bisons qui venaient d'être poursuivis et tués par des loups; cinq étaient très âgés, trois encore jeunes et sur les trois autres qui se trouvaient en pleine maturité, l'un était atteint de tuberculose à un degré avancé, l'autre présentait une ancienne fracture à la patte et le dernier souffrait d'une infection qu'avait provoquée une plaie par balle. Deux jeunes sur trois avaient été attaqués plusieurs fois et se trouvaient déjà sérieusement affaiblis. On peut conclure qu'un bison adulte et en bonne santé est à l'abri des loups.

Un cervidé très grand peut aussi devenir la proie des loups. Il s'agit du cerf wapiti (*Cervus elaphus canadensis*) dont le poids peut dépasser 400 kilos, soit à peu près deux fois le poids d'un beau cerf d'Europe. Le wapiti est appelé elk au Canada, alors que c'est le nom que l'on donne en anglais à l'élan, qui au Canada porte le nom d'orignal. Dans les montagnes Rocheuses, le wapiti est très familier : c'est ainsi qu'on peut le voir brouter au bord des routes dans les parcs nationaux, tel Jasper. Toutefois, si l'on descend de voiture, il rentre tranquillement dans le sous-bois.

Animaux grégaires, les wapitis se réunissent par petites bandes pouvant tout de même compter jusqu'à une trentaine d'individus. L'hiver, lorsque la nourriture est rare, ces grands cerfs creusent la neige peu épaisse pour atteindre l'herbe. Ils évitent les couches de neige trop épaisses en se maintenant au flanc des collines ou des montagnes, là où la neige est balayée par le vent. Les ennemis ne font pas défaut au wapiti mais, tout comme chez l'élan, un individu adulte et en bonne forme se défend très bien; il n'est d'ailleurs généralement pas inquiété. En revanche, les individus vieux, malades ou blessés connaissent des risques plus sérieux de terminer leur existence sous les crocs des loups.

Quant au cerf de Virginie, qui est le plus répandu et le plus connu, il possède un atout considérable avec sa vitesse. Il est capable de courir à la vitesse de 65 kilomètres à l'heure. Toutefois, sur la glace, ce cerf est fortement handicapé, de sorte que les loups parviennent à s'en mettre quelques-uns sous la dent...

Une autre espèce, le cerf mulet (*Odocoileus hemionus*), se rencontre dans l'ouest des États-Unis et du Canada; ce sont les forêts de trembles, de résineux, les terrains escarpés (il est fréquent dans les montagnes Rocheuses), les vallées fluviales qu'il préfère, évitant les parties découvertes. Les mâles se montrent très agressifs en période de rut, c'est-à-dire à partir d'octobre. Le cerf mulet est lui ausi victime des loups, mais surtout lorsque la maladie et la vieillesse apparaissent.

Une autre espèce encore, propre à l'Arctique celle-là, peut être incluse parmi les proies du loup. Il s'agit du bœuf musqué (*Ovibos moschatus*). Un animal que nos taxinomistes ont eu quelques difficultés à classer. Proche du mouflon et des chèvres, il ressemble, vu de loin, à un bison. On a finalement tranché en lui attribuant le nom scientifique de mouton-bœuf-ovibos.

Cet étrange animal atteint 1,40 mètre au garrot et il peut peser jusqu'à plus de 600 kilos chez les grands mâles, les femelles ne dépassant pas la moitié de ce poids. Les bœufs musqués sont grégaires; leur toison volumineuse noirâtre qui dissimule les pattes courtes, puissantes, leurs petites oreilles, autant d'adaptation aux températures les plus rigoureuses. Le crâne est massif, les cornes sont des armes redoutables. Le naturaliste A.W.F. Banfield dit que les bœufs musqués ont une routine journalière immuable, même pendant la longue nuit hivernale du Grand Nord. Ils n'entreprennent pas de migrations saisonnières, leurs pacages d'été et d'hiver n'étant au plus qu'à 80 kilomètres de distance.

Sur les berges de la rivière Thelon, dans le centre de la toundra, les pâturages saisonniers ne sont qu'à quelques kilomètres l'un de l'autre et les troupeaux ne semblent pas rivaliser pour occuper certains secteurs du territoire. On ne croirait jamais que le bœuf musqué, qui apparaît comme un animal massif, ce qui est dû à son etonnante toison dont les poils peuvent atteindre 60 centimètres, est capable de faire preuve de vivacité. Souvent, il est vrai, il se meut lourdement, avec lenteur, mais il peut courir très vite et il grimpe facilement des pentes très escarpées. La tactique employée par ces animaux pour se défendre est toujours la même. Ils se rangent en demi-cercle, les taureaux en avant, face à l'agresseur, les femelles et les veaux bien protégés à l'intérieur.

Le loup est le principal ennemi du bœuf musqué. Le cercle de défense de ces animaux est quasi impénétrable et il est rare que le loup réussisse à attirer une bête hors de la formation. Cependant, il s'attaque aux solitaires et spécialement aux vieux taureaux. Cette formation de défense est efficace contre le prédateur de l'Arctique, mais les bœufs musqués ne manquent pas de l'utiliser quel que soit l'ennemi qui est en face. Et lorsque cet ennemi est l'homme, les pauvres bêtes peuvent se laisser fusiller sans réagir, ce qui explique que cet animal, aujourd'hui protégé, a failli être exterminé. Il s'est trouvé désarmé par une tactique qui avait fait ses preuves pendant des millénaires, et qu'il ne pouvait pas changer pour faire face à l'homme armé de fusils. Il en est ainsi chez nous un peu de même avec le hérisson. Cet insectivore a pu échapper à ses ennemis naturels en se mettant en boule, mais il se met toujours en boule lorsqu'il se trouve sur une route au moment où survient une voiture. Avec la civilisation apportée par l'*homo sapiens sapiens*, les tactiques utilisées par bon nombre d'espèces animales se révèlent aujourd'hui, dans bien des cas, plus nuisibles qu'utiles.

Un autre animal est encore parfois victime du loup ; c'est le mouflon d'Amérique (*Ovis canadensis*), plus connu peut-être sous le nom de bighorn. Un corps robuste, des cornes massives (justifiant pleinement son nom) qui s'orientent d'abord vers l'arrière, près de la tête, puis se recourbent en spirale, les pointes tournées vers l'avant et l'extérieur, juste sous les yeux. Les mâles atteignent le poids de 140 kilos, soit plus de deux fois le poids de notre mouflon européen.

En compagnie d'amis naturalistes, j'ai pu approcher de très près ces mouflons et les photographier car, n'étant pas chassés dans ces vastes parcs nationaux, ils ne fuient pas à l'approche de l'homme. Ils vivent en groupes d'une dizaine d'individus au moins, et parfois on peut en trouver une centaine très peu dispersés dans la montagne.

Il est intéressant d'observer la vie communautaire de ces grands mouflons. Les mâles portent des cornes à peu près d'égale grandeur, se battent entre eux, et ces combats peuvent se poursuivre parfois pendant vingt-quatre heures. Selon Greist, dans son ouvrage *Mountain Sheep*, le cerveau est protégé par des sinus disposés entre deux plaques osseuses pouvant atteindre cinq centimètres d'épaisseur. Même la laine frontale est si épaisse et emmêlée qu'elle forme un coussin protecteur.

Le crâne quant à lui est fixé de telle façon aux vertèbres que tout le cou œuvre pour amortir l'impact. Lors d'un choc, la tête à tendance à pivoter vers le bas, mais le renflement des tissus fibreux qui la relie aux vertèbres aide à contrebalancer le mouvement. De la sorte, conçus pour le combat, deux mâles s'écartent d'une dizaine de mètres, pivotent sur eux-mêmes et échangent un bref instant des regards menaçants avant de se charger mutuellement. Ils se ruent l'un vers l'autre, puis, juste avant la collision, ils baissent le menton, tournent légèrement la tête de côté et, pour augmenter encore la force de l'impact, ils bondissent juste avant de se heurter tête contre tête, avec un craquement retentissant. Le choc peut renvoyer chaque animal à un mètre ou plus en arrière.

De tels combats sont déroutants par leur violence ainsi que par leur rituel. Chaque combattant reçoit le coup de son adversaire juste entre les cornes. Cette précision est indispensable en raison de la rapidité avec laquelle se produisent les charges; la moindre erreur de calcul serait cause de graves blessures.

Dans cette vie communautaire des mouflons des Rocheuses, il est une originalité qui mérite d'être signalée. Elle concerne la façon dont agissent les grands mâles à l'égard des plus jeunes. Ils les considèrent ni plus ni moins comme des femelles, c'est-à-dire qu'ils les sodomisent. Une façon comme une autre de montrer leur supériorité, leur puissance et leur rang.

A leur tour, en grandissant, les jeunes agiront de même avec les plus jeunes qu'eux. C'est une hiérarchie basée sur la force comme chez la plupart des espèces, mais plus originale. Ce comportement sexuel permet aux mâles plus jeunes et plus faibles de rester dans le troupeau sans être persécutés. Par ailleurs, les mâles les plus élevés dans l'ordre hiérarchique ne s'intéressent aux femelles que pendant la courte période du rut, alors que les autres s'y intéressent toute l'année.

Il faut noter que ce comportement est très particulier.

J'ai observé en Italie, dans le massif du Grand Paradis, des mâles bouquetins des Alpes (*Capra aegagrus ibex ibex*) chevauchant d'autres mâles, mais il n'y a pas intromission du pénis comme chez les mouflons des montagnes Rocheuses. Certes, le but est le même : il s'agit de s'imposer, au moins temporairement.

Le loup parvient à tuer un mouflon adulte, mais ce sont surtout les jeunes qui sont ses victimes. Le terrain n'est pas très favorable aux loups, alors que les mouflons peuvent se réfugier sur la corniche d'une paroi rocheuse d'où il leur est facile de tenir un loup en respect avec leurs cornes imposantes.

Enfin, parmi les animaux qui constituent des proies importantes pour le loup, il faut mentionner la chèvre des montagnes Rocheuses *(Oreamnos americanus)*, un animal à la très belle fourrure blanc crème, dont les jarres peuvent dépasser 17 centimètres; leur duvet laineux est plus fin que celui des chèvres du Cachemire. Un beau mâle dépasse le poids de 120 kilos; les femelles plus fines pèsent entre 70 et 80 kilos, exceptionnellement 90 kilos. Dans les Rocheuses, les chèvres sont chez elles et en particulier en Colombie britannique, dans le parc national Yoho (*yoho* est un mot des Indiens Cris, qui signifie « admiration », et rien n'est plus vrai : les paysages sont d'une beauté à couper le souffle, mais ces montagnes sont extrêmement pentues). C'est dans ces raides pentes qu'en compagnie de trois amis naturalistes, j'ai tenté d'approcher quelques hardes de ces chèvres sauvages. Nous avons grimpé pendant des heures, mais ces animaux très méfiants maintenaient toujours trois ou quatre cents mètres de distance entre eux et nous, et cela avec une apparente facilité, sans se presser. D'ailleurs, s'ils l'avaient bien voulu, ils auraient pu nous distancer très vite, mais, toujours très calmes, ils avançaient alors que nous avions l'impression de ramper derrière eux. Ce n'est pas ce jour-là que nous avons pris les photos du siècle!

Une semaine plus tard, nous devions voir des chèvres recherchant leur pitance dans des escarpements rocheux, mais nettement plus accessibles. C'est dans l'immense parc national de Jasper que nous pûmes approcher des chèvres, tandis que l'une d'entre elles allaitait un joli cabri nouveau-né. Ces animaux étaient beaucoup moins méfiants que ceux que nous avions poursuivis en vain à Yoho.

Chez les chèvres de montagnes, l'ordre social repose sur le matriarcat. Les groupes de femelles et leurs petits se forment au cours de l'été. Les mâles se joignent aux troupeaux de femelles à l'automne. Les chèvres dominent les boucs qui sont plutôt pacifiques, hormis lors de la saison du rut où les mâles font parfois preuve de brutalité envers les femelles. L'hiver, elles descendent dans les vallées où la couche de neige est moins épaisse, ce qui leur permet de se nourrir plus facilement.

Le rut a lieu en novembre et, après six mois de gestation, la mise bas survient entre la fin mai et le début de juin. Le cabri pèse à peu près quatre kilos à la naissance, mais il est très dégourdi et quelques heures après avoir vu le jour, il peut courir et sauter.

Lorsqu'il pleut, les chèvres de montagne se mettent à l'abri sous un surplomb ou dans une grotte. Elles évitent autant que possible de mouiller leur épais pelage soyeux afin d'éviter les risques de pneumonie.

Les principaux prédateurs de ces chèvres de montagne sont le couguar (ou puma) et l'aigle royal qui est capable d'enlever un cabri nouveau-né... L'ours brun et le loup peuvent tuer un adulte, mais il faut pour cela des circontances particulières, lorsque par exemple ces chèvres se trouvent dans une vallée; la montagne leur offre des multitudes de refuges qu'elles ne peuvent trouver dans les vallées.

Un naturaliste, Mills, a décrit il y a des années comment des chasseurs avec leurs chiens avaient traqué un vieux mâle au bout d'un champ de glace, dans la région qui forme aujourd'hui le Glacier National Park. Le mâle se jucha sur un petit éperon rocheux, escarpé, situé juste au-dessus d'une paroi abrupte. Il attendit une occasion pour s'échapper et fit deux tentatives de fuite. Les chiens l'encerclèrent. Il sauta sur l'un d'eux et, d'un mouvement remarquablement rapide de sa tête, l'embrocha de ses cornes pointues. D'un deuxième mouvement rapide, l'animal vola en l'air au bas de la crevasse. Il en tua ainsi rapidement trois, les uns après les autres. Le quatrième fut poussé vivement par-dessus l'arête. Après quoi, les autres chiens se retirèrent. Finalement, il continua son chemin sur les arêtes et les éboulis, de façon tellement posée et tranquille qu'on avait l'impression que toute cette affaire ne l'avait pas du tout agité. Les chiens n'ont certes pas la détermination des loups, mais, dans une telle situation, ceux-ci se seraient montrés plus prudents. En effet, les loups, grâce à leur intelligence supérieure, aidée aussi par leur expérience plus grande, ne s'en seraient jamais pris à une proie dangereuse qui bénéficiait grandement de la configuration du terrain.

Des animaux plus petits sont la proie du loup, notamment les castors. Mais un loup sait parfaitement que ce gros rongeur n'est pas un adversaire facile. Un castor adulte pèse souvent 25, voire 30 kilos, et il est solidement armé, alors le grand prédateur y regarde à deux fois avant de l'attaquer. Des lièvres, ainsi que des petits rongeurs, lemmings, campagnols, évitent souvent au loup de connaître les affres de la faim.

Les petits rongeurs, malgré leur faible poids, ne doivent pas être considérés comme des proies négligeables, car un loup peut en avaler une grande quantité. F. Mowat a relaté comment une louve qu'il observait, capturait les souris : « Soudain, elle bondit, elle se lança des quatre pattes comme un cheval de rodéo essayant de désarçonner son cavalier et elle retomba les deux pattes de devant jointes fortement devant elle. Aussitôt sa tête s'abaissa, elle attrapa quelque chose qu'elle avala, puis elle recommença son étrange ballet à travers les marais. Six fois en dix minutes, je lui vis faire le même bond et six fois elle avala un gibier que je ne pus même pas apercevoir. La septième fois, elle manqua son but; elle se mit à tourner en rond frénétiquement, puis à mordre une touffe d'herbe cotonneuse. Cette fois, lorsqu'elle releva la tête, je pus voir sans erreur possible la queue et l'arrière-train d'une souris qui gigotait dans sa gueule. Elle n'en fit qu'une bouchée. Bien que le spectacle d'un des plus redoutables carnivores du continent américain en train de chasser une souris fût distrayant, je ne le pris pas très au sérieux au début. Je me dis que la louve était tout simplement en train de s'amuser, qu'elle grignotait comme dans un cocktail. Mais lorsqu'elle eut dévoré 23 souris, je commençai à m'étonner. Les souris sont petites, mais 23 souris font un plat de résistance, même pour une louve. Ce ne fut que plus tard, en considérant que deux et deux font quatre, que je parvins à l'évidence.

« Les loups de Wolf House Bay et par extension au moins tous ceux des Barren Lands, qui élèvent leur famille à une époque autre que la transhumance estivale des caribous, vivaient pour une large part, sinon entièrement, de la chasse aux souris. »

Certaines années, lors de pullulations de lemmings en Laponie, dans le nord de l'Urss et du Canada, les loups, comme les renards, les mustélidés (martres, belettes, hermines) en dévorent des quantités, de même que les oiseaux de proie. Si le poids d'un lemming des forêts *(Myopus schisticolor)* n'atteint pas plus de 40 grammes, le lemming des toundras *(Lemmuns lemmuns)* pèse entre 35 et 100 grammes. Un loup qui avale deux ou trois douzaines de ces petits rongeurs peut ensuite s'octroyer une sieste.

Dans son ouvrage monumental *Les Coqs de bruyère* (tome I, *Le Grand Coq de bruyère*), le Dr Couturier relate ce qui suit : « Le loup est un ennemi potentiel cité en particulier par Matvejev (1957) dans le Sud-Est yougoslave, par H. Brül et par P. Krott (1970) en Europe centrale. Cependant, il peut avoir une action bénéfique. D. Popp rappelle que, lors de l'occupation des Carpates orientales par les Russes en 1939, la chasse ayant été interdite au personnel polonais affecté aux forêts et à la chasse, le nombre des loups augmenta, entraînant une réduction de celui des renards, blaireaux et sangliers, d'où une progression en 1943 des effectifs de l'urogalle. »

Au sujet des sangliers, il faut préciser que seuls les marcassins sont victimes des loups.

17

Entre loups
ou la vie du clan

Lorsqu'on parle de plusieurs loups, on dit : une bande, une meute, un groupe, une harde, mais aussi une horde, alors que le terme de horde est habituellement réservé à l'homme. Une horde sauvage, par exemple. Je ne prétendrais pas qu'il faut voir là un hommage rendu aux loups.

Les scientifiques préfèrent parler de clan, et c'est le mot qui convient le mieux lorsqu'on sait que le clan est associé à diverses fonctions sociales. Parlons donc du clan, avec le concours d'éminents spécialistes du monde entier.

Il faut dire tout d'abord, avec P.O. Wopkings, qu'un loup solitaire n'en reste pas moins un être social. Un loup peut parfois changer de secteur et, pour ce faire, aller très loin. Ainsi un louveteau marqué à l'oreille dans le parc national de Banff (Alberta) s'est rendu dans le parc national de Jasper à 260 kilomètres de son point de départ.

C'est l'urine qui sert de trait d'union entre les loups. Le marquage par l'urine permet aux loups solitaires de trouver des aires d'évolution convenables ou des compagnons, par exemple lorsque telle ou telle partie de l'habitat devient socialement ou environnementalement favorable ou lorsque l'un des membres d'un couple reproducteur disparaît. Mais les mouvements des loups solitaires, à l'intérieur d'une population, peuvent aider à maintenir la dispersion et la composition de cette population ou à changer celles-ci en fonction des conditions environnementales. En tant que tels et puisque les loups solitaires peuvent quitter, rejoindre ou reformer d'autres groupes, ils constituent une composante intégrale de telles populations.

Les urinements et les autres formes de marquage assureraient donc une communication entre les loups solitaires et le reste de la population et leur permettraient d'ajuster leurs mouvements et leurs comportements par rapport à elle. Le loup solitaire n'est donc pas réellement un solitaire par opposition à l'animal social.

Cette constatation rejoint de nombreuses études qui ont montré que chez, les vertébrés au moins, la distinction entre l'état solitaire et l'état social est tout à fait artificielle. Ceci trouve une confirmation dans ces lignes de Rémy Chauvin, *Le Modèle animal* : « Ils [les loups] ne sont pas d'une fréquentation aussi dangereuse qu'on le dit; depuis qu'on peut les suivre non seulement d'après leurs traces, mais aussi en hélicoptère, on a fait de nombreux progrès dans la connaissance de leur biologie. Ils sont capables de retrouver leur gîte à deux cents kilomètres de distance au moins. On s'en est assuré, en Alaska, en les transportant à des distances de plus en plus éloignées du lieu de leur capture. L'expérience a été répétée cinq fois, elle n'a pas rencontré un succès total parce qu'un certain nombre de sujets ont été tués par des chasseurs ou sont tombés dans des pièges. Mais, dans tous les cas, ils se trouvaient sur une ligne droite reliant le lieu de capture au lieu de départ et deux sont parvenus à atteindre leur gîte dans le minimum de temps, comme s'ils avaient en fait progressé en ligne droite. Quant aux possibilités d'orientation dont ils disposaient, on se perd en conjectures. »

Les loups solitaires sont beaucoup moins nombreux que leurs congénères qui vivent en groupes ; ils sont sans doute aussi beaucoup plus difficiles à observer. Par exemple, en Alaska, la population lupine est estimée à 25 000 individus. Les scientifiques qui effectuent des comptages, ont vu 5 000 loups de cette population et parmi eux, 91 pour cent étaient en compagnie d'autres loups.

Aux États-Unis, dans le Minnesota, 85 p. cent des loups furent observés en groupes de deux ou plus. Des 311 loups vus en Laponie et des 294 vus en Finlande, 86 p. cent vivaient en clans.

Ce sont des centaines d'observations qui ont permis d'obtenir ces résultats et qui ont attesté de la nature sociale du loup. Le nombre de loups d'un clan est variable. En excluant les rapports établis sur les pistes comptabilisées ou le ouï-dire, le plus grand nombre de loups enregistrés par clans est de 36. C'est là un témoignage de Robert A. Rausch en 1967. De grands clans de 20 à 21 loups ont pu être observés en Alaska et un groupe de 15 à 22 fut enregistré dans l'île Royale.

David Mech dit qu'il a observé ce clan (celui de l'île Royale) pendant plusieurs semaines quand il groupait 15 à 16 animaux. Il était spectaculaire de voir un si grand nombre de loups traversant les sommets enneigés de cette île sauvage.

R.A. Rausch a enregistré 1367 formations de clans de 2 loups ou plus en Alaska pendant une période de 6 ans! Il enregistra également le pourcentage de loups vus dans un clan comme étant de 8 au plus, dans plusieurs régions chaque année. Il conclut qu'un clan est la réunion de loups adultes et de leurs petits ou simplement, la réunion au hasard de sujets indépendants.

Un grand clan se développe grâce à une forte production de petits ou beaucoup de chances de réunions d'individus. Mech a défini quatre facteurs pouvant affecter la dimension d'un clan.

1. Le plus petit nombre de loups requis pour localiser et tuer les proies avec efficacité.
2. Le plus grand nombre de loups pouvant vivre effectivement d'une proie (un clan de 60 loups ne pourrait se nourrir d'un daim de 150 livres).
3. Le nombre des autres membres du clan avec lequel chaque loup peut former des liens sociaux (facteur d'attachement social).
4. Le montant de la compétition sociale que chaque membre est susceptible d'accepter (facteur de compétition sociale).

Le fait que les loups doivent vivre en clans et tuer des proies plus grosses qu'eux laisse supposer que le premier facteur est opérationnel. Aucun doute que durant l'évolution des clans, les ancêtres des loups qui chassaient de concert s'efforçaient de survivre longtemps et d'engendrer des jeunes avec des tendances sociales plutôt qu'asociales.

Il apparaît que ce facteur n'opère vraiment qu'en généralité, les clans variant sensiblement en nombre et les clans importants ne pourra opérer sans un maximum d'efficacité.

Mech souligne l'évidence du dernier facteur qui lui a été démontrée dans l'île Royale où il a passé 68 heures à observer un clan de 15 loups chassant l'élan. Rarement, le clan tout entier participait à la tuerie, usuellement seulement 5 à 6 animaux prenaient contact avec la proie. Plus d'individus que ces derniers, en revanche, prenaient part à la localisation et à la poursuite de la proie. En fait, ce clan s'éclatait par moments, et les groupes moins importants chassaient très bien.

Durant cette période, chaque clan mangeait à intervalles irréguliers. Il y avait un clan de deux loups, un autre de trois loups qui tuaient un élan sur le même territoire.

C'est à l'étude de Murrie que l'on doit de connaître les deux facteurs affectant la dimension du clan. Il statua qu'un clan n'atteint sa dimension maximale qu'une fois que les dominants ont fini de se nourrir de la proie tuée; il devient le plus petit, voire réduit à un seul individu, quand il n'y a plus que les restes de la proie. Dans une situation de famine, les uns voulaient encore chasser, tandis que les dominants seuls étaient affairés à se nourrir de l'unique proie. Ainsi il en résulte une division naturelle de la bande qui, trop importante, s'éclate avantageusement pour tous ses membres.

D'autres facteurs peuvent opérer pour des clans de moindre importance, ne pouvant se nourrir d'une seule proie. Si la capacité de l'estomac d'un loup est de 15 à 19 livres, chacun des 10 loups peut remplir son estomac des 150 livres d'un daim ; ainsi 400 livres d'un élan peuvent gaver 40 loups.

La dimension d'un clan peut être régulée par deux facteurs sociaux : les loups possédant un haut potentiel pour former des liens de cette nature, ainsi le facteur d'attachement social devra tendre à accroître le nombre des loups dans un clan. Cela se trouve vérifié par les grands clans contenant plus de membres que nécessaire pour la chasse et l'extermination efficace des proies.

D'autre part, la grandeur du clan, la compétition pour la nourriture, les accouplements, le leader, la dominance sont à prendre en compte. Quand une quelconque compétition atteint un certain niveau, elle tend probablement à rompre l'organisation harmonieuse du clan, jusqu'au moment où l'efficacité se trouve détruite. Quelques membres sont amenés à se battre pour survivre.

Apparemment, c'est cette compétition sociale qui limite le nombre des individus du clan, pour que les loups qui le composent puissent manger efficacement sur une proie. Une autre indication montrant que la dimension du clan est régularisée par des conditions sociales, tel que le facteur nourriture, est la constance de la dimension du clan.

Il apparaît qu'il n'y a pas de différence notoire dans les dimensions des clans dans les zones où les daims à queue blanche sont les proies essentielles (Minnesota) et dans les territoires où il y a de plus gros animaux, tel l'élan, source principale de la nourriture des loups en Alaska. Un clan relativement important, une dizaine de loups par exemple, se classe en diverses combinaisons pour chasser.

R.L. Burkholder avait repéré un clan de dix loups en Alaska qui parfois éclatait en groupe de 9 + 1 et parfois en 7 + 3.

La meilleure documentation, d'après l'ouvrage de Mech, est issue des études effectuées sur l'île Royale par P.A. Jourdan et son équipe observant un clan de 14 à 21 loups s'éclatant en combinaisons de 10 + 5; de 13 + 3; de 7 + 7. Mech, au sujet d'observations similaires, précise que ces divisions avaient lieu seulement pendant quelques heures par jour. Cependant, en 1961, le groupe se trouva éclaté pendant 13 jours sur les 25 consacrés à l'observation; les deux sous-groupes étaient composés de 5 + 10 et de 8 + 7. Les sous-groupes empruntaient les mêmes itinéraires sur le territoire que le groupe suivait habituellement.

Jourdan et ses collaborateurs observèrent leur groupe divisé pendant huit jours consécutifs en 1965. Quelques loups, dans des proportions de 8 à 28 p. cent des observations effectuées, étaient des loups solitaires, individus temporairement égarés d'autres clans. Cependant, certains étaient assurément de vrais « loups solitaires ».

Pourquoi certains individus ne s'associent-ils pas à d'autres? On ne le sait pas. Pour ma part, je suppose que l'individu véritablement solitaire a été forcé de se trouver dans cette situation parce qu'il a été rejeté d'un clan. Il arrive en effet chez les loups qu'il y ait un souffre-douleur. Cela se produit au sein de clans vivant en semi-liberté, qu'il est plus difficile d'observer. Mais il est très vraisemblable qu'une telle situation peut se produire chez des loups vivant en totale liberté.

A ce sujet, Young pensait que le loup solitaire dans le Wild est généralement un vieux mâle, quelquefois une vieille femelle, indifférente à la compagnie. Les vieux mâles ou les vieilles femelles se rassemblent rarement pour participer à des chasses en troupe.

Dans un clan, les situations les plus diverses peuvent se produire. Par exemple, Vitus Droscher indique que, durant les périodes de famine, les membres de la classe moyenne distribuent des coups de croc de plus en plus méchants aux animaux de rang inférieur et finissent par les chasser. Les expulsés peuvent survivre encore pour un temps en solitaire et deviennent alors particulièrement dangereux (pas pour l'homme évidemment). Ceci n'est pourtant pas un signe de vitalité, mais plutôt un dernier sursaut. Cependant, si les loups rejetés se montrent malins, ils peuvent être reçus à nouveau dans la communauté. Des gardes-chasse canadiens ont été les témoins des événements suivants. Dans un clan vivant à l'état sauvage, une louve plus âgée ne voulait pas se soumettre à une femelle plus jeune mais devenue plus forte qu'elle. Il en résulta des bagarres de plus en plus violentes, jusqu'à ce que l'aînée soit finalement chassée. Trois jours plus tard, la vieille louve intercepta le clan qui suivait une piste à vive allure, tenant dans ses crocs un jeune caribou qu'elle avait tué elle-même. C'était comme si elle avait voulu dire : je vous en fais cadeau, si je puis rester avec vous. Par la suite, la louve fut comme métamorphosée. Elle aidait les femelles plus jeunes à élever leurs petits, jouait les sentinelles près des lieux de repos, se montrant particulièrement empressée durant la chasse, et évitait les querelles avec les autres loups. Bref, elle était redevenue un membre à part entière du clan. Elle a surmonté en quelque sorte son stress grâce à des performances d'ordre social à l'intérieur de sa communauté.

Quelques loups chassent en solitaires et se débrouillent mieux par eux-mêmes. Occasionnellement, un individu devient solitaire parce qu'une grande usure de ses dents l'empêche de se joindre activement à d'autres loups dans la chasse à la nourriture.

Une autre idée est proposée par Jourdan : « Les loups supposés être vieux ou socialement subordonnés accompagnent le clan sans être entièrement acceptés par ce dernier. Ainsi un animal demeurait à 100 yards derrière le clan et restait séparé du groupe. Il mangeait bien, après que le gros du clan s'était rassasié et éloigné vers une crique du lac glacé pour se reposer, se contentait des restes. Il pouvait ainsi manger à sa faim sans être harassé. Un tel animal pouvait être parfois observé loin derrière le clan, à un ou deux jours de marche; il devenait le loup solitaire. Il ne trouvait plus que des os bien nettoyés qu'il cachait parfois, s'assurant de quoi survivre. Pareil à un éboueur, il se tenait à 10 ou 15 miles derrière le clan. »

J'ai observé de nombreux cas de loups ou de louves rejetés par le clan. Je puis dire que la situation du loup rejeté par le clan est plus difficile à supporter en semi-liberté que dans la nature. En effet, le loup sauvage a la possibilité de vivre au loin et à l'occasion de suivre, de loin, les membres de son clan afin de profiter des restes de proies qu'ils auront abandonnés. En semi-liberté, il n'est pas toujours facile pour le sujet expulsé de se nourrir, malgré la grande quantité de nourriture distribuée par l'éleveur. Dans bien des cas, l'animal solitaire se voit empêché de prendre un morceau de viande, plusieurs loups se lançant à sa poursuite.

Pourquoi une telle haine envers un sujet qui a appartenu au clan? Difficile à dire. Parfois le loup rejeté aura eu à l'origine un combat avec un mâle dominant ou même il se sera attiré les foudres d'une femelle d'un rang élevé, à laquelle, dans certains cas, se joindront d'autres femelles, pour lui donner la chasse. Il arrive que l'expulsé dorme tranquillement à l'écart et qu'une femelle s'approche doucement et lui morde durement l'échine ou la cuisse.

Les relations entre loups sont souvent très complexes, difficiles à saisir même pour un observateur attentif. J'ai passé des mois à observer des clans et je ne prétends pas connaître, avec une grand certitude, ce qui motive l'inimitié ou l'amitié qui régit les rapports entre loups.

C'est à l'avion que l'on doit de passionnantes observations des clans à leurs tanières. Généralement le clan comprend un couple de loups gestataires et leurs petits. Cependant, beaucoup de clans incluent plusieurs loups adultes gestataires. D. Mech a ainsi observé des clans chassant et menaçant des loups étrangers, mais un cas est connu où deux femelles ont élevé leurs jeunes ensemble. La naissance de liens solides entre animaux requiert les tendances phychologiques pour l'attachement entre chaque individu et une longue période de contacts entre ces mêmes individus. Mech évoque trois types de relations cordiales entre loups qui remplissent ces conditions :

1. La cour amoureuse et l'accouplement;
2. L'élaboration de la litière pour les petits par les adultes;
3. La croissance et le développement des jeunes en compagnie de leurs parents.

Deux biologistes, Wooly et Guinbourg, ont effectué des expériences sur la socialisation chez les loups. A travers leurs travaux apparaît la formation de relations sociales positives entre les loups et les hommes qui apportent des arguments quant à la formation des liens entre les loups. Avant qu'un loup adulte et un homme commencent à s'accoutumer, il faut une longue période avant que chez les loups naissent des relations sociales envers l'homme ainsi que d'étranges échanges avant qu'ils ne s'acceptent réciproquement. L'élément commun aux deux individus étant le surmontage de la peur. Les biologistes établirent qu'il est aisé d'avoir des relations amicales des louveteaux âgés de moins de douze semaines. Passé cet âge, cela devient plus ardu. Un loup adulte demande dix mois d'entraînement, alors qu'avec des louveteaux de moins de huit semaines, des réponses positives sont réalisées au premier contact.

Les travaux de Woolpy et Guinbourg sont d'un très vif intérêt; toutefois, je ferais une petite observation. Si les chiffres qu'ils donnent pour que les rapports deviennent positifs entre l'homme et les louveteaux et les loups sont parfaitement valables, ils ne peuvent être considérés que comme des généralités. Ce qui importe, à mon avis, c'est le caractère de chaque loup, de chaque louveteau et aussi de l'homme. De mes propres expériences, je retiendrais que chez cinq louveteaux d'une même portée, un ou deux acceptent très vite, alors qu'ils sont âgés de huit semaines, le contact avec l'homme. Les rapports deviennent, en quelques jours à peine, non seulement confiants mais très cordiaux. En revanche, les frères et sœurs de ces deux louveteaux resteront toujours très méfiants. Ils ne parviendront jamais à surmonter la peur et en grandissant cette crainte ne fera que s'accentuer, tandis que le louveteau ou les deux louveteaux de la même portée qui se seront montrés confiants le seront toujours. Cependant, si l'on souhaite des rapports sans complexe homme-louveteaux, il est nécessaire d'élever ces louveteaux au biberon alors qu'ils ont moins de dix ou onze jours. Dans un tel cas ils seront imprégnés et la peur de l'homme n'existera plus pour eux.

Au sein d'un clan, les louveteaux se trouveront en contact permanent avec les membres adultes à partir de leur vingtième jour. De cette façon, les attachements sociaux prennent naissance et vont en s'amplifiant, tant pour les louveteaux que pour les membres du clan.

En observant des clans, j'ai remarqué que plusieurs fois par jour, voire plusieurs fois par heure, les loups qui étaient couchés se levaient brusquement, allaient à la rencontre les uns des autres, se léchaient le museau, jouaient quelques courts instants et se recouchaient tranquillement. Il semble qu'ils éprouvent très souvent le besoin de se manifester leur amitié. On se rend compte dans ces moments-là combien est importante pour eux la vie en société. Un loup seul dans un enclos est un loup terriblement malheureux.

Naturellement, les liens se trouvent facilités entre loups étrangers s'ils sont de sexe différent et s'ils manifestent le désir de s'accoupler. La tendance psychologique dans ce cas est évidemment le désir sexuel de l'animal parvenu à maturité. La période prolongée du contact social est la période de recherche d'une compagne. A ce sujet, la cour du loup et l'accouplement sont très importants. La première particularité de la vie sexuelle du loup est une période étrangement longue de recherche de la compagne. Loïs Crisler affirme que les loups commencent à choisir leur compagne dès la première année. J'ai fait la même constatation et je souligne que c'est parfois une jeune femelle qui s'attache aux pas d'un loup, parfois plus âgé qu'elle et qu'elle admirera profondément. Il y a dans ce cas de grandes chances pour que le loup se laisse séduire, et cette cour se développe au fil des semaines et des mois jusqu'à l'époque des accouplements. Toutefois, ces liens sociaux et qui deviennent de plus en plus étroits lorsqu'il s'agit d'un couple amoureux ne vont pas toujours sans problèmes graves. La jalousie existe chez les loups et une femelle sera susceptible d'en tuer une autre qu'elle considérera comme une rivale.

La deuxième particularité; l'accouplement du loup est le « lien de copulation », le mâle et la femelle demeurant physiquement attachés dos à dos pendant l'acte sexuel (come le chien et la chienne) plus d'une demi-heure, s'efforçant de ne pas rompre ce lien.

I.D. Mech indique que la fonction de cette liaison a déconcerté les spécialistes des habitudes animales. Il est possible que ce lien de copulation aide à fixer l'engagement social qui commence avec le plus intime des contacts durant la période des amours. Peut-être plusieurs liens de copulation pendant cette période tendent-ils à prolonger les moindres contacts des autres situations de côtoiement.

Le mécanisme physiologique de l'accouplement produit un lien énorme qui unit le couple pour une longue période et souvent pour la vie. Murie, en Alaska, observa deux loups qui vécurent deux ans au sein d'un clan sans se préoccuper des autres mâles désireux de procréer dans le clan.

Le zoologiste Young a relaté un épisode au cours duquel un mâle fut trappé. Sa compagne se rendit durant seize nuits sur le lieu de capture où elle-même devait être trappée. Cela s'appelle de la fidélité!

Le second type de relations communes entre loups dans lesquelles se trouvent réunies les deux conditions nécessaires pour former des liens sociaux, sont les relations entre les louveteaux et les adultes qui les élèvent : les liens de parenté. Pendant les premières semaines de la vie des louveteaux, le désir est satisfait uniquement au contact des tétines de la mère. Plus tard, les louveteaux obtiennent la nourriture prédigérée en touchant avec leur gueule les lèvres des loups adultes. Sous ce stimulus, l'adulte régurgite une quantité de nourriture suffisante.

Les louveteaux, je l'ai vu maintes fois, sont nourris ainsi, non seulement par leurs parents, mais aussi par les autres membres du clan. Il semble qu'aucun loup n'est capable de résister à la demande des louveteaux. Des contacts s'établissent de cette façon. Murie a vu trois fois une mère nourricière rester auprès des louveteaux, tandis que la véritable mère se joignait aux autres loups dans la chasse.

Un exemple est donné par G.B. Rable et Crisler. L'un des loups apprivoisés, mais entièrement libre – un loup d'un an – trouve un ptarmigan (lagopède) glacé et commence à le manger, tandis que sa compagne, Lady, éprouve de la nervosité. Puis, ayant mangé plus de la moitié de l'oiseau, le loup se lève, charrie la carcasse et la dépose tout près du nez de Lady. Ensuite, attendant à côté d'elle, il lui donne l'ordre de manger. Alors seulement, elle prend la carcasse avec délicatesse.

On peut se demander pourquoi Lady a attendu que son compagnon lui intime l'ordre de manger. Pour deux raisons : d'une part c'est lui qui avait trouvé le ptarmigan, il en était le propriétaire ; d'autre part, le loup était plus fort qu'elle et elle n'osait pas manger l'oiseau qu'il avait déposé pourtant à son intention. Elle était stressée et elle ne se serait pas décidée à manger en ayant le loup à ses côtés s'il ne lui en avait pas donné l'ordre.

J'ai vu un cas à peu près semblable chez des loups élevés en semi-liberté. Une louve tournait autour d'un mâle occupé à dévorer un gros morceau de viande pesant près d'une dizaine de kilos. Après un bon quart d'heure, le loup, repu, se leva, alla se coucher à quelques mètres. La louve s'était précipitée sur la viande mais elle n'y toucha pas. Le loup se releva et s'éloigna d'une vingtaine de mètres, comme s'il tenait à la rassurer, alors elle se mit à manger. La trop proche présence du loup l'avait paralysée.

On a pu observer un cas de lien d'amitié chez un groupe de loups du parc de Brookfields, dans l'Illinois. Il arrive, lorsqu'un mâle est retenu à sa compagne pendant le déroulement du coït, que d'autres mâles en profitent pour l'attaquer, mais à Brookfields on vit plusieurs mâles protéger leur congénère contre une telle attaque. On connaît le cas d'un mâle de rang 3 qui était toujours en compagnie d'un mâle de rang 1 et qui le défendait lorsqu'il copulait. L'amitié, cela existe chez les loups!

Comment un clan est-il composé? En Alaska, Murie montra que les louveteaux se combinaient à leurs parents, constituant ainsi la base de la formation du clan. Beaucoup de clans comportent davantage de membres qu'un couple et leurs petits. On a vu quatre, cinq, six loups adultes vivant avec un couple chargé de famille, cela quoique l'élément de base du clan le plus important reste le couple générateur. Sur dix clans observés dans le Wood Buffalo National

Park et sur seize clans suivis en Alaska, il y avait dans chacun au moins un mâle adulte avec une femelle et ses petits.

Les louveteaux apprennent beaucoup lorsqu'ils commencent à suivre leurs parents et souvent les adultes qui font partie du clan. Les loups ne copulant pas avant leur deuxième année, il n'y a pas de conflit sexuel durant la saison suivante des amours, lorsque le couple adulte est capable de reproduire à nouveau. Il est donc probable que ce n'est pas encore le moment où les louveteaux se dispersent. Young pense que les jeunes se séparent du clan lorsqu'ils atteignent vingt-deux mois.

Dans le cas où les individus parvenus à maturité ne désirent pas copuler avec des loups étrangers, l'intégrité du clan peut se maintenir; sinon le clan se disperse. Une autre raison de la dispersion du clan est la formation de la litière, trois ou quatre semaines avant la naissance des petits du couple qui se trouve à l'origine du clan. Chaque couple formateur peut se séparer du clan. Cette nouvelle situation émotionnelle crée d'énormes liens nouveaux, susceptibles de briser les anciens.

J'ouvre une parenthèse pour dire que dans la nature, des couples de loups peuvent se reproduire dès l'âge de deux ans dans certaines circonstances. Ainsi, dans un clan, il y aura un seul couple reproducteur, mais d'autres couples ayant atteint l'âge de deux ans pourront ne pas se reproduire, parce qu'ils seront inhibés par la présence du mâle alpha. Si leur désir de procréer est suffisamment fort, ils devront partir en brisant les liens qui les attachent au clan et ce sera la dispersion.

Supposons un enclos suffisamment vaste, disons de 4 000 à 5 000 mètres carrés, dans lequel vivrait un clan formé d'une douzaine de loups dont au moins deux couples âgés de deux ans ou plus, c'est-à-dire en âge de se reproduire. Eh bien, dans ce cas, un seul couple dominant procréera; l'autre couple sera stressé au point de ne pouvoir se reproduire. Il devra attendre sa troisième année ou sa quatrième ou plus, hormis si le mâle de ce deuxième couple est capable, au cours d'un combat, de supplanter le dominant. Donc, dans un enclos de superficie relativement réduite, la formation d'un deuxième couple qui voudrait se reproduire n'est guère possible. Il y a là une des différences essentielles entre les loups vivant à l'état sauvage et ceux qui ne connaissent que les joies de la semi-liberté.

Revenons aux loups sauvages pour dire que, dans certaines conditions, un couple nouvellement formé ne s'éloigne pas pour établir son premier liteau. Dans un tel cas, les contacts sont multipliés entre clans, ce qui amène la formation d'une fusion en un grand clan. Un événement de ce type eut lieu dans le parc national du mont Mac Kinley avec le clan d'East Fork River. Dans ce cas, deux femelles adultes restèrent dans le même clan, procréèrent en 1940, restant séparément dans leur liteau pendant quelques semaines en 1941; l'une transféra son liteau dans celui de sa compagne à la fin juin. Elles élevèrent leurs petits ensemble jusqu'au 3 août. Souvent, si l'élevage a lieu en commun, plus d'un des petits doit mourir et les liteaux se séparer avant l'hiver. C'est pour cela que les doubles liteaux dans les grands clans sont rares, car les couples se séparent avant la mise bas.

On a vu au chapitre « Populations » que la mortalité était importante chez les louveteaux, ce qui explique qu'en hiver les clans ne comportent que 8 sujets en moyenne, parmi lesquels beaucoup sont adultes. Dans les meilleures conditions de survie, les clans peuvent réunir une quinzaine d'individus.

Dans seize clans étudiés en Alaska, le nombre moyen des petits en hiver était de 1,5 avec un maximum de 4. En raison du faible pourcentage de jeunes loups de l'année dans les clans, certains auteurs ont pensé, à tort, que les jeunes devenaient très vite indépendants, c'est-à-dire durant leur première expérience de l'hiver.

On enregistre des fluctuations de populations dans les clans. Tout d'abord, et selon Schenkel et Pulliainen, la formation des clans commence à l'approche de l'hiver. Cette idée est vraie, rétorque Mech, mais ne doit pas être considérée comme une généralité, car en fait, des groupes non répertoriés ou des loups étrangers apparaissent en n'importe quelle saison. Trois raisons essentielles font que les plus gros clans se forment et sont vus en hiver :

1. Les conditions d'observations sont idéales en cette saison ;

2. Les louveteaux accompagnent souvent le reste du clan ;

3. Le clan se déplace beaucoup à ce moment-là, quitte le centre social où le clan vit et les tanières. Le centre d'intérêt est le voyage.

Les observations se sont multipliées ; elles suffisent à prouver que les gros clans existent pour un an et que les liens sociaux rapprochent les loups en toutes saisons. Les observations, souligne Mech, concernant plusieurs loups adultes associés à des louveteaux montrent ceci : « Dans l'île Royale j'ai pu suivre les traces de 5 loups vivant ensemble, en mai et juin, et 6 en juillet. »

P. Shelton a rapporté des observations sur un clan de 7 loups et d'un autre groupe de 15 à 20 en juin. Il a également dénombré un minimum de 11 loups vivant ensemble à la mi-novembre et qu'il a suivis durant deux heures alors qu'ils jouaient sur la glace à 100 yards. Les observations effectuées en été sur les petits groupes ou les loups solitaires ne portent pas à conclure que les gros clans se disloquent à cette période.

En été, les loups désirent temporairement se séparer pour rester près des liteaux, formant des groupes moins importants sans pour cela rompre l'intégrité du clan. Ils se retrouvent une fois la tanière abandonnée.

La cassure saisonnière du clan est à l'origine de la formation des petits groupes. Toutefois, l'éclatement n'entraîne pas de conséquences sociales aussi importantes que celles qu'on observe en hiver. F. Mowat a raconté la rencontre d'un loup avec les louveteaux d'un couple. Ce couple vivait à l'état sauvage dans les Barren Lands du district du Keewatin au nord-ouest de la baie d'Hudson (Territoires du Nord-Ouest) Mowat avait baptisé le couple qu'il observait George et Angelina, lesquels eurent des louveteaux, offrant ainsi au naturaliste les conditions idéales pour pénétrer dans l'intimité d'une famille de loups. Un jour, donc, survint un troisième loup. Il fut accepté par le couple sans problème et reçut le nom d'Albert. Ce loup supplémentaire s'occupa des louveteaux comme s'il en était le père ou le grand frère ; il jouait avec eux, supportant leurs tracasseries avec une patience digne d'éloges. Mowat devait aussi assister à des jeux, à des poursuites entre les trois grands loups qui s'entendaient parfaitement. Jamais le couple ne donna l'impression de considérer le nouveau venu comme un intrus, au contraire. Albert participait à la vie du clan de façon toute naturelle.

C'est là un exemple, parmi beaucoup, qui montre le haut degré de sociabilité des loups. A. Murie a effectué à ce propos de très intéressantes observations : « Au travers d'East Fort, souvent les loups voyagent de concert, à d'autres moments, ils voyagent solitairement ou en combinaisons variables. Parfois, un individu déambule seul, mais rejoint la bande très vite. » De son côté, Mech écrit : « Les liens sociaux chez les loups ainsi que l'unité du clan reviennent tous les ans. Les louveteaux vivent ensemble sur les aires de repos de l'été et commencent à voyager avec le clan. D'autres membres du clan ayant éclaté temporairement pour effectuer des expéditions de chasse, tendent à rejoindre le groupe une fois les quartiers d'été abandonnés. »

Ce chapitre sur la vie du clan donne une idée de l'extraordinaire complexité à laquelle se trouvent confrontés les éthologistes pour parvenir à donner une idée aussi précise du clan. Ce sont des milliers d'heures d'observations dans des conditions souvent très pénibles : des températures de l'ordre de 30 à 40 degrés sous zéro, ou bien en été le harcèlement de millions de moustiques en Laponie ou dans le Grand Nord canadien. Mais grâce à la patience, à la volonté, à l'enthousiasme de ces spécialistes, on peut dire aujourd'hui que l'on connaît mieux le loup. Je pourrais citer des exemples personnels, ceux aussi d'observateurs patients soutenus par la passion, bravant les conditions les plus dures, pour surprendre, au mieux, quelques brefs instants de la vie des animaux sauvages et parmi eux le plus difficile de tous : le loup.

Je pense à Robert Hainard que j'ai la chance de connaître, qui a pendant plus d'un demi-siècle observé la vie de tous les mammifères sauvages d'Europe, cela par tous les temps et plus souvent la nuit que le jour, car c'est surtout la nuit que ces animaux vivent, notamment les prédateurs.

En ce qui concerne le loup, c'est dans diverses régions de Yougoslavie et de Pologne qu'il est parvenu à effectuer quelques observations, rares, mais combien précieuses et émouvantes ! Il a passé de nombreuses nuits à l'affût par des froids polaires pour tenter d'apercevoir des loups venant dévorer le cadavre d'un cheval. Espoir souvent déçu, mais la foi des naturalistes force parfois la chance. Ainsi, le naturaliste suisse a passé une quinzaine de semaines en janvier ou février à attendre ou à chercher des loups. Cela lui a valu en tout et pour tout quatre rencontres de quelques secondes à une ou deux minutes. « Si quelqu'un fait mieux, écrit-il, je l'assure de ma plus vive admiration. Et s'il me donnait l'occasion d'une bonne étude, d'une gratitude sans mesure. »

R. Hainard a effectué des enquêtes dans tous les pays d'Europe où vivent encore des loups, afin de savoir si des loups avaient attaqué des êtres humains. Il cite un avocat qui possédait une grande collection de journaux de chasse austro-hongrois du début du siècle. Un de ces journaux avait envoyé un enquêteur chaque fois qu'un cas d'attaque d'êtres humains par les loups était signalé. Sur 100 cas, 99 se révélèrent faux; le centième concernait un homme ivre mort.

Comment pourrait-on encore croire au grand méchant loup si fort amateur de chair humaine?

18

L'avenir du loup

Nombreuses sont les espèces qui sont en danger. Pendant fort longtemps, elles ont été menacées directement par l'homme : le fusil, les pièges, le poison, les croyances dans les vertus de telle ou telle partie du corps de certaines espèces, tout a été mis en œuvre pour tuer, pour exterminer ceux que l'on appelle nos frères inférieurs.

De nos jours, si tous ces dangers persistent, il en est de nouveaux qui aggravent les menaces : l'extension des villes, celle des cultures, la suppression ou la destruction des habitats sont autant de facteurs qui concourent à la disparition ou à la raréfaction de beaucoup d'espèces.

L'exemple du gorille de montagne, si parfaitement étudié dans son domaine par G. Schaller et Dian Fossey, se situe parmi les plus significatifs. Ce gorille vit notamment dans la réserve des Birunga au Ruanda. Depuis le début de l'étude de G. Schaller, en 1960, le nombre de ces grands anthropoïdes diminue de 3 p. cent chaque année, par suite des activités de braconnage et de l'empiètement sur leur habitat.

Déjà 1620 hectares ont été enlevés au parc des volcans, réduisant ainsi de moitié la superficie du parc ruandais et du cinquième la superficie totale de la réserve. Les 12 000 hectares restants ne représentent que 0,5 p. cent de la superficie du Ruanda. Mais ce pays n'a que 26 330 kilomètres carrés de superficie ; et il est peuplé de 5 millions d'habitants. Chaque année, ce sont 2 300 familles supplémentaires qui ont besoin de nouvelles terres cultivables. Pourtant, même si l'ensemble des cultures était affecté aux paysans, ce serait une goutte d'eau dans la mer, mais on ne veut pas le savoir. Ce qui est préoccupant, c'est que les forêts du Burunga, c'est-à-dire l'habitat des gorilles, représente 10 p. cent de la pluie qui tombe au Ruanda. Que l'on supprime la réserve de ces grands singes et que l'on donne les terres « libérées » aux hommes, et ce sera la disparition de la forêt. La sécheresse s'ensuivra et occasionnera des famines aussi spectaculaires que tragiques.

En tiendra-t-on compte ? Il faut l'espérer, mais ce qui prévaut de nos jours, c'est le profit immédiat ; parler de prospective, c'est trop souvent parler en l'air.

Les gorilles fuient l'homme, comme les loups. On a raconté beaucoup de choses fausses à leur sujet, comme on en raconte encore aujourd'hui sur les loups. On accusait notamment ces paisibles anthropoïdes d'enlever des femmes pour les violer ! Si d'aventure quelques femmes fantasment pour des gorilles, autant qu'elles soient fixées tout de suite ; elles seraient grandement déçues. Il suffit de savoir, sans trop rentrer dans les détails, qu'un grand gorille a un pénis de

alors, j'ai décidé de faire quelque chose pour eux ». Ce quelque chose, ce fut en premier lieu sauver les lionceaux ou les lions qui lui étaient confiés, ensuite de les réadapter à la vie dans la nature. Ce n'est pas toujours aussi simple que cela en a l'air. Je dois dire que la question de l'instinct de chasse ne constitue pas un problème. Les prédateurs ne perdent pas cet instinct, même s'ils sont nés en captivité ; il est tout au plus en sommeil et seules leur font défaut certaines techniques de chasse qu'ils apprennent d'ailleurs relativement vite à maîtriser.

Il suffit de prendre l'exemple du chien qu'une centaine de siècles de domestication aurait dû abrutir. Le chien chasse naturellement, même s'il ne s'agit pas de chiens dressés pour cette activité. Un berger allemand ou à peu près n'importe quelle race sera capable de chasser, de se lancer à la poursuite d'un lapin, d'un chat ou d'un rat.

La difficulté réside dans le fait de trouver un territoire et de faire accepter les intrus par des lions, qui occupent plus ou moins le terrain. G. Adamson a effectué d'intéressants travaux. Quelques-uns des sujets qu'il élevait étaient munis avant d'être lâchés dans la brousse, d'un collier sur lequel était fixé un petit émetteur radio. Avec une antenne montée sur son véhicule tout terrain et un poste récepteur, il suivait les déplacements de « ses » lions et pouvait les retrouver quand bon lui semblait. Le succès de ces opérations récompensa G. Adamson de son travail.

Ce qui est possible avec des lions et avec des léopards l'est-il avec des loups ? En réalité, cela pose des problèmes bien différents et peut-être plus difficiles à résoudre. Par exemple, l'Afrique, malgré l'augmentation rapide de sa population, offre encore de vastes espaces libres et les animaux y sont particulièrement nombreux, en particulier si on compare ses espaces et sa faune avec les espaces sauvages et la faune de notre vieille Europe.

Bien entendu, dans les pays où les loups sont encore présents, la question d'une éventuelle réintroduction ne se pose pas. En ce qui concerne notre pays, envisager la réintroduction du loup, de cet animal qui a joué les terreurs pendant des siècles, est encore difficilement concevable. On enregistre certes une évolution dans les mentalités et quelques enquêtes ont démontré que même les agriculteurs ne sont pas tellement hostiles à un tel projet. Ils craignent non pour eux, mais pour leurs moutons, bien qu'ils sachent que les chiens errants tuent chaque année quelques milliers de moutons dans notre pays. Il faut dire qu'il y a encore des gens qui s'ingénient à dépeindre le loup comme un amateur de chair humaine. Il y a aussi des gens qui se croient très malins, tel ce rédacteur en chef d'une revue cynégétique qui publiait dans le numéro d'avril 1986 un article, avec photo d'un loup à la une, annonçant que deux couples de ces prédateurs avaient été lâchés, l'un dans les Vosges, l'autre dans les Landes. Gros émoi : c'était sans doute le but recherché. En réalité, ce rédacteur en chef avait tout bêtement fait « marcher » ses lecteurs, car il s'agissait d'un poisson d'avril. Je connais heureusement des responsables de revues de chasse qui ont beaucoup plus d'esprit. Ce qui est déplorable, c'est qu'aucun rectificatif n'a été publié, de sorte que certains sont encore persuadés de la véracité de cette information.

Venons-en à un sujet plus digne d'intérêt et essayons de voir comment cet animal pourrait trouver de nouveau asile dans notre pays. Inspirons-nous de l'exemple de la Suède où, les loups ayant été exterminés, on a envisagé leur réintroduction. Le projet a été assez diversement accueilli. En particulier, les Lapons, éleveurs de rennes, ne se sont pas montrés très enthousiastes, leurs rennes courant le risque de devenir occasionnellement la proie des loups. Mais le projet suédois a tenu le plus grand compte du point de vue des Lapons. En effet, la Société suédoise pour la conservation de la nature a proposé, déjà depuis 1977, la réintroduction du loup, après un projet commencé en 1971 et désigné tout simplement du nom de « projet-loup ».

Ce projet visait à constituer un peuplement de loups plutôt dans les zones de forêt du Centre-Nord où il est certain que les conflits sont moins susceptibles de surgir avec la population. Dans les étendues de forêts de ces régions, ce sont les élans qui représentent les proies les plus nombreuses, en même temps que les plus volumineuses. Une bande de loups, disons une dizaine, a de quoi se nourrir pendant une semaine avec un élan. Outre les élans, les chevreuils sont très nombreux dans le centre et le centre-nord de la Suède.

La présence du loup, déclarent les responsables de la société de conservation de la nature, aboutirait à une régulation du peuplement en élans et en chevreuils. On admet que la densité de peuplement tolérée pour les élans doit être de deux à quinze par 10 kilomètres carrés en comptant les animaux qui hivernent. Or une semblable densité pourrait supporter la présence d'un loup à raison d'un animal par 25 kilomètres carrés.

Un recensement des loups a été réalisé, l'objectif du « projet-loup » étant de conserver les traits caractéristiques du sous-groupe particulier que constituent les loups scandinaves.

Quelles sont donc les méthodes envisagées pour réintroduire le loup? Premièrement, ce sont des loups vivant en captivité dans des parcs zoologiques. Ces loups devront être entraînés à se débrouiller seuls. La méthode proposée est de laisser au moins toute une génération des loups nés dans le même parc vivre ensemble dans un vaste enclos situé à l'intérieur de la zone où l'introduction est prévue. En vue de la réalisation du projet, il est considéré nécessaire de ménager une zone d'environ 100 kilomètres carrés où des études biologiques pourront être faites. Dans cette zone, un peuplement de cent élans pour quatre loups ainsi qu'un petit groupe de chevreuils seraient maintenus. Si l'on fournit aux loups un appoint de nourriture, il semble logique de prévoir que dix loups pourront y vivre, ce qui permettrait d'en faire la première zone de réintroduction.

Dans les autres zones où les loups seraient relâchés, il y a la nécessité de prévoir un enclos d'au moins 5 kilomètres carrés de superficie dans lequel une génération de loups pourrait naître et être élevée sans avoir eu de contacts avec les humains. Cela afin de garantir que les individus finalement relâchés en pleine forêt ne seront pas trop familiers avec les hommes. Les responsables du « projet-loup » soulignent que la majorité de la presse et des médias a eu à son sujet une réaction plutôt favorable. Ils précisent cependant que plusieurs problèmes demeurent, qui doivent être résolus avant que l'on puisse voir et entendre à nouveau le loup dans les forêts suédoises.

Voici donc ce qui est envisagé en Suède. Il est évident que si un projet similaire était présenté à notre ministre de l'Environnement, il commencerait par être surpris et à tout le moins on imagine qu'il ne danserait pas de joie. Il envisagerait d'abord les côtés négatifs. Il s'inquiéterait des réactions de la population et, s'il était par hasard l'élu du secteur où la réintroduction serait envisagée, il craindrait tellement pour sa réélection qu'il ne se hasarderait pas à donner le feu vert au projet.

En d'autres termes, ceux qui rêvent de la réintroduction du loup en France risquent fort de ne pas être entendus; il n'est pas impossible qu'ils ne soient même pas compris. Alors faudra-t-il réintroduire le loup subrepticement?

En réalité quelques tentatives ont déjà eu lieu en France, mais, à ma connaissance du moins, elles n'ont pas connu le succès. Je crois en fait qu'il n'a pas été tenu compte des facteurs essentiels, tels que le choix d'un lieu tranquille, éloigné de tout centre, fût-ce du plus petit village, et de la densité suffisante des proies (gros gibier).

Qui donc se trouve à l'origine de ces réintroductions aussi clandestines que sporadiques? Des personnes qui, ayant élevé un louveteau, n'ont pas réfléchi qu'il grandirait et que, devenu loup, il serait encombrant. Alors on décide de le rendre à la vie sauvage, comme cela, sans préparation, sans aucune connaissance, avec une absence totale du sens des responsabilités.

Dans presque tous les cas, c'est un loup seul qui a été mis en liberté, lancé au petit bonheur dans la nature. Or, nous l'avons vu, le loup est un animal très sociable qui souffre beaucoup de la solitude. Les chances de réadaptation à la vie libre seraient plus sérieuses si on lâchait quatre ou cinq loups dans un même secteur riche en proies.

Faut-il rappeler qu'en Suisse, dans les Grisons, de bonnes âmes se sont émues, il y a quelques années, parce qu'on s'est trouvé contraint d'abattre un millier de cerfs? On a crié au scandale, alors que ces cerfs étaient si nombreux qu'ils avaient épuisé leurs terrains de pâture. Les pauvres animaux, mourant de faim, se trouvaient dans un état pitoyable. La présence de quelques loups aurait permis d'éviter semblable carnage, et aux cerfs de souffrir inutilement en se transformant en cadavres ambulants. Car c'est bien cela qui était émouvant!

Ne parlons pas des Vosges, cette région ayant eu « sa » bête et qui possède désormais quelques lynx. Alors, les Pyrénées? Elles ont déjà la lourde charge de défendre leurs derniers ours. Pourtant la proximité de l'Espagne où les loups, nous l'avons vu, sont encore présents serait un facteur favorable. Mais, si le loup peut s'adapter à la montagne, il est tout de même plutôt un animal de steppe et les Pyrénées ne constitueraient pas le biotope idéal. Le Jura? Peut-être, des forêts profondes seraient d'excellents refuges. Les Alpes? Trop peuplées, à la fois en été et en hiver. Le Massif Central, le sud en particulier; pas de fortes densités humaines, pas de mégalopolis, un tourisme relativement peu développé, de vastes espaces sans âmes, des secteurs trop densément peuplés en cervidés, lesquels occasionnent des dégâts considérables aux forêts et aux champs cultivés. Quelques loups ne feraient que rétablir un équilibre disparu. Bien entendu, les hommes n'auraient rien à craindre de ces prédateurs; quant à leurs moutons, nous avons vu que les chiens errants étaient, dans tous les cas, les auteurs des tueries de troupeaux. Les loups seraient certainement moins dangereux pour les brebis que ces chiens qui, n'étant pas nourris, ou insuffisamment, se débrouillent comme ils le peuvent.

Alors, un jour, dans quelques forêts de France, entendra-t-on les hurlements, non point sinistres, mais musicaux, des loups, tout comme ont la possibilité de les entendre les Italiens, les Espagnols, les Portugais, les Yougoslaves, les Hongrois, les Bulgares, les Grecs, les Roumains, les Polonais, les Russes, pour ne parler que des pays européens? Il n'est guère possible de dire oui aujourd'hui, mais demain, dans disons dans une douzaine d'années, en cet an 2000 qui apparaît comme le signe d'espoirs, de progrès, qui promet aux hommes une vie meilleure, une vie plus libre? Cette vie meilleure, pourra-t-elle exister sans les animaux sauvages? Sans eux, la nature perdrait l'essentiel de son intérêt, de sa beauté, de son charme.

Qui aurait osé dire il y a vingt ans que l'on procéderait à des réintroductions de lynx dans les Vosges ? Demain, l'évolution des mentalités aura progressé. On ne croira plus aux fables absurdes, à tous les contes, à toutes les légendes propagés encore de nos jours par des esprits d'arrière-garde.

Demain, on ne voudra plus mourir innocent ; on s'efforcera de voir le loup tel qu'il est.

Demain, ce seront les enfants d'aujourd'hui les responsables dans tous les domaines, y compris et peut-être en premier lieu dans celui de la protection de la vie, sous toutes ses formes.

Il n'est pas le moins du monde utopique de croire à un avenir meilleur pour les bêtes, en particulier pour celles qui trop longtemps ont été considérées comme nuisibles parce qu'elles n'étaient pas « bonnes à manger ». Pas utopique parce qu'en général, les enfants aiment les animaux ; ce n'est qu'en grandissant qu'ils commencent (pas tous) à s'en désintéresser, parce qu'ils ont été influencés par les contes plus ou moins borgnes des adultes. Aujourd'hui, dans les écoles, on commence à apprendre aux enfants ce qu'il convient de savoir sur le monde des bêtes sauvages. Ainsi les enfants d'établissements scolaires, de plus en plus nombreux, connaissent-ils le loup mieux que leurs parents. Je citerais notamment le ministère de l'Éducation nationale qui a publié un excellent dossier : *Mythe et Réalité, « L'homme et le loup »*, dans la série des dossiers pédagogiques audiovisuels (Centre national de la documentation pédagogique).

Je rapporte, en quelques lignes, ce dossier qui

mérite d'être plus connu. Les rapports hommes-loups constituent une longue histoire, si l'on se réfère à toutes les légendes plus ou moins fantastiques qui ont fleuri au cours des siècles. Bien que les loups aient complètement disparu de notre pays depuis le début du XXe siècle, ils sont encore très présents dans les mentalités. Il suffit d'ailleurs qu'il se produise un incident dans une région quelconque de l'Hexagone, tel que l'agression de troupeaux par quelque bête affamée que l'on n'identifie pas, pour qu'une peur étrange – l'angoisse ancestrale – s'empare des populations vivant dans l'environnement de l'« affaire ». L'imagination populaire « enfle » aussitôt l'événement et les descriptions les plus terribles de l'animal exterminateur sont répandues et font choc sur les consommateurs de ce média. C'est ainsi que, au cours de l'hiver 1977-1978, dans les Vosges, un grand nombre de moutons furent égorgés par un animal non identifié : chien? loup? Aussitôt la panique ancestrale resurgit dans la région, suscitant d'innombrables ragots et descriptions diverses, effrayantes, du monstre sanguinaire, tandis que les paysans, les chasseurs, les soldats entreprenaient des battues dans la campagne. A la lumière de ce genre d'incidents, on comprend mieux le pouvoir étrange et terrifiant des loups sur les populations à une époque où ces animaux étaient abondants en Europe, commettant de nombreux méfaits sur les troupeaux, souvent même sur les personnes, surtout les femmes et les enfants. Ce dossier se propose donc d'évoquer le loup mythique et l'animal réel avec son organisation classique et ses mœurs.

Voilà du travail intelligent; ce dossier permettra aux enfants d'avoir une idée plus précise du loup, de cet animal merveilleux devant lequel, ou à l'évocation duquel, ils ne sentiront pas ce frisson de la peur.

Déjà, dans plusieurs établissement scolaires, grâce au concours d'enseignants compétents, des questionnaires sont proposés aux enfants, aux jeunes gens, aux élèves de CET dont l'âge va de 15 à 17 ans. On leur demande comment ils voient le loup; si les loups ont existé dans leur région. Autre question : des loups vivent au Canada, en Urss, faut-il les protéger? Pour quelles raisons? Comment as-tu connu le loup? Par tes lectures, la télévision? Quelqu'un qui t'en a parlé? On est surpris par les réponses. Ainsi, sur 32 élèves, 25 ont souhaité protéger le loup, 5 ont pensé qu'il fallait l'exterminer, 2 ne savaient pas.

Dans la même classe, 24 élèves ont répondu qu'ils avaient connu le loup par la télévision, 2 par les films, 13 par la lecture.

Voilà qui laisse présager un avenir meilleur pour le loup. Des gens dévoués à la cause du loup donnent des conférences sur cet animal, agrémentées de diapositives. Je pense à Bernard Goltschalk qui nourrit une passion pour ce prédateur et qui ne ménage ni son temps ni son argent pour le faire connaître. Il sait se montrer convaincant et ses conférences connaissent un succès mérité.

Alors, demain peut-être, il est possible de l'espérer, le loup aura retrouvé sa place dans notre pays.

19

Le loup dans la littérature, l'art, la philatélie

Le loup a tenu une grande place dans l'histoire des hommes. Souvent il a été lié aux conflits meurtriers, intéressé qu'il était par les cadavres des guerriers. Aux contes, aux histoires fabuleuses ont succédé les écrits, qui ont renforcé les mythes, les légendes.

Dans *Le Roman de Renart*, ensemble de contes composés entre 1175 et 1250 par des clercs qui s'inspirèrent en grande partie d'œuvres latines, le loup Ysengrin est ridiculisé par le malin Renart. Le succès de ces contes fut tel que Gautier de Coincy, qui écrivait des poèmes religieux, reprochait aux moines de préférer à la lecture des textes pieux celle du malicieux animal, et de peindre sur les murs de leurs appartements des scènes de la vie de ce dangereux héros.

Il faut noter que les versions modernes de ce célèbre roman ne sont pas davantage charitables pour le loup, y compris celle de l'immortel Maurice Genevoix. Le loup se retrouve l'éternel blessé et personne ne peut le plaindre tant on a complaisamment étalé ses méchancetés et sa sottise.

La Fontaine, le grand, le bon La Fontaine, ne s'est pas montré plus tendre pour les loups dans la plupart de ses fables où il lui fait jouer un rôle. On retiendra toutefois « Le loup et le chien », où le loup a le beau rôle en préférant la liberté à tous les repas, à toutes les caresses.

Quant aux contes de Perrault, on peut dire qu'ils ont fait énormément de mal aux loups. *Le Petit Chaperon rouge* qui a peuplé de cauchemars les nuits de générations d'enfants, a largement contribué à la haine et à la peur du loup, comme si cette haine et cette peur avaient besoin d'être entretenues. On a, je le sais, innocenté le loup du « viol » du Petit Chaperon rouge, mais ce conte, il ne faut pas l'oublier, était destiné aux enfants et il les a marqués plus ou moins profondément.

Je ne mentionnerais qu'en bloc la large majorité des pseudo-historiens de la Bête du Gévaudan qui ont déclaré coupables un ou plusieurs loups. La liste n'est d'ailleurs pas close de ces gens qui, n'ayant jamais vu un loup de leur terne existence, raconte n'importe quoi sur eux, leur minuscule savoir ne reposant que sur des légendes.

L'histoire des trois petits biquets, celle des trois petits cochons ne font que ridiculiser le loup et le rendent aussi antipathique que possible.

Alphonse Daudet, avec la très belle histoire de la chèvre de M. Seguin, n'a pas ajouté à la gloire du loup, mais il a su si bien défendre la jolie petite chèvre blanche que l'on se montre enclin à lui pardonner.

Les traités de chasse, de vénerie insistent en

général sur l'intérêt, sur les émotions, sur le côté sportif, dirait-on de nos jours, de la chasse à courre du loup. De fait, il y avait bien un aspect sportif : courir à cheval à travers bois à la poursuite d'un loup n'était pas une petite affaire. Et ensuite, lorsque le fauve se trouvait acculé et entouré par les chiens, il fallait un peu de courage pour aller achever le loup avec une dague.

Le loup a tout de même eu des défenseurs. Jack London dans *Croc-Blanc* nous le montre sous un jour sympathique. James Oliver Curwood dans plusieurs de ses ouvrages parle des loups avec une certaine admiration, de même que Mortimer Batten. Quant à Greyl Owl, il aimait les loups, il l'a dit; pour lui, une forêt sans loups n'était pas une véritable forêt. Mais, bien avant, le loup avait eu quelques admirateurs, et je pense à Alfred de Vigny qui a, peut-on dire, sublimé le loup.

Jean-Paul Clébert, dans son *Bestiaire fabuleux*, nous dit que le loup joue souvent le rôle de passeur, de gardien du gué ou du pont, comme dans les jeux-tests modernes (le loup, la chèvre et le chou). Dans les fables initiatiques, il est de l'autre côté du ruisseau, au bord duquel se tient l'agneau. Il est maître du territoire qui n'est pas celui de l'homme. Toute une lutte vieille de milliers d'années oppose le berger au loup et le folklore du loup attaqueur de troupeau ovin ou caprin est considérable. Ce rôle d'initiateur se retrouve dans le domaine germanique et scandinave. Dans le *Volkungsaga*, Sigmund et son fils Sinfjoethi revêtent des peaux de loups et se comportent comme des loups pendant toute la période de leur initiation.

Dans le même esprit, le loup passait pour servir de monture aux sorcières. Le plus souvent, ces femmes chevauchaient l'animal à l'envers, la tête tournée vers la queue. Certaines d'entre elles disaient porter au sabbat des jarretières en peau de loup. Ainsi voit-on que, dans les rapports de bestialité entre l'être humain et le loup, il faut distinguer le geste de l'homme qui se coiffe ou se couvre les épaules de l'effigie lupesque (thème de la dévoration initiatrice), de celui de la femme qui choisit la sexualité de la bête. Les prostituées romaines portaient déjà le nom de « louves », notre mot « lupanar » vient de là.

Les Crisler en Alaska ont effectué de passionnantes observations relatées dans *Artic Wild*, ouvrage paru en Français sous le titre *Chasseurs d'images en Alaska.* Farley Mowat a vécu de nombreux mois parmi les loups dans le district de Keewatin (Territoires du Nord-Ouest, au Canada). Il faut citer Mech qui, dans son ouvrage *Le Loup*, a fait le point sur la vie des clans de l'île Royale. En Europe, les connaisseurs du loup sont rares, plus précisément rarissimes. Le naturaliste Robert Hainard fait partie de ce petit clan. Il a su voir ce fauve tel qu'il est : c'est dire qu'il se situe très loin du fatras de légendes qui en ont fait un animal sanguinaire.

Lorsqu'on compare les écrits de Buffon (pourtant célèbre) et ceux des éthologues spécialistes du loup, on est forcé d'admettre que la science, le progrès nous ont amené à voir le loup totalement différent de ce que le décrivaient nos aïeux. Dans son beau volume *L'Homme et le Loup*, Daniel Bernard nous montre le fauve dépouillé de tout ce qui en avait fait une bête féroce, préférant la chair des demoiselles à celle des tendres brebis.

D'autres auteurs encore, notamment en Amérique du Nord, tel R.D. Lawrance dans *Mes frères les loups*, Robert Leslie *L'Indien et la Louve*, sans faire aucunement œuvre de scientifiques, ont relaté leur expérience née de leur contact avec les loups. Là encore, nous sommes loin, très loin, à des années lumière, des observations « à la sauvette » des destructeurs d'autrefois.

Alors que nous croyons volontiers être le peuple le plus intelligent de la terre, nous sommes parmi les derniers pays au monde dans le domaine de la protection de la vie sauvage. On attribue un peu ce défaut aux peuples latins, mais l'Espagne, l'Italie possèdent des loups, et n'envisagent pas du tout de les exterminer.

Aux États-Unis, les études sur le terrain se traduisent par d'admirables démonstrations de ce que peut être la recherche au sein de la nature. Ainsi qu'a pu le dire fort justement P. Hopkings, ce sont des observations de ce genre qui constituent le préalable indispensable à la conversation et la gestion des populations sauvages composant le patrimoine naturel d'une région. Il ne manque pas en France d'occasions semblables. Mais force est de constater que l'intérêt des cadres administratifs et parfois scientifiques pour ce type de recherches fait bien souvent sérieusement défaut.

Consacrons quelques lignes au loup dans l'art. Il semble que ce fauve n'a pas tellement inspiré les artistes, peintres ou sculpteurs. Les hommes des cavernes ont été plus sensibles aux bisons, aux rennes, aux chevaux, aux bouquetins, aux ours pour lesquels ils avaient un culte, aux lions, aux antilopes, qu'aux loups, qui n'étaient pas considérés comme suffisamment redoutables d'une part, et qui d'autre part ne figurent pas parmi les espèces consommables. Cependant, on peut admirer la peinture rupestre représentant un loup dans la grotte du Font-de-Gaume, aux Eyzies, en Dordogne.

En Ariège, on a découvert dans la grotte de la Vache un os gravé représentant deux loups qui s'affrontent. La physionomie si particulière du loup, qu'il doit à ses yeux plantés en oblique, n'a pas, semble-t-il, inspiré les peintres de grand renom. Il n'est guère qu'Oudry qui a représenté un loup assailli par des chiens rappelant la race actuelle des chiens des Pyrénées. C'est un très beau tableau que l'on peut voir au musée de la Chasse à Gien. Luc-Olivier Merson a représenté le loup dans son tableau *Le Loup d'Agubbio*, qui se trouve au musée de Lille. Il représente une scène de la légende qui voulait qu'un loup féroce ait ravagé les environs du Gubbio en Italie. Saint François d'Assise s'étant rendu auprès de l'animal lui fit promettre de ne plus nuire aux habitants de la ville qui subviendraient désormais à sa nourriture.

On possède un fort beau dessin de Pisanello, (Album Vivardi au musée du Louvre) et de très beaux croquis de R. Reboussin. L'artiste Robert Hainard a réalisé de beaux dessins de loups, qui ont le mérite d'avoir été « croqués » sur le terrain. Il possède également dans son atelier un très beau loup, grandeur nature, sculpté en bois.

En ce qui concerne les sculptures, on a découvert à Gawra, à l'est du Tigre, non loin de Ninive, une tête de loup en électrum; les dents sont en fil d'or; les oreilles, la mâchoire inférieure et les dents sont assujetties à l'aide de goupilles de cuivre et d'électrum. Les orbites et le crâne sont remplis de bitume. On pense que cette œuvre contemporaine de la période d'Uruk remonte probablement à 3 200 ans avant Jésus-Christ.

Un groupe de la louve et des jumeaux Romulus et Remus fut placé sur le Capitole en 196.

Il ne faut pas omettre le loup délaissant une proie que Barye avait dédié à son ami Théodore Rousseau. Le grand artiste avait bien vu les loups et il avait su si parfaitement le représenter qu'en regardant son œuvre on ne peut confondre le chien et le loup.

Dans la petite ville de Marvejols en Lozère, on peut voir une statue de la Bête du Gévaudan. Cette œuvre réalisée par Auricauste ne ressemble guère à un loup, mais nous savons que cette bête n'en était pas un.

Plusieurs pays ont représenté le loup dans leurs émissions de timbres-poste. Les philatélistes qui se spécialisent dans les émissions de genre – les thématiques pour employer leur langue – et les amis des animaux collectionnent naturellement la faune qui s'enrichit chaque année de nouveaux timbres.

Parmi ces timbres, quelques-uns représentent un loup. C'est le cas en Italie, où il y a eu deux émissions de la louve romaine allaitant les jumeaux Romulus et Remus; tout d'abord en 1920-1930, ayant pour valeur faciale le 5 centesimis, le 2,55 lires, le 3,70 lires et le 5 lires, puis en 1944 un 50 centesimis sur fond burelé gris et un 50 centesimis avec un filigrane hexagonal.

La Turquie émettait un timbre de 10 piastres représentant le loup de Boz Kurd. En 1967, la Yougoslavie présentait dans une série de neuf timbres consacrée aux mammifères forestiers, le loup d'une valeur faciale de 55 dinars.

En 1959, à l'occasion du dixième anniversaire de la création du parc national des Tatras, la Tchécoslovaquie émettait une série de timbres représentant des animaux; le 1 korune est un loup. En 1964, l'Albanie procédait à l'émission d'un timbre d'une valeur de 8 leke représentant un loup. En 1965, la Pologne dans une série consacrée aux animaux sauvages réservait la valeur de 20 groszy à un loup. La Mongolie, dans une très jolie série de sept valeurs consacrée à la faune du pays, présentait un loup dans sa première valeur de 5 tôgrög.

Des timbres représentant l'image du loup en France, nous n'en avons point. Mais qui sait, cela viendra peut-être.

Ce ne serait qu'un premier pas, timide, vers la réhabilitation (officielle) du loup en France.

Bibliographie

ARDREY R., *Le Territoire*, Éditions Stock.
BJARWAL A. et ISAKON E., *Winter Ecology of a Park of Three Wolves in Northern Sweden.*
BANFIELD. A. W.F., *Les Mammifères du Canada,* Presses de l'Université Laval et University of Toronto Press.
BATTEN M., *Au loup*, Éditions Hatier-Boivin.
BERNARD D., *L'Homme et le Loup*, Éditions Berger-Levrault.
BERTIN L., *La Vie des animaux*, Éditions Larousse.
BERTINO S., *Les Animaux sauvages d'Europe*, Éditions Hachette.
BLAZE E., *La Chasse aux chiens courants* (Classiques de la chasse).
BUFFON, *Histoires naturelles : les Animaux.*
BURT W. et GROSSENHEIDER R.P., *A Field Guide to the Mammals of America North of Mexico.*
VAN DEN BRINK, *Guide des mammifères sauvages d'Europe occidentale*, Éditions Delachaux et Niestlé.
CARR D., *La Grande Leçon sexuelle des animaux*, Éditions Albin Michel.
CHAUVIN R., *Psycho-Physiologie – Le Comportement animal*, Éditions Masson.
CHEVALLEY, *La Bête du Gévaudan*, Éditions J'ai Lu.
CLAMART J., *Soixante années de chasse* (Classiques de la chasse).
CLEBERT J.-P., *Bestiaire fabuleux*, Éditions Albin Michel.
CORNOU J., *Les Loups en Bretagne*, Éditions Sked.
CRISLER L., *Chasseurs d'images en Alaska*, Éditions Flammarion.
CURWOOD J.O., *Les Chasseurs de loups*, Éditions Hachette.

DARWIN Ch., *L'Origine des espèces*, Éditions A. Costes.
DELACOUR A., *Gibiers de France*, Éditions Plon.
DELORT R., *Les Animaux ont une histoire*, Éditions du Seuil.
DELPECH F., *La Faune du paléolithique supérieur dans le sud-ouest de la France*, Éditions du CNRS.
DROSCHER V., *Les Animaux savent vivre et survivre*, Éditions Robert Laffont.
EIBE-EIBESEUDI, *Ethologie, biologie du comportement*, Éditions Naturalia-Bilogia.
EMMELIN LARS, *Planification de l'environnement en Suède* (études sur la réintroduction du loup).
FRECHKOP, *Faune de Belgique : les mammifères.*
FRISON-ROCHE, *Les Seigneurs de la faune canadienne*, Éditions Flammarion.
GESSIN R., *Ovibos*, Éditions Robert Laffont.
GRASSE P., *La Vie des animaux*, Éditions Larousse.
– *Traité de Zoologie*, tome XVII, Éditions Masson.
GRAVEN J., *L'Homme et l'Animal*, Éditions Planète.
GRIZMECK, *Le Monde animal* (13 volumes).
HAINARD R., *Les Mammifères sauvages d'Europe*, tome I, Éditions Delachaux et Niestlé.
HAVARD K., *A la rencontre du loup.*
HEDIGER H., *La Vie des animaux sauvages d'Europe.*
HOPKINGS P. O., *La Recherche.*
KIPLING R., *Le Livre de la Jungle.*
KUYT E., *Food Studies of Wolves on Barren-Ground Caribou Range in the Nordwest Territories*, Éditions Les Cahiers de biologie.
LAUWRENCE R. P., *Mes frères les loups*, Éditions Pygmalion.
LESLIE R., *L'Indien et la Louve*, Éditions Stock.
LONDON J., *Croc-Blanc.*
– *L'Appel de la forêt.*
LORENTZ K., *L'Agression.*
– *L'Homme dans le fleuve du vivant.*
– *Les Fondements de l'Ethologie*, Éditions Flammarion.
MECH L.-D., *The Wolves of Isle Royale.*
MÉNATORY G., *La Bête du Gévaudan.*
MÉRY F., *Le Chien*, Éditions Larousse.
MORLAUD J. et PLAISANCE J., *Le Loup hier en Limousin.*
MOWAT F., *Mes amis les loups*, Éditions Arthaud.
MURIE A., *Wolves in Mount Mac Kinley.*
OBERTHUR J., *Animaux de vénerie et chasse aux chiens courants*, tome II, Éditions Durel.
PETERSON R. et ALLEN D. C., *Alces Moose Ecology*, Éditions Presses de l'université Laval, Québec.

Pic X., *La Bête qui mangeait le monde en pays de Gévaudan et d'Auvergne*, Imprimerie Chaptal, Mende.
Pourcher, *La Bête du Gévaudan, véritable fléau de Dieu.*
Pourrat H. *La Bête du Gévaudan.*
Saint-Girons M. C., *Les Mammifères de France et du Benelux*, Éditions Doin.
Sand G., *Légendes rustiques*, Éditions Marabout
Shilling D. et Singer D., *Guide des mammifères d'Europe*, Éditions Delachaux et Niestlé.
Strickland D., *Wolf Howling in Park Algonquin.*
Trin A., *Les Loups dans la légende et dans l'nistoire.*
Tschudi, *Le Monde des Alpes.*
Villement M., *Le Grand Livre du chien.*

Table

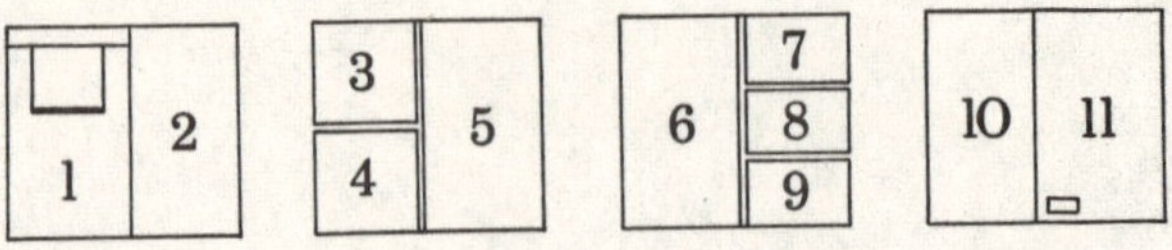

CRÉDITS PHOTOGRAPHIQUES

JACANA. Photos : 1 de couverture, J.M. Labat; 2, S. Cordier; 3, S. Cordier; 4, J.M. Labat; 5, S. Cordier; 6, S. Cordier; 7, S. Cordier; 8, J.P. Varin; 9, J.P. Varin; 10, J.M. Labat; 11, S. Cordier.

Imprimé en France par la Société Nouvelle Firmin-Didot
Dépôt légal : octobre 1993
N° d'édition : 6977 - N° d'impression : 24985
54-36-3908-06/8
ISBN : 2-234-02267-3

54-3908-8